NORMANDIE 1939-1944
LE TEMPS DES ÉPREUVES

DU MÊME AUTEUR

Aux Presses de la Cité

Les Lucioles de ma nuit, 1976, réédité en 1980, 1984, 1986.
La Résistance normande face à la Gestapo, 1977, réédité en 1980, 1982, 1986 (*Grand Prix des écrivains normands*).
Journal d'un J3, 1979 (*Ouvrage couronné par l'A.C.V.R.D.*).
Ces chefs de maquis qui gênaient, 1980.
Résistance P.T.T., 1983 (*Ouvrage couronné par l'Académie française*).
La Vie des Français au jour le jour 1944-1945, 1986.
Guide des maquis et hauts lieux de la Résistance normande, 1984.
Résistance normande et jour « J », 1994 (*Grand Prix Spécial Guillaume le Conquérant du 50e anniversaire*).
Le Prix de la Liberté, 1995.

Chez d'autres éditeurs

Les F.F.I. : contribution à la bataille de Normandie, Hachette, 1979.
La Résistance normande dans la nuit du 5 au 6 juin 1944, Hachette, 1979.
La Diablesse, la véritable histoire de Violette Morris, 1989.

En cassettes et CD avec Radio-France Normandie

La Résistance normande 1939-1944, Editions Pluriel, 1984.

Romans

Le Briquet d'amadou, 1971.
Le Mur du temps, 1972.

Raymond Ruffin

NORMANDIE 1939-1944 Le temps des épreuves

Document

Production Jeannine Balland

PRESSES DE LA CITÉ

ISBN 2-258-04417-0

Faite de mille détails sur lesquels personne ne s'accorde, lourde de rancœurs accumulées, comme l'Histoire est compliquée à écrire.

Henri Amouroux
(*Les Années 40* – Tallandier)

La Liberté n'existe que là où l'intelligence et le courage parviennent à mordre sur la fatalité.

Roger Caillois
(L'incertitude qui vient des rêves)

A Gilles Perrault

Leurs pensées divergeaient,
ils croyaient au Ciel
ou n'y croyaient pas
mais ils me firent
ce que je suis ; je leur dois
tout, et je ne l'ai jamais
oublié.
A :
Alphonsine Pouettre,
Simone Marie,
Auguste Balley,
René Grégoire.

Amis lecteurs,

Cet ouvrage est le premier volet du triptyque consacré à la Seconde Guerre mondiale en Normandie. Il couvre les événements survenus entre 1939 et le 6 juin 1944. Les deux suivants, déjà parus, relatent les faits du Débarquement :
– *Résistance normande et jour « J »*
ainsi que ceux de la période de la Bataille :
– *Le Prix de la Liberté.*

L'ensemble forme la trilogie consacrée à l'histoire sous le titre :
– NORMANDIE 1939-1944

Sa parution tardive est due aux difficultés rencontrées dans la mise à disposition d'archives, notamment celles provenant d'Allemagne, et particulièrement les documents ayant trait à la campagne de France en 1940 des 5ᵉ et 7ᵉ Panzers (Carnets de Rommel).

Avant-propos

Evoquer la Seconde Guerre mondiale sans en rechercher et exposer succinctement les causes reviendrait à relater un événement sans en expliquer l'origine. Il faut également toujours garder présent à l'esprit que le lecteur peut, pour différentes raisons, ignorer plus ou moins et même totalement parfois, le sujet dont on veut l'entretenir. C'est malheureusement trop souvent le cas avec le conflit mondial de 1939-1945. Le but de cette étude historique étant d'analyser sommairement la résonance de ce conflit dans la province normande et d'en montrer tous les aspects, il nous faut bien en déterminer les sources.

En fait, la Seconde Guerre mondiale trouve ses racines dans la conclusion de la Première Guerre (1914-1918) que les anciens appelèrent toujours : « la Grande Guerre ». Un épilogue qui s'effectua d'une manière absurde par la signature du traité de Versailles le 28 juin 1919 qui, en voulant empêcher l'Allemagne de se lancer dans une lutte revancharde, lui rendit impossible une vie économique acceptable, et la précipita dans un chaos social dans lequel allait éclore comme dans une couveuse le faucon fasciste.

Il n'est pas dans notre propos de disséquer les termes du « diktat » de Versailles qui amenèrent une République allemande, déjà difficilement constituée, à supporter les conséquences des fautes, des violences et des erreurs du Reich impérial de Guillaume II et de sa caste criminelle. D'excellents historiens en ont minutieusement exploré les excès et mis en relief le monceau d'incohérences qui ne pouvaient que déboucher sur une terrible explosion. La Seconde Guerre mondiale fut l'abominable monstre engendré par les « experts » de Versailles [1]. *En effet, aucun Etat n'aurait pu survivre dans le carcan imaginé par ces diplomates irresponsables, à plus forte raison une Allemagne profondément nationaliste qui n'avait pas réellement connu une défaite militaire mais une décomposition politique et sociale. Le peuple allemand n'admettait pas de payer pendant des années – aussi bien au sens propre qu'au sens figuré – les fautes, les forfaits, et les crimes des dirigeants impériaux qu'il avait, au surplus, acculés à l'exil. Cette prise de conscience qui n'allait pas cessé de se développer dans les années 1920 fut habilement exploitée par les revanchards rapidement noyautés par les groupuscules fascistes.*

Inévitablement, un marasme latent ne tarda pas à déboucher sur une inflation sans précédent, sur le chômage, puis la disette. Les conditions se trouvèrent vite réunies pour offrir le pouvoir à ceux qui promettaient du travail et du pain. Tout naturellement, ce fut le slogan des extrémistes du nouveau parti national socialiste récemment pris en main par Adolf Hitler.

Le non-paiement par l'Allemagne des réparations définies par le traité de Versailles amena la France à occuper le bassin de la Ruhr en 1923. C'était exactement l'inverse de ce qu'il fallait faire, car cette mainmise sur l'une des plus grandes ressources minières et industrielles dont disposait encore la République de Weimar l'empêchait définitivement de se suffire à elle-même. La situation sociale y devint intenable, à tel point que les Etats-Unis accordèrent des prêts importants pour soutenir l'économie complètement exsangue. Mais cette mesure ne s'avéra pas suffisante pour faire repartir la machine productrice d'une façon efficace afin que le peuple en ressente les effets. Bientôt la décrépitude de la vie sociale, celle du pouvoir d'achat devenu insignifiant sous le galop de l'inflation amenèrent les milieux financiers internationaux à s'inquiéter. En conséquence, une conférence des pays européens vainqueurs en 1918 aboutit à la réunion du 5 octobre 1925 à Locarno, au cours de laquelle les délégués décidèrent d'assouplir les termes du traité de Versailles. Mais il était bien tard sur le plan économique pour contrecarrer la surenchère des groupes nationalistes allemands.

La crise de 1929 qui ébranla les édifices financiers du monde entier se répercuta outre-Rhin ; elle allait y aggraver les condi-

1. Se reporter aux excellents ouvrages suivants : *Histoire de l'Allemagne*, Pierre Gaxotte ; *Histoire de l'Allemagne contemporaine*, Gilbert Badia ; *Allemagne, réveille-toi*, Pierre Soisson.

tions de vie et faciliter les visées du nazisme. C'est dans ce contexte social déliquescent qu'apparut Adolf Hitler.

Natif de Brauneau en Haute-Autriche (20 avril 1889), peu doué pour les études mais excellent en dessin, il tente de se lancer dans la peinture, mais il échoue deux fois (1907 et 1908) au concours d'entrée à l'école des Beaux-Arts. Après la mort de sa mère en 1908 – son père étant décédé en 1903 – il dilapide son héritage jusqu'à connaître l'hébergement dans un asile de Meiding. En 1909, suivant la loi autrichienne, il doit se présenter à l'inscription en vue de son incorporation militaire. Il s'y dérobe, devient « insoumis » et court de refuge en refuge pour échapper aux autorités. On ne sait rien de ce qu'il fit entre 1909 et mai 1913, date à laquelle il est repéré à Munich, capitale de la région bavaroise.

Le 4 août 1914, l'état de guerre étant proclamé, il s'engage dans le 16e régiment d'infanterie, curieuse décision pour un « insoumis » ! Le 8 octobre, il prête serment au roi Louis II de Bavière, puis à l'empereur François-Joseph. Le jeu des alliances déchaîne l'enfer en Europe. L'Allemagne s'engage aux côtés de l'empire austro-hongrois, tandis que la Russie, la Serbie, la France, la Belgique, puis l'Angleterre forment le premier front commun pour stopper les menées expansionnistes des deux empires de François-Joseph et de Guillaume II. Le 21 octobre, Hitler part rejoindre les premières lignes. Le 2 décembre 1914, il reçoit la Croix de fer de 2e classe pour « sa bravoure et son esprit de sacrifice » lors de la première bataille d'Ypres, puis la croix du Mérite militaire de 3e classe avec glaives. Blessé le 5 octobre 1918, il est décoré de la Croix de fer de 1re classe. Dans la nuit du 13 au 14 octobre 1918, revenu avec son régiment dans le secteur d'Ypres, il est atteint aux yeux par un bombardement d'obus à gaz lancé par les Britanniques. Il ne leur pardonnera jamais sa cécité temporaire. Evacué à Pasewalk, en Poméranie, c'est au foyer militaire qu'il apprend, le 10 novembre 1918, la chute des Hohenzollern, la révolte des marins de Kiel, et la proclamation de la République à Berlin. La signature de l'armistice restera pour lui comme le symbole d'une trahison. Dès lors, pour Adolf Hitler, la responsabilité de cette trahison incombe aux socialistes, aux marxistes, et... aux Juifs.

En 1919, Hitler adhère au Parti allemand des travailleurs qui va devenir « Parti national-socialiste allemand des travailleurs » (N.S.D.A.P.). Rapidement, avec l'aide de quelques comparses séduits par sa faconde et cette sorte de magnétisme qu'il dégage lors de ses élucubrations, il s'en assure le contrôle. L'appui qu'il reçoit du capitalisme allemand soumis à la crise, effrayé par la révolution bolchevique et alarmé par le laxisme des démocraties devant la menace des Soviets qui commencent à proliférer dans différents pays, lui permet de tenter son premier coup de force : le 14 octobre 1922, il lance ses sections paramilitaires d'assaut (S.A.) qu'il vient de créer dans les rues de Coburg pour s'emparer du district bavarois. Il échoue piteusement devant une réaction populaire unitaire. Le 8 novembre, il renouvelle sa tentative en déclenchant un putsch, dit « de la brasserie ». Nouvel échec qui se termine par son arrestation et celle de ses complices. Condamné à cinq ans de détention, il est interné à la forteresse de Landsberg où il occupe son temps à dicter à son fidèle secrétaire Rudolf Hess le premier tome de Mein Kampf, *un ouvrage confus dans lequel s'imbriquent différentes théories prônées par Alfred Rosenberg, dont celle des « races impures » inspirée des* Protocoles des sages de Sion *et la classification raciale édictée par les illuminés de la « Société de Thulé ».*

En décembre 1924, Hitler est libéré par anticipation ; il se bat aussitôt pour obtenir la levée d'interdiction de son parti, qu'il obtient sans grand problème. C'est là un exemple flagrant de la légèreté des démocraties qui ne prennent jamais conscience du danger fasciste tant que celui-ci revêt encore une apparence de légalité. On peut le vérifier à nouveau aujourd'hui, car les méthodes d'emprise du totalitarisme, si elles ont évolué sur la forme, demeurent les mêmes sur le fond.

Juillet 1929 marque un tournant important pour le N.S.D.A.P. qui reçoit l'appui de la droite capitaliste de plus en plus inquiète par la montée en puissance du communisme. Cette alliance apporte à Hitler des moyens considérables, aussi bien sur le plan financier que sur celui de la propagande grâce au groupe de presse mis à sa disposition par Hugenberg, par ailleurs président du Parti national allemand. Dès lors, le flot démagogique fasciste envahit les colonnes des journaux et s'insinue dans les associations. La population est vite impressionnée par tous ces slogans fallacieux qui lui promettent un avenir idyllique si elle fait confiance au Parti national-socialiste. Séduite par un programme social alléchant dont les trois mots clés sont : « ordre, travail pour tous et pain assuré », elle envoie au Reichstag, lors des élections législatives du 14 septembre 1930, 107 députés du N.S.D.A.P.

En 1932, Adolf Hitler acquiert enfin la nationalité allemande car, aussi curieux que cela puisse paraître, il était toujours autrichien ! En mars de cette même année il se présente aux élections présidentielles contre le « héros militaire national » le vénérable maréchal Hindenburg. Il obtient plus de 36 % des voix, ce qui assoit considérablement son image de marque, ainsi que celle de son parti. La preuve, à l'occasion de nouvelles élections législatives organisées le 31 juillet 1932, le N.S.D.A.P. recueille près de 38 % des suffrages exprimés qui lui permettent d'obtenir 230 sièges au Reichstag. Fort de ce succès, Hitler exige le poste de chancelier. Les dirigeants du pays, von Papen et Schleicher en tête, refusent. La crise politique éclate alors, provoquant de nouvelles élections. Malgré la perte de 34 sièges, le N.S.D.A.P. demeure l'arbitre de la situation. Les tractations qui s'ensuivent amènent von Papen et le banquier Schröder à convaincre le président Hindenburg de désigner Hitler comme chancelier.

Le 30 janvier 1933, le sort du monde bascule : Adolf Hitler est au pouvoir !

La suite ne sera plus qu'une succession de coups de force et de mesures dictatoriales :

Le 1er février 1933, le Reichstag est dissous.

Le 4, interdiction par ordonnance des manifestations politiques défavorables au nouveau régime.

Le 27, à l'instigation de son adjoint Hermann Goering, Hitler fait incendier le Reichstag, provocation destinée à en rendre responsables les communistes. Dans la foulée, il promulgue un décret-loi qui suspend toutes les garanties constitutionnelles.

Le 5 mars, n'obtenant que 44 % des voix pour le N.S.D.A.P. lors des nouvelles élections législatives, il s'attribue la majorité en éliminant les députés communistes.

Le 23 mars, il obtient facilement du nouveau Reichstag que les pleins pouvoirs lui soient attribués pour quatre ans et renouvelables.

Le 14 juillet, tous les partis politiques sont dissous, et une loi institue le N.S.D.A.P. parti unique. Les syndicats sont supprimés. Cependant, l'aile gauche de son propre clan fomentant le projet d'une « révolution totale » avec une purge de l'armée dont la haute hiérarchie a rallié le nouveau pouvoir, entrave l'action d'Hitler qui veut disposer de la Reichswehr à sa guise. Cette aile gauche s'appuie sur le chef des S.A., Röhm, compagnon de route du chancelier depuis 1920 ; elle prétend supplanter, puis remplacer l'armée régulière, ce que refuse Hitler. De plus, au moment où celui-ci s'efforce de séduire la grande bourgeoisie quelque peu réticente à son égard, les durs de Röhm s'en prennent ouvertement aux monopoles de cette caste privilégiée. C'est plus que n'en peut supporter le nouveau chef du gouvernement qui n'admet pas que puisse subsister dans sa formation politique une ligne directrice différente de la sienne. Avec le concours de ses deux fidèles suppôts, Goering et Himmler, il fait assassiner tous les chefs des S.A. dans la nuit du 30 juin 1934, qu'on appellera bientôt « la nuit des longs couteaux ».

Le 2 août, la mort du vieux président Hindenburg est annoncée. Bien qu'il ne s'en soit guère soucié tout au long de son existence, le maréchal emmène avec lui dans sa tombe les derniers débris de la démocratie allemande.

Immédiatement, Hitler se proclame « Führer et chancelier du Reich ». Tous les corps constitués, armée en tête, lui prêtent serment de fidélité. Il n'y a plus de République allemande mais un Etat totalitaire dirigé par une dictature.

Sur le plan intérieur, la politique d'Hitler se manifeste dans deux directions qui répondent à l'attente populaire : du travail et du pain. Pour le premier volet, avec l'appui et les capitaux des oligarchies financières, d'énormes chantiers de travaux vont démarrer : construction d'immeubles, de stades, d'autoroutes, d'usines et d'infrastructures portuaires et industrielles. Mise en route – en infraction avec les termes du traité de Versailles – d'un gigantesque programme d'armement ; incorporation massive de volontaires dans des milices d'Etat, dans de nouveaux services de police et dans les phalanges paramilitaires du Parti. Le second volet va naturellement découler de l'application du premier, mais il est renforcé par la suppression de l'économie de marché au profit de l'autosuffisance, par une orientation autarcique de cette économie, par une restructuration du commerce, et par un développement soutenu de l'agriculture. Pour motiver et encourager ce chambardement intérieur, le nouveau Führer favorise la petite entreprise en lui permettant de substantiels profits, et il autorise les sociétés industrielles et commerciales dominantes à pratiquer une politique d'expansion accrue.

Dès 1935-36, au moment où bien des démocraties d'Europe connaissent de graves problèmes sociaux et économiques, l'Alle-

magne sort de la crise. Le IIIe *Reich policé par la création de la Gestapo et de ses services annexes, après avoir éliminé tous ses opposants communistes puis républicains, commence à mettre en application les théories raciales d'Hitler exposées dans* Mein Kampf. *En septembre 1935, les « lois de Nuremberg » rejettent définitivement les juifs de la communauté allemande. C'est le prélude à la « solution finale ».*

Sur le plan extérieur, les projets d'Hitler, dont une grande partie est pourtant tracée dans Mein Kampf, *vont bénéficier de l'incroyable laxisme des puissances démocratiques. Ainsi, celles-ci ne bronchent pas lorsque le Führer passe outre allégrement aux interdits édictés par les articles du traité de Versailles. En se retirant le 19 octobre 1933 de la Société des nations, il ne fait pas mystère de sa volonté d'en ignorer les stipulations. Le début de l'année 1934 va voir une très vive accélération du réarmement allemand. En janvier 1935, Hitler exige qu'un référendum soit organisé dans la Sarre, placée sous statut international depuis juin 1919, et dont les ressources industrielles et minières ont été transférées en propriété à la France en compensation des destructions subies par les bassins miniers du Nord et de l'Est lors du conflit. Depuis deux ans, les propagandistes et les agitateurs du N.S.D.A.P. infiltrés sur le territoire sarrois ont mené de telles campagnes et corrompu tant de personnalités que le résultat d'une consultation populaire ne fait aucun doute pour le maître du Reich. Et, en effet, le 13 janvier 1935, à l'appel des grands industriels, avec Hermann Röchling à leur tête, et de l'évêque de Trèves, le rattachement à l'Allemagne est voté par plus de 90 % de la population. C'est le premier succès du Führer sur la scène européenne. Le second ne tarde pas puisque, deux mois plus tard, le 16 mars 1935, il annonce, en foulant toujours à ses pieds les stipulations du traité de paix, qu'il rétablit le service militaire obligatoire et qu'une nouvelle armée allemande de 500 000 hommes va être créée.*

Tandis que celle-ci se forge et s'organise rapidement, Hitler commence à revendiquer un « espace vital » qui deviendra bientôt son leitmotiv. Depuis quelque temps, il s'en prend ouvertement aux accords de Locarno qui ont avalisé le maintien de la Rhénanie en zone démilitarisée. Profitant de la signature du pacte franco-soviétique qui, d'après lui, encercle le Reich, il adresse une note, le 7 mars 1936, aux gouvernements de France, de Grande-Bretagne, d'Italie et de Belgique, dans laquelle il dénonce les signatures allemandes de Locarno. Appliquant pour la première fois une méthode qu'il renouvellera souvent, au même moment dix-neuf bataillons de troupes du Reich pénètrent dans la zone démilitarisée. La Rhénanie est ainsi rattachée à « sa patrie », sans provoquer dans les démocraties d'autres réactions que des communiqués de protestation ! De l'aveu du Führer lui-même en 1938, cette opération pouvait amener une nouvelle destruction de l'Allemagne, car l'armée française est alors largement supérieure à la Wehrmacht récemment créée. L'assistance automatique, en raison des pactes signés, de la Pologne et de la Tchécoslovaquie, le concours évident de la Belgique et de l'Angleterre, la neutralité de l'Italie alors occupée par la conquête de l'Ethiopie, auraient contribué à l'écrasement de l'Etat nazi. On sait, hélas !, que les gouvernements français de l'époque furent incapables de faire respecter les termes d'un traité qu'ils avaient pourtant défini ligne par ligne. A leur décharge, il faut préciser que le ministre de la Guerre, le général Maurin, et le chef d'état-major Gamelin dissuadèrent le pouvoir français de déclencher une opération militaire sous l'incroyable prétexte « qu'il faudrait mobiliser plusieurs classes » ! Et comme ces messieurs, le président Albert Sarrault en tête, étaient davantage préoccupés par les proches élections législatives, personne ne songea à réagir. Ce premier coup de force hitlérien va puissamment contribuer au renforcement populaire du Führer dans toute l'Allemagne. Il est en fait à l'origine de la Seconde Guerre mondiale car Hitler sait maintenant que les démocraties sont prêtes à avaler des couleuvres pour éviter un conflit. Elles n'ont pas fini d'en ingurgiter !

Un autre facteur va contribuer à assombrir l'avenir des démocraties, c'est le déclenchement de la guerre civile en Espagne. Sans entrer dans le récit de cet affrontement, il convient d'en dégager l'enseignement principal, un enseignement qui passa au-dessus de la tête de nos stratèges militaires et des gouvernants : celui de la nouvelle tactique de l'armée allemande (combinaison d'attaque entre les chars et l'aviation) dont le territoire ibérique servit de vaste champ de manœuvre à une armée allemande en pleine reconstitution. A l'appel de Franco, chef fasciste rebelle au pouvoir légitime, le Führer répondit par l'envoi d'un puissant corps expéditionnaire baptisé : Légion Condor, dont le fer de lance est l'aviation du Reich en complète renaissance. Commandée par Goering, elle dispose d'un brillant état-major expérimenté dirigé par les as de la Grande Guerre : Galland, Student, Sperle, assistés de valeureux officiers tels que Kesselring et Milch, c'est la redoutable Luftwaffe. Tous ces personnages rêvent d'éprouver leurs appareils et leurs équipages sur un front réel. L'Espagne sera donc ce théâtre d'essais. C'est dans son ciel que les Heinkel, les Stukas, et autres Messerschmitt 109, montreront l'étendue de leurs performances et que les pilotes se familiariseront avec la réalité des combats. Sur terre, c'est également l'apprentissage pour les tankistes dont les Panzers décimeront les Républicains espagnols.

Nouvelle preuve de la lâcheté des démocraties : alors que tous les régimes fascistes du monde et toutes les factions se référant à cette idéologie s'investissent dans la guerre civile espagnole, leurs gouvernements prônent « la non-intervention » en utilisant le prétexte fallacieux du droit des peuples à disposer d'eux-mêmes. Aucun de ces frileux hommes d'Etat ne voit – ou ne veut voir – qu'il ne s'agit plus d'une lutte fratricide mais de l'affrontement de deux types de société : la dictature fasciste contre la légitimité démocratique. Que les « forces de la Liberté » – comme les désignera plus tard le général de Gaulle – se rangent résolument aux côtés des Républicains espagnols, et ce sera l'écrasement du fascisme en Europe, et l'étouffement dans l'œuf de tout germe d'un nouveau conflit. La présence au sud de cette Europe d'une grande nation libertaire modifierait totalement le rapport des pouvoirs en rétablissant l'équilibre de l'entité démocratique.

Pour ne pas avoir compris cela, ou pour en avoir refuser l'idée même ; pour avoir capitulé une seconde fois devant l'hydre totalitaire, les gouvernants des pays libres assument maintenant aux yeux de l'Histoire une écrasante responsabilité.

Dès lors, plus rien n'arrêtera Hitler.

Les 12 et 14 mars 1938, l'Allemagne envahit l'Autriche, c'est l'Anschluss.

Le 29 septembre, après l'humiliation de la France et de la Grande-Bretagne à Munich devant les dictateurs fascistes, le Führer et le Duce, la Wehrmacht occupe le territoire des Sudètes en Tchécoslovaquie.

Le 15 mars 1939, les forces nazies entrent à Prague et investissent la Bohême.

Le 1er avril, l'alliance fasciste remporte la guerre d'Espagne.

Le 7 avril, Mussolini lance les armées italiennes sur l'Albanie.

Le 22 mai, les dictateurs signent les pactes de l'Axe Rome-Berlin.

Le 23 août, à la stupéfaction générale, c'est la signature du traité germano-soviétique.

Le 1er septembre, les troupes du Reich envahissent la Pologne.

Cette fois, ligotées par le traité d'assistance mutuelle franco-anglo-polonais, la France et l'Angleterre mobilisent.

Le 3 septembre, après qu'Hitler ait repoussé l'ultimatum des Alliés, ceux-ci déclarent l'état de guerre avec l'Allemagne.

A ce moment, rien n'est encore perdu bien que, comme le dira le général Beaufre, « la France entre dans la guerre à reculons, les yeux tournés vers la paix ».

Rien n'est perdu en effet si le haut commandement français se montre à la hauteur des événements. Hélas ! le généralissime Gamelin et son état-major se révèlent incapables d'apprécier la situation. Ils retardent d'une guerre dans leurs plans, dans leurs méthodes, et leurs conceptions stratégiques reposent uniquement sur... la défensive. On masse les troupes derrière l'illusoire ligne Maginot, oubliant qu'elle s'arrête avant la frontière belge laissée sous la maigre protection de l'armée de ce pays, et l'on considère comme « infranchissable » le massif forestier ardennais.

Généralement, lorsqu'on déclare la guerre, on attaque ! Rien de semblable en ce début de septembre 1939. On attend sur nos frontières ! Ainsi que l'écrira Saint-Exupéry : « A peine avions-nous déclaré la guerre qu'on attendit que l'on voulût bien nous anéantir [1]*. »*

C'est l'époque des rodomontades : Gamelin et Darlan, le chef de la marine, déclarent au gouvernement : « L'armée est prête ! » Lorsqu'on lui apprend qu'en Pologne les Allemands utilisent beaucoup de parachutistes, le même Gamelin répond : « A-t-on jamais vu faire la guerre avec des parachutistes ? » Quant à Pétain, à qui on fait remarquer dans son ambassade d'Espagne que l'attaque simultanée des chars et des avions se révèle extrêmement efficace sur le front polonais, il s'emporte : « Idiotie que tout ça, c'est l'infanterie qui gagne les batailles ! »

En ces premiers jours du conflit qui auraient pu être décisifs, l'Etat-Major français maintient ses troupes dans un immobilisme stupide. En Allemagne, mis à part Hitler et ses comparses illuminés, les maréchaux du haut commandement tendent le dos. Ils savent bien que les cinquante-trois divisions qui se ruent sur la

1. *Le Drame de 1940*, Plon.

Pologne, le plus gros des effectifs de la Wehrmacht, laissent le champ libre à une offensive franco-britannique. Que celle-ci se déclenche maintenant, et elle déferlera en un rien de temps jusqu'à Berlin. Et si la fringante Luftwaffe s'en donne à cœur joie sur les villes polonaises, elle fera cruellement défaut si les raids alliés prennent pour cibles les cités et les infrastructures du Reich! Mais le temps passe et rien de tel ne se produit. La France s'enfonce dans la « drôle de guerre », demeurant hardiment campée sur ses positions, l'arme au pied, tandis qu'à Paris on s'interroge pour savoir comment on pourrait bien « distraire » nos soldats qui s'ennuient dans leurs casemates. Pendant ce temps-là, les Panzers et les Stukas mettent la Pologne à feu et à sang, écrasant une armée qui en est encore au stade des charges de cavalerie!

Le 12 septembre, pour la première fois, le Conseil supérieur interallié se réunit à Abbeville. Les propos qu'on y entend laissent rêveurs quelques officiers lucides mais impuissants à modifier la stratégie en cours :

Gamelin dévoile qu'il a télégraphié au maréchal Rydz-Smigly, chef des armées polonaises, pour lui conseiller « d'instituer une tactique de guérilla »! Sans doute le destinataire de ce message stupide aurait-il préféré qu'on lui annonce le lancement d'une attaque de grande envergure sur le front de l'Ouest!

Chamberlain, Premier ministre britannique, déclare que « puisque l'Allemagne nous laisse tranquilles, il y a lieu d'adopter la même attitude! »

Daladier, chef du gouvernement français, surenchérit : « Notre intérêt est d'attendre! »

Et on attend en effet, pas très longtemps, puisque Varsovie capitule le 28 septembre. La veille, l'ineffable Gamelin a déclaré péremptoirement : « Si Hitler attend pour attaquer au printemps prochain (1940), il sera écrasé à coup sûr! »

Dès le 9 octobre, le Führer commence le rapatriement des meilleures unités de la Wehrmacht, et enjoint à son état-major de définir les plans d'une vaste offensive à l'ouest. Effrayés par la rapidité de cet audacieux projet, les maréchaux regimbent : von Reichnau le qualifie d'insensé; von Leeb le désapprouve formellement; von Bock, l'un des vainqueurs de Pologne, le juge irréaliste; von Rundstedt manifeste son désaccord; von Brauchitsch et Halder envisagent de « déposer » Hitler. Plus qu'à l'opinion de ses responsables militaires, le Führer se fie davantage à son intui-

tion ; il se rend compte qu'il y a lieu de réaménager, en fonction de son programme offensif, les unités rentrant de Pologne, notamment en transformant les divisions légères en puissantes formations blindées, et en rééquipant les Panzers avec de nouveaux chars. Il décide donc de reporter à un peu plus tard son offensive sur la France. Dans cette perspective, plusieurs projets sont étudiés. Le premier retenu est le « plan jaune » (Fall Gelb) qui s'inspire du « plan Schlieffen » de 1914 visant à une ruée massive par la Belgique. Mais l'un des meilleurs théoriciens militaires, le général von Manstein propose l'option Sichelschmitt (mouvement en coup de faux) dont l'originalité et la témérité séduisent Hitler. Jugé trop audacieux et même hasardeux par le haut commandement, il ne reçoit l'aval que du seul général Gudérian, commandant les trois meilleures divisions de Panzers, qui bénéficie d'une excellente relation avec le Führer. Sans s'arrêter aux récriminations de son état-major, celui-ci tranche et entérine le « plan Manstein » dont les grandes lignes se dessinent schématiquement de la manière suivante :

L'attaque se déroulera du nord de la Hollande à la frontière suisse. Elle débutera par l'envahissement des Pays-Bas et de la Belgique. Mais elle ne sera qu'un leurre, car l'essentiel des divisions allemandes de Panzers percera sur la Meuse entre Givet et Longwy. Déclenchée un peu plus tôt, l'offensive sur le Nord attirera à coup sûr les armées franco-britanniques qui pénétreront en Belgique où il sera fait en sorte qu'elles s'enfoncent assez profondément. Aussitôt, les divisions de Panzers, ayant franchi la Meuse et le massif ardennais se rabattront à droite vers Boulogne et Dunkerque dans un mouvement en « coup de faux » qui enfermera le gros des forces alliées dans le réduit belge.

Ce plan se matérialise très vite : Trois groupes d'armées sont constitués et désignés par les lettres A, B, C, dans l'ordre de leur importance et du rôle qui leur est prescrit.

Le groupe d'armées B, sous les ordres du colonel-général von Bock va prendre position du nord des Pays-Bas jusqu'au canal Albert. Il comprend la 18e armée de von Kuchler avec 10 divisions dont une blindée ; la 6e armée de von Reichnau avec 17 divisions dont 2 blindées, renforcées par la 9e Panzer.

Le groupe d'armées A que commande von Rundstedt est le fer de lance de l'opération. Il s'étale du canal Albert au Luxembourg avec la 4e armée de von Kluge forte de 10 divisions, la 12e armée de List avec 14 divisions, la 16e armée de Busch regroupant

11 divisions, et le redoutable groupement blindé de von Kleist avec ses 7 divisions de Panzer : le 39e corps de Schmidt, soit la 7e D.P. commandée par Rommel, la 9e, le 19e corps de Gudérian fort des 1re, 2e et 10e Panzers, et le 41e corps de Reinhardt formé des 6e et 8e P.Z. C'est à ce groupement blindé de von Kleist qu'est réservée la traversée du massif ardennais réputé « infranchissable » par Gamelin.

Enfin, le groupe d'armées C dirigé par von Leeb comprend la 1re armée de von Witzleben à l'effectif de 10 divisions et la 7e armée de Dollmann avec, elle aussi, 10 divisions. Ces forces sont massées du Luxembourg à la frontière suisse, devant la ligne Maginot qu'il n'est pas envisagé d'attaquer de front. La nature et l'importance des trois groupes d'armées, différentes pour chacun, montrent bien qu'il s'agit d'un déséquilibre voulu en fonction de l'effort principal demandé au groupe A.

Le plan prévoit d'autre part de violents bombardements aériens sur les zones visées, ainsi que des parachutages de grande ampleur sur des objectifs stratégiques.

Fin avril 1940, les forces allemandes ont pris position devant leurs objectifs respectifs. Tout est prêt, il ne manque que l'ordre du Führer. Pour l'instant, celui-ci n'attend plus que des conditions météorologiques favorables à son aviation.

Pendant ce temps, à Vincennes, au Q.G. de Gamelin, on continue imperturbablement d'établir des plans de défense, sans tenir aucun compte des messages des services secrets français indiquant, jour après jour, l'implantation des divisions allemandes. Ce n'est plus de l'incompétence ; c'est de la forfaiture !

Le 9 mai, les spécialistes annoncent une période de beau temps. Le soir même, les premières escadrilles de la Luftwaffe décollent : direction Pays-Bas et Belgique.

A 23 h 30, l'alerte générale est déclenchée à Bruxelles, Londres et Paris ; les premières bombes s'abattent sur les cités belges et hollandaises.

A 3 heures, le 10, des nuées de parachutistes sautent dans le triangle Maastricht – Tongres – Liège. Leurs objectifs sont le plus puissant point de défense belge : le fort d'Eben-Emaël, ainsi que les rives gauches du canal Albert et de la Meuse en amont de Namur.

Deux heures plus tard, les Panzers du groupe d'armées B s'ébranlent.

Fin de la « drôle de guerre » ; la vraie commence !

Les neutres — ceux qui restent — comprendront-ils, cette fois ?

SIXIÈME DERNIÈRE

Paris-soir

SAMEDI 11 MAI 1940 — ÉDITION du COMMUNIQUÉ — 50 cent.

Les ALLEMANDS ont ENVAHI LA HOLLANDE, LA BELGIQUE ET LE LUXEMBOURG

Sur leur demande, les troupes alliées se portent au secours des pays attaqués

Nancy, Lille, Colmar Lyon, Pontoise, Luxeuil sont bombardées par les Allemands

Il y a des morts et des blessés dans la population civile

Un certain nombre de villes comme Nancy, Lille, Lyon, Colmar, Pontoise, Luxeuil ont été bombardées par l'aviation allemande.

On signale des morts et des blessés à Nancy, des soldats tués à Lyon, des maisons détruites aux environs de Lille.

Trois bombes ont été lancées sur la préfecture de Colmar.

Communiqué n° 499

10 Mai (soir)

[illegible]

Communiqué n° 498

9 Mai (soir)

[illegible]

FRANÇAIS, voici l'heure solennelle.

[illegible]

« PARIS-SOIR ».

C'est à 3 heures ce matin que les troupes allemandes ont franchi la frontière hollandaise

BRUXELLES, 10 Mai.

Le quartier général de l'armée néerlandaise communique :

« Les troupes allemandes ont franchi la frontière néerlandaise à partir de 3 heures ce matin. Des attaques aériennes ont été tentées sur quelques aérodromes. L'armée et l'artillerie antiaérienne sont prêtes. Les inondations s'effectuent selon les plans. Jusqu'à présent, d'après ce qu'on sait, six avions allemands au moins ont été abattus. »

Les armées françaises et anglaises se portent au secours de la Belgique et de la Hollande

Les gouvernements belge et hollandais ont informé ce matin le gouvernement français de l'agression dont ils sont victimes de la part du gouvernement du Reich.

Ils ont fait appel à l'assistance de la France.

Le gouvernement français a répondu qu'il donnait à la Belgique et la Hollande toute l'assistance en son pouvoir.

[illegible]

Tous les Allemands résidant à Bruxelles sont arrêtés

L'armée française de secours

LE ROI DES BELGES prend le commandement de l'armée

Impression considérable à Washington

WASHINGTON, 10 Mai.

[illegible]

La mobilisation générale décrétée

BRUXELLES, 10 Mai.

L'état de siège et la mobilisation générale, phase 2, ont été décrétés au moment de l'invasion allemande, ce matin vers 4 h. 30.

L'armée franco-britannique est en marche pour aller au secours de la Belgique. D'autre part, le gouvernement belge a adressé une protestation à Berlin et une note aux autres puissances.

Le roi, qui a pris le commandement de l'armée, fera par l'intermédiaire de l'I. N. R. un appel au peuple belge.

Un hôpital militaire à Anvers plusieurs immeubles à Bruxelles

Bombardement de l'aérodrome de BRON près de Lyon

LYON, 10 Mai.

[illegible]

LES OFFICIERS permissionnaires doivent rejoindre immédiatement leur poste

[illegible]

(Havas.)

Échec des attaques allemandes sur les aérodromes

1) secteur Alie – 2) secteur Violette Morris – 3) secteur Kiffer – 4) secteur Hervé – 5) secteur Goest

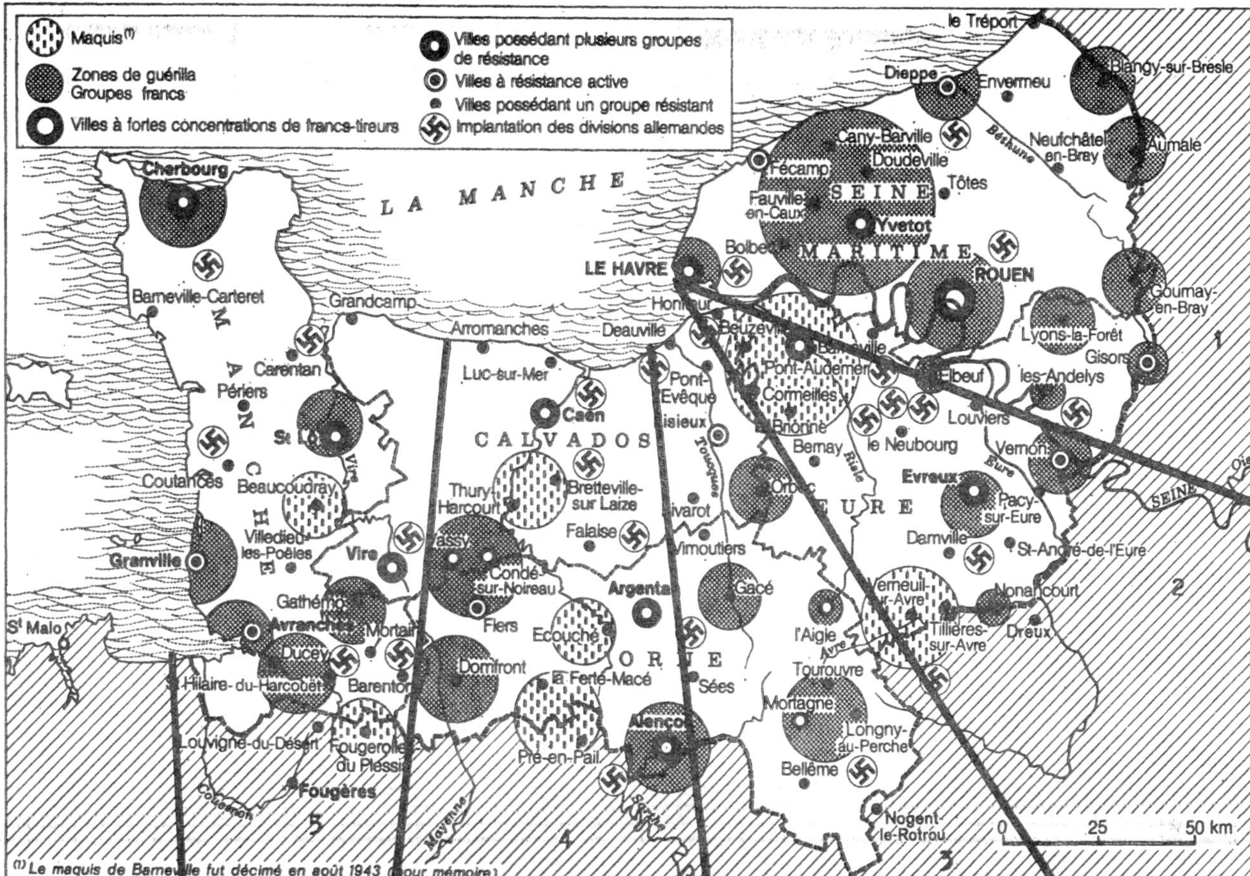

Zones d'attribution de la Gestapo

IMPLANTATION DES DIVISIONS ALLEMANDES LE 1er JUIN 1944

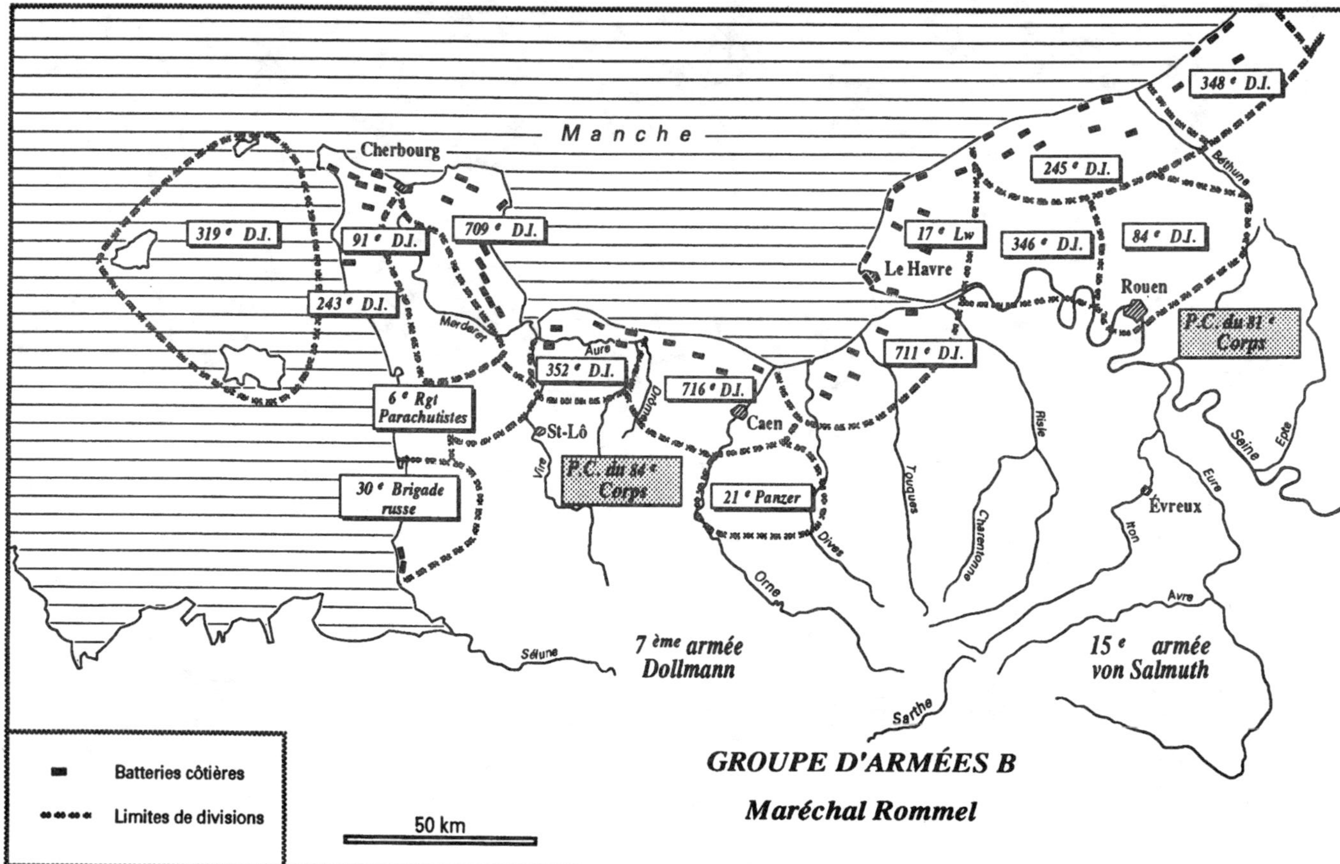

CHAPITRE I

La guerre éclair en pays normand

7 juin 1940 : les Allemands entrent en Normandie

– Foutez le camp ! Les Boches sont à Formerie !

Debout dans leur camionnette, les gardes mobiles s'égosillent en traversant Gaillefontaine. En un instant, la bourgade est en effervescence. Les habitants qui n'ont pas suivi les longues colonnes de l'exode se précipitent chez eux. Certains s'y enferment, d'autres rassemblent leurs balluchons et s'enfuient vers Serqueux dans l'espoir de trouver un train à destination de Rouen. Ils n'ont pas couvert plus de quatre kilomètres que, dans un grondement irrégulier, deux Panzers débouchant de la campagne de Longmesnil surgissent sur la D 919 et leur coupent la route. D'autres suivent, écrasant sous leurs chenilles les champs d'avoine et de blé, couchant les clôtures et les haies sur leur passage, dispersant dans les pâtures des troupeaux paniqués.

Le 15ᵉ corps d'armée allemand avec ses 5ᵉ et 7ᵉ divisions blindées entre en Normandie. Oui, comme le hurlaient les « braves » gardes mobiles, les Boches arrivent. Ce soir ils occuperont Forges-les-Eaux à une quarantaine de kilomètres de Rouen.

La 10ᵉ armée française du général Altmayer est coupée en deux. A l'ouest, le 9ᵉ corps et la 51ᵉ division britannique se replient sur Le Havre, tandis que le gros des forces commandées par le général Blanchard va rejoindre à l'est Beauvais puis l'agglomération parisienne. De justesse, le Q.G. d'Altmayer quitte Lyons-la-Forêt pour aller s'installer à Vaucresson. Une heure plus tôt, le colonel Pupat lui avait transmis les dernières directives du généralissime Weygand : « La bataille de la Somme est perdue, reconstituez-vous sur la ligne Basse-Seine-Vernon. »

En effet, le dernier rempart établi sur la Bresle, du Tréport à Aumale, formé des Ecossais de la 51e D.I. britannique et de la 31e D.I. française a été enfoncé en plusieurs endroits, notamment à Ponts-et-Marais, aux environs d'Eu, à Longroy, à Pierrecourt et au-dessus d'Aumale. La destruction du pont de Blangy, les incendies qui ravagent Gamaches, la coupure de la route départementale en amont de Criquiers, les barrages d'artillerie de Saint-Samson-la-Poterie et de Saint-Quentin-des-Prés, ne retardent guère les Panzers de Rommel qui progressent à travers champs et se faufilent dans les bois. Elbeuf, Rouen, sont maintenant leurs objectifs.

A l'attaque foudroyante du 15e corps d'armée dont le fer de lance formé des 5e et 7e divisions de Panzers s'infiltre entre la Somme et la Seine, s'ajoutent les bombardements de la Luftwaffe. Depuis le 5 juin, Rouen, Elbeuf, Gisors, Les Andelys, Vernon, Louviers, Neufchâtel-en-Bray, Ecouis, Conches, Fleury-sur-Andelle, Buchy, Tôtes, Saint-Valéry-en-Caux, Fécamp, sont successivement l'objet de raids meurtriers. Le 9 à Evreux, douze cents bombes tuent 76 personnes, en blessent plus de 250 et détruisent 495 immeubles. Pont-Audemer, Quillebeuf, Grand-Quevilly, Lillebonne, et Notre-Dame-de-Gravenchon ne sont pas épargnées.

Vers 17 h 30, Rommel observe depuis les hauteurs de Doudeauville à Ménerval une batterie française renforcée d'un char léger qui, à La Poterie, tient la route 915 de Gournay-en-Bray à Forges-les-Eaux. Contourné par une dizaine de Panzers dévalant de Pommereux, ce hérisson est réduit au silence.

Le 25e Panzer-Regiment s'articule en deux colonnes, l'une fonçant sur Forges-les-Eaux qu'elle atteint vers 19 heures, l'autre obliquant à gauche en direction de Sigy-en-Bray et capturant au passage, en forêt de Bray, plus de 300 hommes, une centaine de camions et 9 blindés. La compagnie Schultz s'empare également d'un dépôt de munitions. Rommel installe pour la nuit son état-major près de Mésangueville. Le soir même, il écrit à sa femme : « Ce jour de votre anniversaire a été une grande journée de victoire. »

Ce 7 juin qui voit l'armée allemande envahir la Normandie reste également pour le futur maréchal marqué dans sa mémoire par un détail. Il note dans son journal : « A Ménerval, nous rencontrons un cultivateur qui accourt vers nous avec sa famille. Il nous serre les mains avec effusion et envoie ses filles chercher des brocs de cidre pour nos tankistes assoiffés. Baragouinant notre langue, il nous déclare qu'ayant été prisonnier de guerre en Allemagne, en 1915, il apprécie notre peuple... » Et Rommel ajoute un peu plus loin : « Je crois que je viens de découvrir que la collaboration avec les populations françaises deviendra possible assez facilement [1]. » Une hirondelle ne faisant pas le printemps, le général constatera plus tard la véracité du dicton !

De la Bresle à la Basse-Seine

Quarante-huit heures avant que les Panzers déferlent sur la Normandie, le secteur de la Basse-Seine, dont la défense a été confiée au général Duffour, ancien responsable de la 3e région militaire, dispose des forces suivantes : 2 sections de chars F.T. du 31e R.A., le 7e groupe tracté du 11e R.A., le 7e groupe tracté du 261e R.A., le 4-239 bataillon de défense du littoral, 2 escadrons de marche du dépôt n° 3 de cavalerie d'Evreux, 1 bataillon du dépôt d'infanterie n° 32 de Rouen, les 23 et 24es bataillons de douaniers, 2 bataillons d'instruction, les groupes francs 1-2-4-5 de cavalerie, le 126e G.R.D.I., 6 détachements du 190e R.A.C.T., et le 31e régiment de Rouen, sous les ordres du lieutenant-colonel Thomas.

Bien qu'éloquentes sur le planning d'état-major, ces forces apparaissent dérisoires face aux 3 corps d'armées et aux 9 divisions, dont 2 de Panzers, alignés par les Allemands. De plus, l'inventaire des unités françaises montre la réalité de fait sur le terrain : le 31e R.I. régional est formé de rappelés manquant d'instruction militaire, de territoriaux affectés à la garde des ponts ; son équipement ne comprend

1. Rommel : *Carnets de guerre.*

que du matériel et de l'armement hors d'âge (F.M. de 1915) pauvre en munitions. Le bataillon de dépôt 32 souffre de l'inexpérience de ses jeunes recrues. Le 4-239 se trouve dispersé le long des côtes. Les deux bataillons d'instruction, prématurément engagés dans la bataille de la Somme, en sont sortis fort éprouvés, et 3 compagnies, celles du capitaine Mathieu, du capitaine Brémard et du capitaine Pincet, cernées sur les ponts de la Somme, ont été capturées. Quant aux 23 et 24es bataillons de douaniers, ils n'ont pratiqué aucun entraînement de bataille avant d'être affectés aux défenses de la Basse-Seine.

Cette faiblesse des forces françaises sur le fleuve va se révéler d'autant plus dramatique que le rideau de troupes censé tenir sur la Bresle a été déchiré par les Panzers des 5e et 7e D.B. de Rommel en plusieurs endroits. Ces troupes, relevant de la 10e armée du général Altmayer comprennent la 51e D.I. britannique, les fameux highlanders écossais déjà présents en 1918, le 9e corps français avec la 31e D.I., la 2e division cuirassée, la 5e division de cavalerie et la 17e D.I. Ces unités, mal équipées pour la plupart, tiennent une ligne qui serpente d'Eu à Sénarpont, mais n'occupent que les bourgades, les routes et les carrefours, laissant le terrain à découvert, à la merci des chars ennemis qui ne se privent pas de l'utiliser.

A Rouen, le général Duffour, qui a reçu mission de défendre et de conserver les ponts de la Seine entre l'estuaire et Vernon, est informé, dès le 7 juin au soir, par le colonel Dubourgeal que « les chambres de mise à feu sont opérationnelles sur les 24 sites prévus – ponts, écluses et bacs –, et qu'à l'entrée de chaque pont des barrages de béton et de rails ont été érigés ». Dans le même temps, Duffour reçoit un message du Q.G. l'avisant que « le 9e corps du général Ihler ainsi que la 51e D.I. britannique, sauf un bataillon disposé entre Quincampoix et Isneauville, retraitent vers la côte dans le triangle Yvetot-Fécamp-Saint-Valéry-en-Caux ». Peu après survient le général Darde, commandant la 17e D.I., accompagné de son chef d'état-major, le colonel de Gouvello, qui annonce que... les Allemands le suivent ! Aussitôt Duffour expédie les commandants Lalande et de La Croix-Vaubois, ainsi que le capitaine Grandjacques faire évacuer et interdire le passage des ponts de la ville.

Cependant, pour soulager un peu la défense de Rouen, Altmayer rameute 3 pelotons antichars du 24e G.R.D.I. de Louviers, ainsi que le groupe franc du capitaine Huet qui prend le commandement de ces renforts. Le 1er peloton doit tenir Darnétal, le 2e contrôler Boos, le 3e boucler Pont-de-l'Arche. Quant aux 4e et 5e groupes francs, leur mission est de verrouiller la vallée entre Maromme et Malaunay, et d'occuper les accès sur Alizay, Pont-de-l'Arche en direction d'Elbeuf. Malheureusement, en contournant les points d'appui à travers les campagnes, les Panzers vont cerner toutes les forces alliées disposées en hérissons. Galvanisés par quelques officiers pleins d'ardeur tels que les capitaines Martinet, Grandjacques, Guillé, de Neufchèze, et Huet – que l'on retrouvera plus tard à la tête du 6e bataillon de chasseurs alpins dans le Vercors dont il organisera la défense – par plusieurs lieutenants dont Huot, Petit, Lallier, Jacquet, Frémy, ainsi que par les aspirants Labouret, Limouzin, La Villeboisnet, Dufour, certains bataillons s'accrochent farouchement sur leurs lignes de défense. Autour de Rouen, les commandants Lalande, Henry, Pézeril s'efforcent de mettre en place des barrages antichars sous le feu des canons ennemis. Des postes gardant les voies d'accès sont organisés à Mont-Saint-Aignan, à Darnétal, Maromme, Boisguillaume, et à Saint-Martin-du-Vivier. Deux détachements britanniques du général Bauman tiennent des positions retranchées entre Isneauville et Quincampoix sur la route de Neufchâtel. Le 2e groupe franc de cavalerie du capitaine Huet s'interpose entre Boos et Bonsecours, tandis que le 3e reçoit la consigne de protéger la voie ferrée entre Saint-Martin et Darnétal. Le 1er corps de cavalerie est déployé entre Saint-Aubin-Celloville et Franqueville-Saint-Pierre. Mais tous ces points d'appui sont livrés à eux-mêmes, pas ou peu de liaisons avec l'état-major, aucune relation entre eux. Au coup par coup, chaque chef d'unité improvise sans disposer du moindre renseignement. Où est l'ennemi ? devant ? à gauche ? à droite ?, voire derrière ! C'est le plus souvent le bruit de la canonnade qui informe sur la percée allemande. Les hommes se cramponnent avec courage et abnégation sur le terrain ; ils croient toujours en la stratégie de leurs généraux. Ils ignorent, bien évidemment, que depuis le repli du Q.G.

d'Altmayer de Lyons à Vaucresson, c'est le sauve-qui-peut dans la plupart des postes de commandement. Pour beaucoup de hauts gradés, c'est déjà la retraite vers la Loire !

Samedi 8 juin 1940 : Rouen, la menace se précise

– Sauve-toi petite, ne traîne pas dans les rues, les Boches arrivent !

Interloquée, la jeune Geneviève Bouteiller toise le gendarme filant sur sa bécane qui vient de l'interpeller. Elle aurait bien voulu en savoir plus, mais le digne pandore tourne déjà au coin de la rue Grand-Pont. Serrant contre elle le pain de quatre livres qu'elle ramène de Saint-Vivien, elle s'engage sur le quai. Une invraisemblable cohue dévale vers le pont Boiëldieu emportant dans son flot vélos, voitures à bras, poussettes et remorques. Etonnée, Geneviève s'arrête pour contempler cette étrange procession. A quatorze ans, même si l'on perçoit bien le climat de panique qui s'est emparé de tous ces gens en raison des horreurs racontées par des tas d'irresponsables sur le comportement des guerriers du Reich, il est malgré tout difficile d'en prendre conscience. Comment d'ailleurs croire les uns plus que les autres lorsqu'on a entendu le brave père Chaulier, son voisin cordonnier qui passa trois ans outre-Rhin en tant que prisonnier de guerre en 1915, clamer que « tout ça c'est des bobards, que les Chleuhs n'ont jamais coupé les poignets des gosses ! » ; et puis les journaux ne sont pas alarmistes ; *La Dépêche de Rouen* qu'elle a trouvée au kiosque habituel titre en effet : « L'attitude de nos troupes est splendide, et notre aviation magnifique ! Nous résistons à toutes les attaques. » Alors ? pourquoi cet ahurissant remue-ménage ?

Simplement parce que la ville calme jusqu'alors a subitement pris un aspect de déroute. Au petit matin, tout était serein, chacun à son poste : fonctionnaires, commerçants, artisans, employés, ouvriers et agents de la voirie, tout le monde vaquait à ses occupations coutumières lorsque vers 10 heures de sourdes explosions ont retenti depuis les hauteurs de la forêt Verte. La population a commencé à s'inquiéter, mais la tension s'est accrue rapidement avec le passage en débandade de troupes refluant de Mont-Saint-

Aignan et de Boisguillaume. S'intercalant entre elles, surexcitant la fuite, des gendarmes – à moins que ce n'ait été des individus revêtus d'uniformes semblables – ont ajouté au désordre en criant : « Débinez-vous, les Fritz nous suivent » ou « Les Boches arrivent, barrez-vous ! » Dans le même temps, la caserne Richepanse a été évacuée par les compagnies d'instruction qui ont été dirigées vers la gare Saint-Sever. Maintenant, l'état-major du 31e régional quitte la caserne Philippon suivi du central militaire puis des services de l'intendance. De leur côté, le préfet et les cadres de la préfecture passent sur l'autre rive de la Seine.

Chez les Bouteiller on ne s'affole pas. La mère et la grand-mère de Geneviève – son père se trouve « quelque part » sur le front – ne semblent pas vouloir quitter la maison. Les valises n'ont pas été faites, aucun balluchon n'est préparé. Avec un évident bon sens, la grand-mère Bouteiller tance ses voisins gagnés par la panique ambiante et qui s'apprêtent à déguerpir : « Où voulez-vous aller ? Espérez-vous courir plus vite que les Boches qui n'ont pas mis trois jours pour descendre du Nord jusqu'à Préaux ? Vous allez vous faire massacrer sur les routes oui ! coincés entre eux et nos troupes ! »

Sages paroles qui n'empêchent pourtant pas les familles Hardouin et Dumesnil de rejoindre les chemins de l'exode avec vieillard et enfants [1]. Elles n'iront pas loin puisqu'elles se trouveront nez à nez, le surlendemain, avec des automitrailleuses allemandes près du Bosc-Roger.

En fin de soirée, poussant devant eux les rescapés de la 17e D.I. britannique, une dizaine de Panzers abordent Quincampoix. Précédées de bombardements aériens sur les villes et les carrefours, les unités du 15e corps d'armée de la Wehrmacht s'infiltrent en pointes tout au long de la Seine entre Elbeuf et Les Andelys.

Ce 8 juin, Vernon subit trois raids de la Luftwaffe : le premier, vers midi, touche particulièrement la place d'Armes (actuellement place de Gaulle) où se tient le marché hebdomadaire, faisant de nombreuses victimes. Le second éparpille ses bombes vers 16 heures, mais le troisième, le plus meurtrier, ravage le cœur de la ville peu après 18 h 30 [2].

1. Témoignage de Geneviève Bouteiller-Grard (avril 1978).
2. Témoignage de Mme Paule Breux (courrier du 27 janvier 1984).

Il est d'autant plus horrible qu'il anéantit une colonne de réfugiés du Nord et de Belgique massée à l'entrée du pont. Au total, 177 personnes ont été tuées et 258 habitations détruites.

Vers 22 heures, le quartier de la caserne Richepanse à Rouen reçoit une salve d'obus tirée depuis Boisguillaume. Cela n'empêche pas la compagnie du commandant Lalande de prendre le contrôle du pont Corneille, tandis qu'une escouade, entraînée par le commandant Michel de la Croix-Vaubois, prend position au pont Boïeldieu.

Depuis 20 h 30 environ, le village de Boos a été transformé en un véritable point d'appui par le lieutenant Huot avec le 2e groupe franc renforcé de deux canons de 47. Quelques minutes plus tard, le lieutenant Jacques Petit survient avec le 2e peloton antichars fort de six pièces de 25, de trois F.M. et regroupant 70 voltigeurs. Après s'être rapidement concertés, les deux officiers établissent des barrages sur tous les accès et s'installent eux-mêmes avec leur P.C. au bureau de poste dont la ligne téléphonique maintient la liaison avec l'E.M. du général Duffour.

Peu avant 22 heures, débouchant de la route de Franquevillette, une dizaine de Panzers, tourelles ouvertes, s'engagent vers Saint-Aubin-Celloville. Huot commande alors le feu de l'un de ses canons de 47 qui, du premier coup, embrase l'un des chars ennemis. En un rien de temps les Allemands ont verrouillé leurs volets et ripostent de tous leurs canons. La pièce française est touchée, plusieurs de ses servants tués ou blessés. Fidèles à leur tactique de contournement, les colonnes ennemies convergent vers le bourg. Une sévère bataille s'engage dans la nuit claire de juin. Les Panzers ont été rejoints par plusieurs automitrailleuses accompagnées de camions chargés de fantassins. Les combats deviennent particulièrement violents au nord-ouest de Champ d'Oisel. Avec ses deux chars Somua, Huot se démène si efficacement qu'il parvient à ouvrir une brèche sur la route du Mesnil-Esnard. L'un des chars, celui de l'aspirant Limouzin, bien qu'endommagé, se jette sur les trois blindés légers qui lui barrent le passage, il les bouscule puis les rejette, permettant le décrochage du 2e peloton antichars de cavalerie. A 4 heures du matin, le lieutenant Huot réussit à replier sa troupe, n'abandonnant qu'un Somua, deux camions en feu et quatre automitrailleuses.

Plus au sud, entre Tourville-la-Rivière et Sotteville-sous-le-Val, le capitaine Huet à la tête du 4e groupe franc mène lui aussi un combat acharné pour interdire l'accès des ponts d'Alizay, de Pont-de-l'Arche et de Criquebeuf. A 3 h 45, l'infanterie ennemie perce à Igoville, mais se heurte à une violente contre-attaque des hommes de Huot. Ce n'est qu'à 6 h 10 que la crête d'Alizay est prise par des éléments de la 7e Panzer, cependant que Rommel expédie un bataillon motocycliste et 5 Panzers III sur Elbeuf avec mission de s'emparer des ponts. Derrière ces éléments de pointe, le 25e Panzer-Regiment s'élance dans la boucle de la Seine entre Cléon et Saint-Aubin. Mais, dans cette dernière localité, une pagaille monstre mêlant les troupes françaises aux processions de réfugiés bloque les avant-gardes de Rommel dans les petites rues menant au pont. Agacé par cette perte de temps, et soucieux de ne pas attarder ses éléments de pointe dans cette poche naturelle formée par le méandre du fleuve, le général allemand saute dans son véhicule de commandement et arrive sur le bouchon amalgamé à l'entrée de la bourgade. Un Oberleutnant s'évertue à remettre de l'ordre dans la colonne. Rommel l'interpelle :

– Alors Schräpler, vous attendez d'être massacré dans ce piège à rats ?

– Non, Herr General, mais les chicanes du pont entravent le passage et deux ou trois mitrailleuses déciment nos motocyclistes. Il faut que les Panzers parviennent à se mettre en position, et ce n'est pas facile dans ces rues étroites.

– Regroupez le bataillon et attaquez en force, profitez des zones d'obscurité.

– A vos ordres, Herr General.

Mais Schräpler n'a même pas eu le temps de se retourner ; une formidable explosion, bientôt suivie d'une seconde, ébranle le quartier. Les ponts viennent de sauter. Au loin, d'autres déflagrations se succèdent en série, projetant dans la Seine les arches d'Elbeuf, de Martot, d'Oissel, du Manoir, et de Pont-de-l'Arche. Rommel est furieux, il se voyait déjà sur la rive gauche au lever du jour. Mais la prudence l'emporte et, sagement, il ordonne le repli sur Boos et Les Authieux.

Dimanche 9 juin : l'invasion de Rouen

A 4 h 50 du matin, le lieutenant Petit, qui s'est extirpé du piège de Boos, arrive place de la République avec l'effectif d'un peloton et quatre pièces de 25. Après deux jours et une nuit de combats incessants, les hommes sont fourbus. Ils traversent la Seine et s'apprêtent à bivouaquer lorsqu'un motocycliste arrivant de l'état-major apporte un pli du général Duffour prescrivant au lieutenant Petit de repasser rive droite pour assurer la défense du pont Corneille. Petit est exténué ; comme tous ses soldats il n'a pas dormi depuis soixante-douze heures, guerroyant sans trêve pour freiner la poussée ennemie. Mais les ordres sont les ordres. Il divise sa troupe en deux détachements, l'un, le plus motorisé, retourne place de la République, le second se retranche sur la rive gauche. Bien secondé par les aspirants De la Villeboisnet et Labouret, le lieutenant dispose son artillerie de campagne. Deux canons tiennent le rond-point soutenus par deux F.M., un autre prend position à l'angle de la place et du quai. Deux vieux chars Renault s'embossent à l'entrée du pont, cependant qu'une pièce de 47, vivement expédiée par le commandant Lalande, s'établit près de la station de tramways prenant le Champ-de-Mars en ligne de mire. Alors que ce dispositif se met en place, le char Somua rescapé de la bataille de Boos, piloté par l'intrépide aspirant Limouzin, fait son apparition. Ravi de l'aubaine, le lieutenant Petit le place au coin du quai de Paris vers la Bourse. Enfin, pour compléter la défense, deux automitrailleuses s'embusquent à l'île Lacroix. De l'autre côté, afin de parer à une attaque à revers, le lieutenant Huot place un canon de 75 quai Saint-Sever, puis un second place La Fayette. A 7 h 30, le dispositif étant opérationnel, Petit autorise ses hommes à prendre un peu de repos. Brève détente, car vers 9 h 40, une colonne ennemie formée de plusieurs motos-side et de 7 Panzers apparaît en haut de l'avenue de la République, à hauteur de la rue des Bonnetiers. Quelques coups de feu retentissent au coin de la rue d'Alsace-

Lorraine. Observant les opérations à l'aide de ses jumelles, Petit ordonne le feu. Les canons de 25 se déchaînent, le premier char ennemi s'enflamme. Derrière lui, sur les côtés, les autres déboîtent pour l'éviter. Profitant de la pente de la chaussée, les deux Panzers en queue de convoi se mettent à tirer au-dessus de leurs camarades. Obus incendiaires et rafales de balles s'abattent sur les défenseurs du pont. Le servant du canon de gauche est grièvement blessé, aussitôt l'aspirant Labouret le remplace; la pièce de 25 riposte maintenant au rythme de 24 coups/minute. Trois autres Panzers flambent, mais les pertes françaises sont lourdes. Manifestement décontenancés par la vigueur de la défense, les Allemands marquent une pause dont profite Petit pour réorganiser son dispositif sérieusement mis à mal. Soudain, il est 10 h 15, une explosion d'une puissance intense soulève le pont, pulvérisant les automitrailleuses en faction, tuant ou blessant une douzaine d'hommes. Les groupes des lieutenants Frémery et Labouret sont durement touchés, celui demeuré avec Petit déplore plusieurs morts; lui-même, jeté en l'air puis plaqué au sol, a perdu connaissance mais il est miraculeusement indemne. Lorsqu'il revient à lui grâce à l'intervention du sergent Pérelle, il découvre un environnement chaotique : supports et câbles de tramways arrachés, conduites d'eau et de gaz sectionnées, débris de matériel et de véhicules enchevêtrés au milieu desquels gémissent des blessés et gisent plusieurs cadavres déchiquetés. Plus loin, des immeubles brûlent, et la fumée des incendies se rabat sur l'autre rive. Justement, sur cette rive, près du tablier la reliant à l'île Lacroix, le commandant Lalande, atterré, car il n'a pas donné d'ordres de mise à feu, voit se présenter devant lui l'officier sapeur responsable de la chambre aux explosifs; il l'interpelle avec rudesse :

– Qui vous a donné l'ordre d'allumer les mèches?

– Mon commandant, je l'ai fait de ma propre initiative car j'ai aperçu les chars ennemis à l'amorce du pont sur la berge opposée.

– Mais, bougre d'abruti, vous ne voyiez pas nos hommes en position, en pleine action! Votre « initiative » comme vous dites leur a coûté la vie! Je vous ferai passer en Conseil de guerre!

– Mais, mon commandant, je n'ai fait qu'exécuter ma mission!

– La mission qui vous avait été confiée par le général Duffour, c'était de faire sauter le pont après le repli des défenseurs. Vous avez eu la trouille en voyant les Panzers et vous avez allumé avant de vous débiner.

Disparaissez de ma vue car je serais capable de vous abattre comme un chien.

Sans en entendre davantage, le chef sapeur s'empressa de déguerpir.

Pendant que cette scène se déroule sur la partie sud du pont Corneille reliant la place La Fayette à l'île Lacroix, le lieutenant Petit est parvenu, avec trois de ses soldats rescapés, à rejoindre, moitié en nageant, moitié en barque, le Cours-la-Reine, d'où il se dirige vers le P.C. du commandant Lalanne. Celui-ci n'en croit pas ses yeux :

– Vous ! Bon Dieu, vous n'êtes pas mort !

– Apparemment non ! mon commandant, mais si je tenais le salaud qui a fait sauter le pont avant notre repli !

– Je le connais, n'ayez crainte, il passera au « falot », je vous en réponds.

Sur les autres passages du fleuve, les défenseurs ont dû abandonner la rive droite sous la pression des blindés ennemis. Respectant les consignes du général Duffour, le colonel Dubourgeal donne alors les ordres de dynamitage des ponts entre Rouen et Vernon. Les archives militaires en mentionnent les horaires suivants : 10 h 17 pont Boiëldieu, 10 h 20 pont transbordeur, 10 h 54 pont Corneille, tablier sud, 12 h 5 pont des Andelys, 14 h 23 pont d'Andé, 15 h 12 pont de Courcelles, 15 h 23 pont de Saint-Pierre-du-Vauvray. Les autres arches sur la Seine : Elbeuf, Tourville, et Pont-de-l'Arche ont été détruites dans la nuit. Mais une tragédie a endeuillé le sabordage du pont transbordeur. L'explosion s'est produite en effet au moment même où le remorqueur *Houdon* tirant le chaland *L'Ammann* passait sous le tablier. Lourdement chargés de réfugiés rouennais, les deux bateaux furent écrasés par les masses de fer et de pierres dégringolant de près de 60 mètres de hauteur. Le bateau-pompe *Veilleur* se précipita sur les lieux et parvint à sauver quelques rescapés, mais la plupart des passagers, notamment des femmes et des enfants, disparurent. Il fut impossible d'évaluer le nombre des victimes [1].

Depuis 10 h 30 du matin, les raffineries et les stocks de carburants ont été incendiés, et c'est sous un ciel chargé d'épaisses fumées que les troupes du Reich investissent progressivement la ville. Ces nuées opaques obscurciront toute la région au fil de la journée [2].

1. En 1949, dans son excellent ouvrage, *Rouen désolée*, M.R.G. Nobécourt évoque ce drame. D'après ses sources, *l'Ammann* n'aurait pas coulé mais aurait dérivé. Les archives militaires par contre (cote R.O. 9639) indiquent que : « Remorque et remorqueur s'abîmèrent dans le lit du fleuve. »

2. A une centaine de kilomètres de Rouen, dans le Pays d'Auge, l'auteur se souvient très bien qu'au sortir de l'église, où il venait de faire sa première communion, la procession au calvaire se fit sous un ciel plombé contrastant avec l'azur du matin. Un ciel qui demeura aussi sombre toute la journée. Voir *Journal d'un J3,* du même auteur (Presses de la Cité, 1979), dans lequel cet épisode est relaté.

CHAPITRE II

La Haute-Normandie conquise par les Panzers

Lundi 10 juin : les chars de Rommel en pays de Caux

A l'aube de cette journée, voyons comment se présente la situation militaire sur le front de la Basse-Seine.

La coupure, intervenue entre le secteur de l'Est et celui de l'Ouest de la 10ᵉ armée française du général Altmayer, a eu pour effet d'isoler le 9ᵉ corps avec ses 31ᵉ et 40ᵉ divisions, ainsi que les restes des 2ᵉ et 5ᵉ divisions de cavalerie. Avec ces unités, se trouve également coincée la 51st division britannique du général Fortune, à l'exception toutefois de deux compagnies du 4th Border Regiment et du 1st/5th Sherwod Foresters qui n'ont pu être touchées par l'ordre de repli et qui tiennent toujours leurs positions sur la Bresle.

Au début de la matinée, la 51st division s'accroche sur la Béthune pour permettre aux dernières troupes de franchir les ponts sur l'Eaulne que le génie fera sauter après leur passage. Avec héroïsme, le 1st Black Watch et le 4th Seaforth s'opposent aux attaques ennemies à Arques, à Martigny, à Torcy-le-Petit et en forêt du Croc, avant d'être débordés au sud.

Tandis que les autres unités britanniques du général Fortune tentent de se diriger vers Le Havre en prévision d'un rembarquement, le 9ᵉ corps français s'établit sur une ligne Fécamp – Mirville – Lillebonne – Quillebeuf. Afin de consolider cette ligne vitale pour protéger les accès au Havre, les Anglais lui adjoignent l'Arkforce : soit deux brigades : la 154ᵉ et la A épaulées par deux bataillons français.

Mais, bien que très mordantes, ces forces alliées manquent de blindés et d'artillerie ; elles ne disposent en effet que de 5 chars et 7 canons de 75. Néanmoins, leur dispositif inquiète l'état-major allemand qui, dans la nuit du 9 au 10 juin, prescrit à Rommel de pivoter plein nord-ouest en direction de la mer.

Nous avons laissé celui-ci réorganiser ses unités à Boos, après son demi-échec sur Saint-Aubin-lès-Elbeuf. Avant l'aube, les Panzers de la 7e division blindée s'élancent sur l'axe Boisguillaume – Barentin – Yvetot, bousculant les hérissons français de la Vaupalière, de Roumare et du Houlme.

A 7 h 30, Rommel entre dans Barentin. Sur les renseignements d'un agent français de la « cinquième colonne », il envoie un groupe de reconnaissance sur Veulettes et dirige le 25e Panzer-Regiment vers Yvetot. Sans rencontrer d'opposition, fonçant à plus de 40 km/h, les premiers blindés de la 7e Panzer pénètrent dans Yvetot peu avant 11 heures. Par contre, le groupe B détaché depuis Barentin se heurte à Cany à des éléments de retardement de la 31e D.I. française. L'affrontement est violent, mais les Allemands forcent le passage pour bientôt donner du nez dans le 1st Lothians que le général britannique Fortune a envoyé en renfort à la 31e D.I.

Rommel doit alors se rendre sur place pour détourner son unité sur la gauche dans l'espoir de couper la D 925 Fécamp – Cany. Cela va finalement l'amener en début d'après-midi sur la grève entre les plages des Petites-Dalles et de Saint-Martin-aux-Bruneaux. Les Panzers déferlent sur le littoral sous la direction du colonel Rothenburg et ferment ainsi la route vers Fécamp. Sans perdre une minute, Rommel fait mettre en batterie des pièces d'artillerie sur les hauteurs entre Eletot et Veulettes-sur-Mer afin d'interdire les ports de Fécamp et de Saint-Valéry-en-Caux aux navires britanniques.

Cette fulgurante percée allemande emprisonne les forces du Royaume-Uni dans le triangle Veulettes – Veules-les-Roses – Doudeville, et le général Fortune n'a d'autre ressource que de se fortifier dans Saint-Valéry pour y attendre les bateaux de rapatriement.

Cependant, la colonne ennemie qui a déboîté à gauche

pour attaquer Fécamp est contrainte de se retrancher dans le bourg de Senneville, car les troupes françaises qui défendent le port sous le commandement du capitaine Gilles tiennent solidement la ceinture extérieure de La Trinité au phare du Salut. Leurs batteries côtières interdisent tout mouvement sur les routes d'approche, et un canon de 75 implanté à la pointe du Fagnet protège l'accès par la côte.

Furieux de ce contretemps, Rommel, omniprésent sur tous les axes offensifs, arrive à Saint-Léonard par la route de Tourville-les-Ifs ; il est maintenant 23 h 15. Laissant sur place quelques Panzers et une compagnie motocycliste, il repart dans la nuit pour son Q.G. installé à Veulettes, car son objectif immédiat reste Saint-Valéry. Mais son déplacement va être mouvementé !

Mardi 11 juin : manœuvres autour de Saint-Valéry-en-Caux

La colonne de Panzers dans laquelle le véhicule de commandement de Rommel occupe comme d'habitude la quatrième position s'étire sur la route Fécamp – Cany. Il est près de minuit lorsqu'elle atteint Sainte-Hélène-Bondeville. Six intersections rapprochées de petites départementales menant à Ecretteville, Saint-Pierre-en-Port, Sassetot, aux Petites-Dalles, et de Quainville à Saint-Martin provoquent un sérieux ralentissement. Plusieurs compagnies allemandes bivouaquent aux abords des carrefours, préférant attendre le jour pour aborder la poche de résistance franco-britannique qui s'est formée dans l'enchevêtrement de ces nœuds routiers secondaires entre la D 925 et la D 79 longeant le littoral tenu par des Panzers depuis quelques heures.

L'irruption de la colonne menée par le général sème la confusion aussi bien dans les détachements du Reich que dans les troupes alliées. Des coups de feu partent au hasard, puis quelques obus explosent sous Ancretteville. Dans l'obscurité, chacun tente de distinguer qui est qui. Décrochant vers le sud, la compagnie française du lieutenant Drumard se fourvoie dans les chars de Rommel desquels sont descendus plusieurs tankistes qui tentent de se repérer.

Touché à une chenille, le Panzer de tête bloque le passage. Derrière lui, on s'agite, on palabre, mais on n'avance plus. Le général saute de son huit-roues blindé et interpelle vivement les équipages :

– Puisque les talus vous empêchent de déboîter, poussez-moi donc cette ferraille inutilisable dans le fossé et dégagez le chemin. Avancez, tourelle à 10 heures.

– Herr General !

L'Oberstleutnant Ilgen débouche en courant du côté gauche :

– Trois camions et une automitrailleuse viennent de s'infiltrer entre deux de nos chars, coupant la colonne et se dirigeant à droite vers Angerville.

– Ne vous en occupez pas. Serrez les rangs et collez derrière nous.

– A vos ordres, Herr General.

Ilgen qui commande l'arrière-garde repart au pas de course, tandis que Rommel reprend place dans son Panzerfunkwagen [1]. Le blindé avarié est basculé au creux du fossé et couché le long de l'escarpement sous la poussée des deux Panzers suivants. Un peu plus resserrée la file repart vers Canouville et Malleville où un hérisson britannique bloque un instant le carrefour du Manuel avec des canons antichars. Une salve des 75 mm courts équipant les Panzers IV les pulvérise.

A 3 h 10 du matin, la colonne parvient enfin à Veulettes où le général espère prendre une journée de repos.

Dans cette même nuit du 10 au 11 juin décidément très agitée, le général britannique Fortune organise le repli de la 51st Division en direction du port de Saint-Valéry-en-Caux puisqu'il sait que la route du Havre lui est maintenant coupée. De son côté, le général Ihler, commandant le 9e corps français, décroche ses unités vers Fontaine-le-Dun et Veules-les-Roses, maintenant les 31e et 40e D.I. à Blosseville, Gueutteville, et au nord-est d'Angiens. En début de matinée, les troupes britanniques et françaises effectuent leur jonction au carrefour des D 142 et 925, au sud de Veules, à quelques hectomètres de la bourgade. Le

1. Le Panzerfunkwagen 263, spécialement aménagé en poste de commandement itinérant pour Rommel, était immatriculé : WH 143179.

général Fortune persuade son collègue français de l'intérêt qu'ils ont à se retrancher dans Saint-Valéry pour y attendre les navires britanniques en route pour les secourir. En vérité, au point où en sont les choses, et compte tenu de leur isolement dos à la mer, il n'y a guère d'autre solution.

Un périmètre de défense est hâtivement constitué englobant Le Tôt à l'ouest, Etennemare au sud-est et Ectot à l'est, afin de disposer des falaises environnantes. Le Q.G. s'établit à la poste de la ville.

Les combats de Saint-Valéry-en-Caux

En fait de la journée de repos qu'il espérait, Rommel est tiré de son lit vers 7 heures du matin par un appel de son supérieur, le général de corps d'armée Hoth (15e Armeekorps) :

– Je suis désolé cher ami, mais il faut annuler les vingt-quatre heures de détente prévues à Veulettes. Les ordres pour la 7e Panzer sont de réduire les positions ennemies à Saint-Valéry, et de se rendre maîtres du port.

– Quand devons-nous attaquer?

– Le plus tôt possible. Je crois que l'O.K.W. ne serait pas mécontent si nous pouvions occuper le site dès ce soir.

– Quelles informations possédons-nous sur les forces retranchées ?

– Rien de formel, mais les rapports font état de la 51st anglaise et de plusieurs unités françaises du 9e corps.

– Cela fait quand même beaucoup de monde!

– Je l'ai fait observer à von Kluge, mais il m'a rétorqué que les Panzers ne feront qu'une bouchée de ces troupes acculées et démoralisées par leur isolement.

– Je pars dans deux heures, espérons que l'optimisme du Feldmarshal sera au rendez-vous!

Rommel raccrocha son téléphone de campagne en grommelant. Ses hommes étaient épuisés par toutes ces chevauchées rapides amputant leurs heures de sommeil. Lui-même, malgré l'excitation de l'offensive, se sentait endolori par la fatigue. Il l'a d'ailleurs écrit à sa femme en arrivant à son P.C. vers 3 heures ce matin :

« Dure journée que celle que nous venons de vivre aujourd'hui, encore plus éprouvante que les précédentes. Heureusement que nous allons pouvoir dormir demain [1]. »

Même si les préparatifs traînent un peu plus que d'habitude, les deux bataillons du 7e régiment (Abteilung 1 et 2) ne tardent pas à chauffer leurs chars. Fidèle à son placement coutumier, Rommel occupe avec son Panzerfunkwagen la quatrième place dans la première file. En début d'après-midi, un violent barrage d'artillerie britannique stoppe l'avancée allemande à huit kilomètres de Saint-Valéry entre Le Tôt et Saint-Sylvain. Une brève accalmie permet au major Cramer de lancer le 1er bataillon de Panzers qui refoule le 2nd Seaforth écossais sur Ingouville, tandis que Bachmann conquiert avec le 2 Abteilung la falaise d'aval à l'ouest qui, à deux cents mètres, domine le port. Aussitôt, Rommel y fait mettre en batterie un canon de 105 et quelques mitrailleuses. De là, il tient sous sa coupe le quai d'embarquement ainsi que les bâtiments portuaires. Cette grossière erreur stratégique des défenseurs qui n'ont pas fortifié suffisamment ce site vital, en particulier du général Ihler chargé de ce secteur, va coûter cher aux forces alliées. Quelques salves dispersent déjà leurs troupes dans la ville où règne une incroyable pagaille due à l'afflux massif des groupes se repliant en désordre. Beaucoup de soldats, les plus exposés, ne tardent pas à se rendre, mais avec une obstination et une persévérance bien britanniques, un officier de la Royal Navy, le Commander Elkins, se démène pour empêcher toute reddition des Ecossais. Ses allées et venues parmi la troupe, ses harangues faites du haut de billots entassés, attirent l'attention de Bachmann qui en informe Rommel. Dans ses jumelles, le général suit tous les mouvements d'Elkins. Il fait installer deux haut-parleurs qu'utilise un interprète pour proposer une « reddition honorable ». Peine perdue, l'officier de la Navy s'entête et refoule, pistolet au poing, tout homme qui tente de se rendre. Exaspéré, Rommel ordonne alors d'écraser le port sous les obus.

Cependant, à l'est de Saint-Valéry, deux bataillons de la 5e Panzer qui ont balayé non sans mal le groupement français Reboul au sud de Veules-les-Roses, s'approchent prudemment par la D 4 depuis Iclon. Confortés sur leur gauche

1. Rommel : *Carnets de guerre.*

par la 2e brigade motorisée du général Crüwel qui avance sur l'axe Houdetot – Pleine-Sève – Cailleville pour appuyer la 7e Panzer, ils débordent Veules puis Ectot. La tenaille se referme sur les forces franco-britanniques cernées dans Saint-Valéry-en-Caux.

Dans l'après-midi, avant que Rommel les tiennent sous ses canons, des navires anglais ont pu embarquer plus d'un millier de *tommies* et environ deux cent cinquante Français. Mais ils ne pourront plus approcher de la côte car le feu allemand se renforce sans cesse. Aux limites de la ville, sous l'énergique commandement du général Berniquet qui a rassemblé quelques éléments épars autour de sa 2e division légère de cavalerie, les Français reprennent quelques crêtes. Ce succès amène le général Fortune à leur adjoindre le renfort des 4th Camerons, 5th Gordons, 4th Seaforth, ainsi que la 3e compagnie du 1st Black Watch. Mais Rommel a perçu la manœuvre et il ordonne un bombardement de la zone d'assaut. Les bombes et les rafales de mitrailleuses des Stukas s'ajoutent aux obus de 105 tirés des collines. Le front de mer et l'avant-port sont en flammes. La contre-attaque de Berniquet est brisée, lui-même grièvement blessé décédera le lendemain.

Vers 19 h 30, Rommel fait cesser le feu pour envoyer au Q.G. allié un prisonnier français, Marcel Deshayes, porteur d'un ultimatum pour les généraux Fortune et Ihler. La reddition est refusée. A partir de 21 h 15, le bombardement reprend avec une nouvelle vigueur. Toute la nuit, Fortune va adresser message sur message aux bases navales anglaises pour réclamer des navires d'évacuation. Plusieurs bateaux appareillent de Portsmouth, mais ils ne peuvent aborder la côte. Trois sont touchés par l'artillerie allemande et doivent faire demi-tour, les autres demeurent au large. Fortune comprend qu'il n'y aura pas un nouveau Dunkerque à Saint-Valéry. Il donne l'ordre de saboter les pièces d'artillerie et de détruire munitions et ravitaillement. Déjà, le général français Ihler, chef du 9e corps, rédige ses messages de capitulation.

Mercredi 12 juin : plus de 12 000 prisonniers à Saint-Valéry

Entre 7 heures et 8 heures du matin, la 5e Panzer à l'est et la 7e à l'ouest s'ébranlent pour l'assaut final. A l'entrée orientale de la ville les Britanniques – 5th Gordons – font face avec leurs antichars aux blindés allemands. Mais ils ne vont pas tirer la moindre salve car ils sont submergés par des centaines de soldats français qui débouchent du centre en brandissant des drapeaux blancs. Le message de « cessez-le-feu » du général Ihler, faussement daté de « 8 h 00 le 12.06.1940 » alors qu'il a été répercuté dès 6 h 30, rallie à la reddition toutes les troupes du 9e corps. Cette reddition est toujours rejetée par le général Fortune qui espère encore un soutien naval de ses compatriotes. Il n'a pas tort puisque vers 9 heures plusieurs bâtiments de guerre britanniques et français envoient bordées sur bordées en direction des batteries ennemies. Celles-ci répondent avec leurs 105 et leurs 88. Le duel d'artillerie fait rage. Avec une audace extrême, l'enseigne de vaisseau Eve qui commande le patrouilleur français *Cérons* déborde les autres navires et s'approche de la côte. En quelques salves, il détruit deux pièces de 88 et malmène une autre batterie. Rommel, présent sur la hauteur ciblée, fait tirer ses canons de 100 mm. Deux obus neutralisent le *Cérons* qui, devenu ingouvernable et dévoré par un incendie, vient s'échouer près du port. Sous la violence de la réaction ennemie, les autres navires alliés doivent se retirer. Le général Fortune n'a plus aucun secours à attendre, d'autant que Rommel, promptement redescendu de son poste d'observation, opère la jonction de sa 7e Panzer avec la 5e sur le quai ouest du môle.

Vers 10 h 30, Fortune adresse son dernier message au *War Office* :

« Toute résistance étant maintenant vouée à l'échec, je dois dès à présent ordonner le cessez-le-feu. »

Côté français, certains officiers, trouvant que le général Ihler a un peu trop vite capitulé, poursuivent le combat dans différents secteurs extérieurs. C'est ainsi que deux compagnie du 13e bataillon de chasseurs alpins, retranchés à Houdetot, s'y organisent en hérissons, que quelques éléments de la 5e division de cavalerie parviennent à gagner la forêt de Brotonne après avoir franchi la Seine à Caudebec, que le groupement Reboul se maintient entre Veules-les-Roses et Sotteville-sur-Mer pendant deux jours permettant l'évacuation d'environ 400 hommes, et que des débris d'unités de la 40e D.I., regroupés par le capitaine Levillain [1] à Ingonville et Saint-Riquier, percent entre les colonnes allemandes pour se diriger vers Fauville et Lillebonne.

Cependant à Saint-Valéry, à midi sonnant, le général Fortune rencontre Rommel, place de l'Hôtel-de-Ville, pour lui annoncer la reddition de la 51st Division. Avec lui, capitulent 12 généraux anglais et français, 12 000 soldats dont 8 200 Britanniques.

La bataille de Saint-Valéry-en-Caux est terminée victorieusement pour les Allemands, mais les troupes alliées s'y sont comportées avec vaillance. Une vaillance qui faisait défaut au Haut Etat-Major de Gamelin et Weygand.

Quant à la petite station balnéaire, dernier bastion symbolique de la défense alliée en Haute-Normandie, elle a durement payé ce renom.

L'Eure dépassée – Le 17e corps allemand aborde le département de l'Orne

Tandis que la 7e Panzer accule les troupes franco-britanniques sur la Manche, d'autres unités du 15e corps d'armée allemand se sont engagées dans la boucle de la Seine entre Pont-de-l'Arche et Les Andelys. Le 10, grâce à des ponts de bateaux mis en place à Port-Joie, à Vézillon et à Saint-Pierre-la-Garenne, près de Gaillon, ces détachements vont faire leur jonction avec les centaines de parachutistes largués sur la rive gauche de l'Eure, dans le triangle Louviers – Le Neubourg – Evreux. Les 3e, 5e, et 6e bataillons ennemis franchissent la rivière à Cailly, mais les éléments blindés se heurtent à Acquigny et à Amfreville-sur-Iton à deux batteries antichars françaises demeurées en hérissons. Les combats se poursuivent le 11 juin où, à 7 heures du matin, une contre-attaque de la 3e division légère du général Petiet, avec quelques tanks du 3e R.A.M.

1. Il sera tué à Bolleville, près du passage à niveau.

et le soutien d'éléments blindés britanniques de la 1re division Evans oblige les Allemands à se replier sur La Croix-Saint-Leufroy et Cocherel. Mais, pour les troupes alliées, c'est le chant du cygne car elles ne bénéficient pas de renforts, et manquent bientôt de munitions, alors que leurs adversaires vont être rapidement ravitaillés par des parachutages de la Luftwaffe. Les Panzers traversent alors l'Eure à Saint-Vigier, tandis que les troupes françaises se replient sur les axes : Evreux – Nonancourt, et Evreux – Verneuil-sur-Avre. Plus rien n'arrêtera maintenant les forces allemandes. Le 11, la cité ébroïcienne tombe. Successivement, entre le 9 et le 15 juin, les villes de Vernon, Bernay, Brionne, Louviers, Pacy-sur-Eure, Conches, Damville, Breteuil et Verneuil-sur-Avre sont occupées. Le 16 au soir, tout le département de l'Eure est investi, à l'exception de l'arrondissement de Pont-Audemer où des barrages franco-britanniques subsisteront jusqu'au 21 juin. La défense est pourtant difficile à assurer, car les routes sont envahies par des flots de réfugiés provenant des agglomérations sévèrement bombardées. Les habitants de Rouen, d'Elbeuf, de Routot, de Bourg-Achard, et de toutes les bourgades de la Basse-Seine, entre Quillebeuf et Grand-Couronne, fuient vers l'ouest, impitoyablement mitraillés par les terrifiants Stukas dont les sinistres sirènes des piqués ajoutent à la panique de l'exode. Le désolant spectacle est le même dans la partie sud du département que les populations d'Evreux, de Louviers, de Gisors, des Andelys, du Neubourg, de Vernon, de Pacy-sur-Eure, et de la rive gauche de la Seine, sillonnent en colonnes hétéroclites avec, comme objectifs, la Mayenne, le Loiret et la Creuse.

Le 12 juin, la ville d'Evreux ne comprend plus qu'une centaine d'habitants, pas davantage à Vernon. Louviers, Gisors, Les Andelys, Conches, Verneuil-sur-Avre, vont demeurer désertes durant près de quinze jours à la grande joie des pillards de toutes sortes : vautours civils, mais aussi cohortes de soldats alliés en déroute, puis troupes de la Wehrmacht. Débordés, gênés par cet afflux désordonné, les Allemands improvisent des camps de rassemblement autour d'Ivry-la-Bataille, de Tillières-sur-Avre, en forêt de Breteuil.

La désorganisation dans les services publics et les administrations est totale. Presque tous les responsables, les élus, et les représentants de l'autorité se sont enfuis, et l'occupant doit, dans chaque ville, désigner d'office les personnalités qui lui tombent sous la main pour assurer la gestion et la police. Certains y seront maintenus jusqu'à la Libération. C'est le cas à Rouen où M. Poissant, adjoint demeuré à son poste, est en même temps nommé « bourgmestre » et... premier otage en cas d'agressions antiallemandes.

Avec cette nomination, pleuvent les directives et les ordres émanant du gouverneur militaire. Des rafales d'interdictions et d'obligations garnissent d'affiches tous les panneaux publics. Malheur à qui oublierait d'en prendre connaissance [1].

Si dans les zones envahies l'Ordre allemand se met immédiatement en place, la Normandie est encore loin d'être totalement occupée. C'est toujours l'affaire de Rommel et de sa 7e Panzer que nous avons quittée après la bataille de Saint-Valéry-en-Caux.

Dimanche 16 juin : Rommel repart

Le général, que ses victoires finiront par amener au grade de maréchal, a besoin de souffler un peu. Depuis plus d'un mois, en fait depuis le 11 mai, il a dirigé sa division, tambour battant, n'épargnant pas ses hommes, mais ne se ménageant pas non plus. Le Haut Etat-Major lui octroie trois jours de repos pour détendre ses tankistes et réviser ses Panzers. Les rapports ne nous indiquent pas s'il a pu, avec ses soldats, s'adonner aux plaisirs de la baignade dans la Manche à laquelle ils rêvaient tous ! Mais certains clichés l'attestent.

La reprise de la marche en avant a lieu le 16 juin. Pour la première fois depuis l'offensive en France, la 7e Panzer ne se trouve pas immédiatement en flèche. Elle suit les traces des éléments du 15e corps jusqu'à L'Aigle où elle retrouve son rôle de fer de lance. Quasiment regroupée, puisqu'il ne lui manque que deux bataillons de reconnaissance des 6e et 7e régiments, expédiés sur une ligne bordant le littoral de Caudebec à Carentan par Pont-Audemer, Pont-l'Evêque, Caen, Bayeux et Isigny. En fonction des rapports de la Luft-

1. Nous les évoquerons plus loin.

waffe qui précisent qu'aucune troupe adverse n'a été repérée sur cet axe est-ouest, Rommel n'a détaché que des avant-gardes, sachant que les unités d'artillerie et de cavalerie du 15e corps le suivent sans avoir à livrer combat [1]. Il sait également que plusieurs éléments de la 5e Panzer du général Lemelsen avancent parallèlement, à droite et à gauche de ses groupes de reconnaissance.

Depuis deux jours (14 juin), Paris déclarée « ville ouverte » éprouve le poids et les premières contraintes de l'Occupation. Le 15, le général Brooke qui commande les forces britanniques encore opérationnelles en France, est dégagé par son gouvernement de sa coopération avec l'Etat-Major français. Il décide donc de replier ses troupes sur Cherbourg pour y organiser leur évacuation vers l'Angleterre. Une lutte de vitesse s'instaure alors avec le haut commandement allemand, désireux d'empêcher à tout prix la Norman Force de se réfugier dans le grand port du Cotentin.

Le 16 au soir, Rommel reçoit l'ordre de « foncer » sur l'axe : L'Aigle – Flers – Saint-Lô – Cherbourg. Les Panzers démarrent aussitôt, mais les motocyclistes de reconnaissance reviennent avertir leur chef que des hérissons français tiennent la D 908 en forêt d'Ecouves. Peu désireux de perdre du temps à réduire ces bouchons, Rommel, carte sur les genoux, dévie son itinéraire. A travers la campagne, il oriente sa colonne vers Méhéran et Montmerrei où un bref engagement l'oppose à un peloton de spahis. Un peu plus loin, entre Boucé et Vieux-Pont, le 37 Aufklärungs-Abteilung roulant en avant-garde se heurte à un convoi français d'artillerie déboulant d'Argentan vers Carrouges, drapeau blanc en tête. A la grande surprise des Allemands, le commandant de cette formation déclare : « Le maréchal Pétain a demandé un armistice et prescrit aux troupes fran-

1. Le jeudi 13 juin, l'auteur se souvient d'avoir assisté dans son village natal au passage de deux véhicules légers de reconnaissance qui firent demi-tour à la sortie ouest du bourg de Bonnebosq pour repartir vers Valsemé. Deux jours plus tard, quatre sous-officiers allemands, accompagnés du maire, firent l'inventaire des chambres disponibles chez l'habitant pour y loger une centaine de soldats. Le surlendemain, une batterie d'artillerie hippomobile occupait la bourgade, réquisitionnant bâtiments, écuries, hangars et dépendances, ainsi que les herbages environnants pour parquer leurs chevaux. (On peut suivre cet épisode dans *Journal d'un J3,* du même auteur, Presses de la Cité, 1979.)

çaises de déposer les armes. » Etonné, le Hauptmann von Luck rend compte à Rommel tout aussi stupéfait, mais qui donne l'ordre de faire dégager la route sans violence car : « on ne tire pas sur une troupe qui se rend ». Pleins de bonne volonté, les officiers français font entasser les armes dans le champ voisin et ranger sur les bas-côtés les pièces d'artillerie encore attelées.

Un peu avant 18 heures, la 7e Panzer s'arrête entre Montreuil-au-Houlme et Faverolles. Tandis que ses tankistes se restaurent sur le pouce et font le plein de carburant, le général établit la liaison avec l'état-major du 15e corps. Il apprend que la Norman Force de Brooke approche de Valognes. Plus question de la rattraper. Il faudra combattre pour prendre le port de Cherbourg.

CHAPITRE III

Derniers combats de la Seine à Cherbourg

Reynaud – Pétain, une rapide passation de pouvoir

A ce stade de notre évocation de l'invasion allemande en Normandie, il nous faut quitter un peu le terrain régional pour tenter de comprendre l'attitude de beaucoup d'officiers français dont nous venons de voir un exemple significatif.

Sans entrer dans le détail des tractations, des pérégrinations, des dissensions et des atermoiements des deux derniers gouvernements de la IIIe République – Reynaud puis Pétain –, il paraît indispensable d'en schématiser les démarches :

Depuis le 20 mars 1940, Paul Reynaud est président du Conseil. C'est déjà un vieux routier de la politique et des affaires de l'Etat. Né à Barcelonnette, en 1878, diplômé de H.E.C., député des Basses-Alpes, puis de Paris entre 1928 et 1940, ministre des Finances en 1930, des Colonies en 1931-1932, de la Justice entre 1932 et 1938, puis à nouveau des Finances dans le gouvernement Daladier, de 1938 à mars 1940, il accède à la présidence du Conseil au plus mauvais moment, en pleine « drôle de guerre ». Cinquante-deux jours plus tard (10 mai), avant qu'il n'ait eu le temps de réorganiser les différents rouages de l'Etat – pouvoirs politiques et commandement militaire, suivant les lignes de force qu'il a indiquées lors de son investiture –, les armées du Reich déferlent sur les Pays-Bas, la Belgique et le Luxembourg.

Autant son prédécesseur, Edouard Daladier, s'appuyait presque inconditionnellement sur le généralissime Gamelin et ses théories dépassées de « guerre défensive », autant Paul Reynaud prône l'offensive moderne telle que la préconisent de jeunes officiers comme De Lattre de Tassigny, Beaufre, le colonel Sudre et quelques autres qui ont compris la leçon tactique démontrée en Espagne par la légion allemande Condor.

C'est de plus le seul homme politique à avoir compris et appuyé les théories d'un certain colonel de Gaulle sur l'emploi des chars, et aussi certainement l'un des rares qui ait lu les manuels de la guerre moderne écrits par ce même colonel de Gaulle [1].

Intelligent, vif de corps et d'esprit, brillant débatteur prônant une politique novatrice, Reynaud aurait pu être l'homme de la situation s'il n'avait pas subi deux néfastes influences. D'abord celle des thuriféraires de la victoire de 1918, vénérables dignitaires vieillissants engourdis sous leurs lauriers, demeurés accrochés à leurs stratégies de la Grande Guerre et que n'intéressent nullement les nouvelles formes de combats, réfutant pêle-mêle la mécanisation, l'alliance des chars et de l'aviation, les unités parachutistes, et la spécialisation, tout ce qui fait la force de l'armée allemande. Pour Paul Reynaud, et peut-on vraiment lui reprocher un sentiment ressenti par une écrasante majorité de Français, les Pétain, Weygand, Gamelin, Huntziger, Héring, et leurs cours d'officiers demeurent les géants qui terrassèrent l'Empire germanique. La patrie s'identifie à leurs statures de vainqueurs.

Le second boulet que traîne le nouveau Premier ministre apparaît dans la petite histoire sous les traits d'une femme, en l'occurrence ceux de Mme de Portes. Même si elle n'a pas tenu ce rôle essentiel que lui ont attribué quelques mémorialistes, elle n'en a pas moins joué la mouche du coche dans un moment où Reynaud éprouvait bien des difficultés à maîtriser la situation, et une mouche du coche qui tentait d'embarquer l'attelage sur une voie de garage. On ne peut pas dire qu'elle modifia le destin du pays, mais il est certain qu'elle en déstabilisa le pilote au plus mauvais moment.

1. *Le Fil de l'épée*, *La France et son armée*.

En fait, si le président du Conseil ne suivit pas le chemin qu'il s'était tracé, s'il abandonna la direction des affaires au creux de la vague, ce fut uniquement parce que ses efforts pour continuer la lutte au sein de l'Empire d'alors butèrent constamment sur le mur de défaitisme érigé par la plupart de ses ministres, sous la houlette des partisans de la cessation des hostilités : Pétain, Weygand, Baudouin, Bouthillier, Chautemps, Ybarnegaray, Pomaret, Reibel. Pour seuls soutiens, il ne resta à Reynaud que Georges Mandel, Raoul Dautry, Laurent-Eynac, Louis Marin, et... Charles de Gaulle, appelé pour faire contrepoids au défaitisme en tant que sous-secrétaire d'Etat. De plus, en sous-main, différentes personnalités civiles et militaires appuyaient à fond le clan des capitulards : Pierre Laval, Adrien Marquet, l'amiral François Darlan, le général Colson, Raphaël Alibert, le président de la Cour de cassation Frette-Frémicourt, que nous retrouverons tous dans le ministère Pétain. Si l'on tient compte de l'attitude ambiguë des présidents du Parlement – Edouard Herriot et Jules Jeanneney –, on mesure bien dans quelles difficultés se débattait alors Paul Reynaud. Alors qu'il partageait l'analyse de Winston Churchill et de Charles de Gaulle sur les possibilités de poursuivre le combat, il ne put jamais obtenir l'accord des membres de son gouvernement. Fatigué, désabusé, il remit sa démission à Albert Lebrun, le 16 juin. Et comme celui-ci se lamentait : « Qui va pouvoir maintenant former un nouveau cabinet ? » Paul Reynaud répondit par une litote : « Sollicitez Pétain, il n'attend que ça ! » C'était tellement vrai que le Maréchal, aussitôt informé, se présenta devant le président de la République avec, à la main, la liste toute prête de ses ministres.

Jamais une passation de pouvoir ne fut aussi rapide !

Pétain au pouvoir quémande aussitôt un armistice

Si nous nous sommes un peu attardés sur les événements de Bordeaux [1], c'est que le sort de la France – non pas dans

1. De repli en repli, le gouvernement qui avait quitté Paris le 10 juin avait échoué à Bordeaux, après une escale à Tours.

l'immédiat sur le plan militaire, mais sur son proche avenir – s'y est joué en quelques jours.

Nous ne reviendrons pas sur des épisodes qui ont été maintes fois rapportés, tant par des historiens que par plusieurs acteurs de la pièce tragique de la défaite, mais on ne peut cloisonner des faits essentiels dont l'enchaînement a rejailli en cascade sur la population, et, particulièrement, sur celle de la Normandie qui se trouva constamment concernée dans cette chronologie événementielle.

On aura noté en fin du chapitre précédent quelle première conséquence découle de la nomination de Pétain à la tête du gouvernement. La renonciation à la lutte qui est devenue le leitmotiv de l'entourage du Maréchal a très rapidement fait tache d'huile dans les états-majors ainsi que dans les commandements divisionnaires et régimentaires. L'attitude du commandant de ce bataillon d'artillerie, intercepté par une avant-garde de Rommel près de Boucé, dans l'Orne, est significative à cet égard, car à cette date la demande d'armistice formulée par Pétain n'est pas encore divulguée aux troupes allemandes. La preuve, le futur chef de l'Afrikakorps note dans ses carnets de guerre : « *A la tête d'une colonne ennemie qui avance drapeau blanc en avant, un capitaine me déclare que " suivant l'appel de son gouvernement, il doit déposer les armes ! " Première nouvelle ! mais cette intéressante attitude me permet de poursuivre ma route sans tirer le moindre coup de feu.* [1] »

On verra plus loin qu'il n'en sera pas de même dans la Manche.

A Bordeaux, où le gouvernement s'est établi le 14 juin, Pierre Laval qui n'assume pour le moment aucune responsabilité d'Etat, a pris sur lui de rencontrer l'ambassadeur d'Espagne, M. de Lequerica, pour le prier d'informer d'urgence son gouvernement qu'une demande d'armistice va être formulée par la France, et que celle-ci souhaiterait que le Führer en soit avisé au plus tôt. C'est le premier coup de force de Laval qui, répétons-le, ne détient aucun pouvoir, aucun mandat, aucun ordre de mission. Il récidive dans la nuit, quelques heures plus tard, en se rendant auprès du Maréchal qu'il encourage à demander immé-

1. Rommel : *Carnets de guerre.*

diatement un cessez-le-feu tout en lui faisant miroiter son « rôle sauveteur » de chef d'Etat. Il l'assure même que « c'est le seul moyen d'endiguer la menace communiste qui devient plus qu'inquiétante » ! Avec cette formule, il sait qu'il touche le point sensible, car Pétain est – et a toujours été – un anticommuniste virulent. Notons ici que Laval n'est pas le premier en ces heures décisives à brandir le spectre de l'ogre rouge. Déjà en effet, la veille, lors du Conseil des ministres qui s'est tenu à Cangey, Weygand déclara qu'il venait de recevoir un message l'informant que « la capitale serait aux mains des communistes, que la police aurait été désarmée, et que Maurice Thorez serait installé à l'Elysée » ! La nouvelle fit l'effet d'une bombe lancée dans la salle de réunion. Ce n'est qu'après une communication téléphonique entre Georges Mandel, ministre de l'Intérieur, et le préfet de police, M. Langeron, que le bobard fut démenti, mais ce cas de figure impressionna tellement Pétain qu'il questionna longuement Baudouin, le lendemain, afin d'être rassuré.

Le 17 juin, le baron von Stohrer, ambassadeur du Reich en Espagne, expédie à la Chancellerie de Berlin le télégramme suivant (n° 1929) :

« Le gouvernement du maréchal Pétain demande au gouvernement espagnol d'agir aussi vite que possible comme intermédiaire auprès du gouvernement allemand pour lui demander de faire cesser les hostilités et de faire connaître ses conditions de paix... Signé Baudouin, ministre des Affaires étrangères. »

Sans attendre la réponse, Pétain lance ce même jour à midi son appel à la radio dont les dernières lignes vont consterner tant de Français :

« ... *C'est le cœur serré que je vous dis aujourd'hui qu'il faut cesser le combat. Je me suis adressé cette nuit à l'adversaire pour lui demander s'il est prêt à rechercher avec moi, entre soldats, après la lutte et dans l'honneur, les moyens de mettre un terme aux hostilités...* »

Dans les états-majors français, cette allocution est saluée par des hourras. Les chaînes de commandement sont tellement intoxiquées par les défaitistes que certains – ainsi qu'on l'a vu à Boucé – ont même devancé le message pétainiste. Mais comment reprocher à ces chefs d'unités leur attitude passive alors que presque tous les généraux d'armée parlent depuis huit jours de la « nécessité de déposer les armes pour sauver un maximum de vies humaines »! Aucun ne voit ou ne veut voir que la France possède encore un potentiel combatif très important. Sa flotte, l'une des plus puissantes du monde, est intacte, prête à l'appareillage. L'empire colonial regorge de ressources et de soldats en capacité de combattre. Galvanisés par un esprit de revanche, les amiraux, les résidents, les gouverneurs, les cadres, présents dans les colonies, aspirent à poursuivre la lutte. Si au lieu de sombrer dans un lâche défaitisme, les Pétain, Weygand et consorts avaient lancé un vibrant appel pour une levée en masse devant la patrie en danger, à l'instar de leurs glorieux aînés, le moral des troupes et de la population aurait été réconforté. A partir de là, le déroulement des événements eût été fort différent. De nos jours, certains mémorialistes déclarent « comprendre » l'attitude du clan pétainiste inspirée par « la volonté de sauver des vies humaines »! On a constaté plus tard que tous ces beaux esprits ne se préoccupèrent plus guère du sort de ces mêmes vies humaines! Cette politique de « paix » qui va très vite déboucher sur celle de la collaboration se traduira finalement par le raz de marée des déportations, des fusillades, des massacres. Elle sera le détonateur des luttes fratricides du Levant, de Dakar, des milliers de morts de Mers el-Kébir, des exactions sanguinaires de la sinistre Milice et des suppôts de la Gestapo. La nomination d'un Gauleiter en France aurait permis de clarifier les choses : Allemands et proallemands d'un côté, Français de l'autre. Nous n'aurions pas connu cette situation ambiguë qui empoisonna la société, jeta le pays dans la guerre civile : résistants contre miliciens, et causa la méfiance des Alliés. Le « parapluie » Pétain refermé, chacun se serait retrouvé seul devant sa conscience. L'argument des collaborateurs sur le sort des prisonniers se retourna contre eux, puisque la politique coopérante du gouvernement de Vichy n'avança pas d'un seul jour leur libération.

Dans ce collecteur insalubre du pouvoir asservi, grouillant de cloportes et de cafards, arrivistes et nervis fascistes se taillèrent une place de choix, sous le regard complice d'une bourgeoisie « bien pensante » qui avait proclamé depuis longtemps : « Plutôt Hitler que le retour du Front populaire ! »

Au milieu de cette panique orchestrée par les agents de l'Allemagne et leurs valets de terrain, quelques patriotes lucides refusèrent de suivre cette route menant à l'abandon national. Le premier, le général de Gaulle fit entendre la voix de la résistance. Dès le lendemain, alors qu'il se trouvait en Angleterre où, en tant que sous-secrétaire d'Etat il accomplissait une mission de liaison entre les gouvernements britannique de Churchill et français de Reynaud, il lançait à la B.B.C. son célèbre appel. Grâce à sa réaction et à celle des nombreux patriotes qui se rallièrent à sa conviction, l'honneur du pays allait être sauvé.

Certes, le légendaire « appel du 18 juin » ne fut guère entendu en France. Dans le chaos qui régnait alors, les postes de T.S.F., tout au moins ceux qui pouvaient encore fonctionner, demeuraient davantage branchés sur la radio nationale que sur les stations étrangères. Mais, abondamment diffusé dans les territoires coloniaux et par quelques nations neutres, il symbolisa rapidement cet esprit du refus de la défaite. Dès qu'il parvint dans l'Hexagone, il fut aussitôt repris par tous ceux qui, s'insurgeant contre la politique pétainiste, en firent les textes des premiers tracts clandestins.

Mais pour l'heure, en ce 17 juin 1940, sur lequel nous avons pris de l'avance pour disséquer les événements et montrer leurs conséquences, ce sont encore les combats qui retiennent l'attention.

La VIIe armée allemande de Dollmann est entrée dans Colmar. Le 41e corps de Guderian, avec les 6e et 8e Panzers, a pris Nancy et s'enfonce vers Dijon et Pontarlier. Les combats font rage pour le contrôle des ponts de la Loire à Gien, à Saumur, où le colonel Michon résiste furieusement avec les élèves aspirants de Saumur, et de Saint-Maixent, tandis que les 3e et 5e armées françaises de Condé et Bourret tentent de se replier sur Epinal. Sur le front de la Meuse, six corps français s'opposent à la Ire armée ennemie de Witzleben, mais, de chaque côté, les chefs restent près de leur radio pour essayer d'en savoir un peu plus sur la demande d'armistice de Pétain.

La 7e Panzer accrochée dans le Cotentin

Nous avons laissé Rommel et ses blindés au soir du 17 juin près de Montreuil-au-Houlme. Après une courte halte pour le ravitaillement des hommes et des véhicules, la 7e Panzer repart. A sa tête, le 37e groupe de reconnaissance. Fidèle à son habitude, le général occupe avec son Panzerfunkwagen la quatrième place dans la colonne.

Dans la journée, des unités du Kradschützen-Bataillon, notamment le 7e motocycliste du Major von Steinkeller, ont occupé Saint-Lô, cependant que le 2e bataillon du Major Bachmann parvenait en fin de soirée à Coutances.

Rommel, plutôt optimiste en raison de la demande de cessez-le-feu des Français, lance sa division en direction de Cherbourg qu'il veut absolument conquérir avant une possible suspension des combats. Le 37e groupe de reconnaissance appuie sur sa gauche en longeant la côte ouest. On roule de nuit sans se préoccuper des halos lumineux qui marquent le cheminement de la colonne. L'aviation ennemie n'est plus à craindre et quelques appareils de la Luftwaffe couvrent la marche des files de véhicules. Bientôt de grandes lueurs apparaissent au loin signalant l'incendie des réserves de carburant du petit aérodrome de Lessay.

Peu après minuit, les chars de tête entrent à La Haye-du-Puits. Pendant une pause en ville, Rommel est rejoint par l'Oberleutnant Hausberg, l'officier de liaison avec le G.Q.G. de Berlin, qui lui fait part du dernier ordre du Führer : « S'assurer au plus vite du port de Cherbourg. »

Le général précipite donc le départ, faisant obliquer à l'ouest son unité de reconnaissance pour s'emparer au passage des bassins de Port-Bail et de Carteret qui pourraient être utilisés par les forces britanniques. Venant interrompre le ronronnement de l'avance, une première escarmouche avec « des éléments ennemis non identifiés » coupe un moment l'élan des Panzers au carrefour de Baudreville. Mais un peu plus loin, entre Yons et Varreville, les choses deviennent plus sérieuses ; les chars, à découvert, sont pris à partie par un violent tir d'artillerie. Trois blindés flambent, deux autres doivent être rapidement abandonnés par leurs équipages. Cinq tankistes sont tués et le lieutenant Isermayer, chef du détachement, est grièvement atteint. Rommel n'insiste pas car dans la nuit, sur un terrain non reconnu, tout affrontement peut se révéler catastrophique. Il ordonne le repli sur La Haye-du-Puits. Les fusiliers marins de l'enseigne de vaisseau Allary viennent de faire trébucher le 37e groupe de reconnaissance de la 7e Panzer commandé par son chef lui-même.

Rommel en échec devant Cherbourg

Dans cette nuit du 17 au 18 juin, tandis que Rommel piétine autour de La Haye-du-Puits, la Norman Force britannique embarque à Cherbourg. Certes, elle doit abandonner une partie de son matériel – encore que la 1st Armoured Division soit parvenue à évacuer ses tanks, ses camions et ses scout-cars – mais tous les hommes pourront être rapatriés en Angleterre. Sur ce point particulier, la mission du général allemand a donc échoué.

A l'aube, la 7e Panzer se remet en route en deux flèches. Tandis que l'une retourne dans le secteur de Varreville – Denneville, l'autre, renforcée du 6e fusiliers, se dirige vers Bricquebec. Elle va se heurter à un hérisson tenu par des fusiliers marins sous le commandement du capitaine, ingénieur du génie maritime, Lucien Ramas, et disposant de deux canons de 75. Rommel veut éviter un combat qui lui ferait perdre du temps ; il se rend sur place avec le colonel von Unger, chef du 6e Regiment de la Schützen-Brigade 7, qu'il envoie pour négocier la reddition des Français. Ramas refuse. Il faut donc que les Allemands se disposent à l'attaque. Un quart d'heure plus tard, l'artillerie se déchaîne ; le barrage français est écrasé par la disproportion des forces. Ramas est tué avec plusieurs de ses hommes. Il va falloir une bonne heure pour déblayer le passage. Le 6e fusiliers repart, mais c'est pour retomber entre Saint-Lô-d'Ourville et Taillepied sur une succession de barricades dont les défenseurs luttent farouchement. Il faut qu'à nouveau l'artillerie se déploie pour réduire au silence les pièces françaises.

Harcelée par des unités de la marine, la colonne allemande, dont la vitesse est tombée à 6 km/h, n'atteint Les

Pieux qu'à 12 h 40. Cherbourg n'est plus qu'à 11 km, mais l'artillerie lourde du port peut maintenant atteindre les Panzers. Elle ne s'en prive pas ! Entre Benoîtville et Les Contes, plusieurs chars sont touchés, un obus écrase une avant-garde motocycliste au sud de Virandeville. Rommel oriente alors sa troupe vers l'est en direction de Couville, mais elle se heurte bientôt à un barrage au carrefour des départementales 56 et 900. Encore une fois, le général tente de parlementer, car il ne comprend pas que le message de Pétain ne soit pas entendu par toutes les forces françaises. Alors que des pourparlers se déroulent entre les gradés belligérants, une salve d'artillerie s'abat sur les formations arrêtées. C'est la réaction de l'enseigne de vaisseau, Pierre Lévy, peu enclin aux négociations. Avec ses quelques escouades il tient le dispositif de défense qui s'étend du fort de Flottemanville à Martinvast en passant par Acqueville et Sideville. Le tir précis des canons de 75 sème la confusion, plusieurs camions et voitures légères du 37e groupe de reconnaissance brûlent, un Panzer explose. La riposte s'organise mal en raison du manque de renseignements sur l'implantation des pièces françaises. Sous l'avalanche d'obus, les panzergrenadiers se terrent là où ils peuvent, au grand dam de Rommel qui fait face à la tourmente en hurlant ses ordres. Cette courageuse attitude réconforte ses hommes qui réussissent à mettre en batterie le 1er groupe de l'Artillerie Regiment 76. Contournant par la droite les positions de l'enseigne de vaisseau Lévy, un bataillon s'infiltre vers Saint-Martin-le-Gréard et pousse en direction de Tollevast. Alors qu'il s'oriente sur la D 352, les redoutes du Becquet et d'Octeville ainsi que le fort du Roule déclenchent un feu de barrage extrêmement violent. En un rien de temps, c'est la débandade dans la troupe allemande. Les pièces du Regiment 76 sont écrasées, de même que les Panzers d'arrière-garde. Rommel doit replier son véhicule de commandement sous des salves d'obus. De saut en saut vers le sud-ouest, il arrive au château de Sotteville où s'est rabattu son P.C. divisionnaire. Pour lui, la journée du 18 juin s'achève sur un revers.

Les cartes françaises ultrasecrètes entre les mains de Rommel!

« La stratégie et la bravoure, c'est bien, disait en 1918 le général Fayolle, mais sans un brin de chance, c'est insuffisant pour prétendre à la victoire. »

Ce brin de chance, Rommel va l'avoir. Alors qu'il arrive au château de Sotteville, ses officiers l'informent, avec une certaine exaltation, qu'ils ont mis la main sur des cartes secrètes de l'Etat-Major français dont le Q.G. se trouvait précisément au château. Des cartes secrètes négligemment abandonnées sur les tables de la salle de conférence! S'il n'est pas encore surnommé « le renard du désert », le général apprécie autant qu'il la redoute la ruse. Sa première réaction est donc la méfiance. Néanmoins, il examine ces cartes dont la plupart portent le gros tampon rouge « Ultrasecret ». Son officier de renseignements, le Major Ziegler, lui désigne du doigt le report exact de quelques points défensifs sur sa propre carte étalée pour une comparaison :

– Voyez Herr General, les redoutes enterrées de la Glacerie, de Tourlaville et de Bretteville que nous connaissons y figurent avec le nombre de pièces. Notre schéma montre également les postes fortifiés de Fermanville et de Gatteville, nettement délimités sur ces cartes françaises. Pas de doute, nous tenons là tout le dispositif défensif de Cherbourg.

– C'est incroyable, murmure Rommel, oui, c'est incroyable que des officiers se déshonorent pareillement en abandonnant leur poste et en offrant à l'adversaire la vie de leurs propres hommes! Des lâches, ce sont des lâches; quand on a vu comment hier encore les simples soldats et les gradés subalternes se sont comportés en s'accrochant sur le terrain, on demeure confondu devant la conduite honteuse de leurs supérieurs. Je vous jure, Ziegler, que si l'un d'eux tombe entre nos mains, qu'importe les lois de la guerre, je le ferai fusiller devant ses troupes.

Le général bout d'indignation, son adjoint, désireux de le calmer, lui montre les relevés qu'il a déjà préparés en fonction des informations fournies par les cartes abandonnées :

– Il nous faut revoir le plan d'attaque car notre itinéraire initial passant par Nouainville et Tonneville pour atteindre la pointe de Querqueville se trouve sous le feu des batteries de La Rivière d'un côté et d'Equeurdreville de l'autre. Et celles-là, nous en ignorions la présence!

Rommel appuyé sur le coin de la table examine les différents tracés :

– Dès que le 25 Panzer Regiment nous aura rejoints, nous lancerons une offensive en pince sur les deux axes : Vasteville – Sainte-Croix – Hainneville à gauche, et Délasse – Ruffosses – Digosville à droite. Ah !, et puis en fonction de ce que nous apprennent ces cartes, il nous faut modifier le plan prévu; nous allons donc éviter l'accès à l'arsenal ainsi que celui du Fort central. Notre effort principal se portera à l'ouest en enveloppant Sainte-Croix-Hague, Branville et Amfreville, puis en se rabattant sur Equeurdreville où nous ferons jonction avec la colonne Schaffer à Hainneville. La mission à l'est du 25 Panzer ne change pas : marcher avec le 1 Abteilung de Schmidt sur Longuemare pour contourner le fort du Roule.

– Mais il sera sous la menace de l'artillerie de Fermanville!

– Non, parce que nous lancerons le II Abteilung d'Ilgen sur Saint-Pierre-Eglise et Intheville, en opération de diversion.

Rommel quitta la table pour aller s'asseoir dans un fauteuil de cuir près d'une baie vitrée. Il maugréa :

– Je ne comprends pas, Ziegler, comment des chefs d'Etat-major aient pu agir ainsi. Même les Italiens en 1917 à Monte-Matajur, ne se rendirent qu'après un baroud d'honneur [1]. Décidément, ces officiers français d'aujourd'hui n'en ont que le nom! Où donc se trouve la relève de 14-18?

La relève, elle existe pourtant, mais pas dans les sphères des pionniers de la défaite : Gamelin, Pétain, Weygand, Laure, Huntziger, et consorts. Venant de l'Afrique et de l'Angleterre, des maquis de France, Rommel la découvrira dans quatre ans!

1. Le 24 octobre 1917, le lieutenant Rommel réussit avec une poignée d'hommes à obtenir la reddition de l'état-major italien de Monte-Matajur, en s'étant infiltré derrière les lignes. Il ramena une centaine d'officiers et plusieurs milliers d'hommes. Ce haut fait d'armes lui vaudra le grade de capitaine. C'est depuis cette époque que Rommel garda une piètre opinion de la valeur des combattants italiens. Une opinion que son passage à la tête de l'Afrikakorps ne fit que fortifier!

19 juin : Cherbourg tombe.

Le 19 juin à 4 heures du matin, l'attaque allemande sur Cherbourg débute par un barrage d'artillerie dirigé principalement sur le Fort central et la redoute des Couplets. Dans la nuit, l'artillerie lourde a en effet investi les hauteurs de Querqueville et d'Hainneville.

Vers 8 h 30, Rommel envoie deux prisonniers français civils, Henri Hervion et Armand Thereux, comme émissaires auprès du Préfet maritime, l'amiral Le Bigot, l'invitant à capituler avant midi pour éviter la destruction de la ville. Mais les défenseurs de l'arsenal interdisent toute approche, et les deux hommes reviennent en informer le commandant allemand. Le bombardement reprend alors peu après 11 heures. Le Fort central est détruit par les salves d'une batterie de Flak de 88, et la redoute des Couplets tombe avec les 11 officiers et les 170 hommes qui la tenaient. De cette position qui domine le port, Rommel va empêcher, avec des canons de 75 saisis, tout mouvement dans la rade militaire et sur les quais. Bientôt, apparaissent, escortés d'un porteur de drapeau blanc, deux civils qui se présentent au général. L'un d'eux est M. Léon Vaur, député, l'autre, le commissaire central de police, M. Laniez. Il est 12 h 15, mais ces deux parlementaires, désireux de sauver leur ville et sa population, ne possèdent aucun mandat de l'autorité militaire. Rommel les éconduit poliment en les priant d'informer l'amiral français que la capitulation sans condition doit être effectuée avant 13 h 30, faute de quoi l'aviation de bombardement interviendra.

Le message a-t-il été transmis ? Une polémique s'instaurera plus tard à ce sujet, mais, n'ayant obtenu aucune réponse, Rommel recourt à la Luftwaffe dont les Junkers 87 attaquent en piqué les points de défense, tandis que l'artillerie s'acharne sur le port.

A 15 heures, une accalmie permet aux panzergrenadiers d'investir la ville. C'est alors que plusieurs officiers des forts se présentent pour négocier une capitulation « honorable ». Deux d'entre eux acceptent de se rendre à la Préfecture maritime pour inviter l'amiral Le Bigot à ordonner le cessez-le-feu. En échange, Rommel indique que ses troupes respecteront la même consigne et que les militaires français pourront quitter la ville avec leurs propres bagages pour être regroupés aux Pieux.

A 16 h 15, l'accord est confirmé. A 17 heures, le général allemand, escorté de quelques membres de son état-major, arrive à la Préfecture maritime. L'acte de reddition est signé un quart d'heure plus tard.

Le port de Cherbourg est maintenant entre les mains de l'occupant allemand. Seuls quelques combats sporadiques, menés sous les ordres du capitaine de frégate de Robien, qui refuse de capituler, dureront plusieurs jours, jusqu'à ce que les munitions manquent à ces derniers baroudeurs. Lorsque de Robien et ses hommes déposeront les armes, Rommel leur fera rendre les honneurs. Peut-être parce qu'ils lui ont montré que ceux de Sotteville ne représentaient pas la véritable armée française.

Celle-ci démontre au même moment sa valeur sur le front des Alpes où non seulement elle repousse les assauts italiens, mais contient les Panzers de la 3e division descendus soutenir les troupes de Mussolini bloquées par les 64e, 65e et 66e divisions alpines du général Olry. Lorsque, le 24 juin, la signature de l'armistice imposera le silence des armes, l'Armée française des Alpes aura préservé Grenoble et Chambéry, et conservé la ligne Briançon – Sospel. Et le général Mer pourra dire : « Sans cet effort de volonté, l'ennemi aurait poussé jusqu'à Marseille et l'Armée des Alpes aurait subi le sort des armées de Lorraine et d'Alsace. »

CHAPITRE IV

La Normandie meurtrie et occupée

Du sacrifice des combattants aux premiers jours de l'Occupation

La prise de Cherbourg marque la phase finale de l'envahissement de la Normandie. Tandis que les forces d'occupation se mettent progressivement en place, la 7e Panzer de Rommel qui a été le fer de lance de l'offensive allemande sur le sol normand, s'éloigne vers le sud-ouest.

Les Normands, comme tous les Français, demeurent sous le choc de ces quarante jours de tourmente qu'ils viennent de vivre. Désormais, rien ne sera plus jamais comme avant : avec l'effondrement des armées françaises, c'est également la chute d'un régime, la faillite d'un système, et l'écroulement des valeurs morales qui hantent le moment présent. Secouées par l'ampleur de la défaite et ses conséquences, les populations ne sont pas encore en mesure d'analyser le cataclysme des événements. D'autres vont se charger de le faire pour eux et de l'expliquer à leur façon par le canal des moyens d'information œuvrant sous la houlette sévère des censeurs du nouveau gouvernement. Les faits vont être présentés et disséqués de telle sorte que les responsabilités de la déconfiture militaire soient imputées aux hommes politiques de la IIIe République et que, pêle-mêle, les juifs, les francs-maçons, les communistes, le Front populaire, la ploutocratie, la laïcité, les congés payés, la lutte des classes, l'esprit de « jouissance », le relâchement des mœurs apparaissent comme les seules causes de la défaite. La caste militaire qui, elle seule, porte le poids du désastre, trouve encore le moyen de se donner le beau rôle. Plus leur incapacité, leur imprévoyance, leur incompétence, leur laxisme, ont été en cause, plus encore ses thuriféraires parlent haut et fort pour distribuer des leçons de civisme et de patriotisme ! Eux qui ont déjà foulé aux pieds toutes notions d'honneur et de dignité, eux qui vont dans leur majorité se vautrer aux bottes des vainqueurs, prétendent « réorganiser » le pays en fondant un « ordre nouveau » calqué sur celui qui prédomine outre-Rhin. Groupés autour de Pétain, d'un Pétain que son grand âge fait osciller entre quelques moments de lucidité et trop d'heures d'endormissement intellectuel, les Darlan, Weygand, Vuillemin, Huntziger, Touchon, Colson, Pujol, Laure et consorts s'affairent pour promouvoir leur carrière personnelle en se livrant à une surenchère linguistique nauséabonde, et pour rejeter dans l'ombre leurs collègues, trop rares, dont le comportement fut à la hauteur de la renommée des armes nationales. Car il convient de rappeler ce qui a été trop souvent occulté : l'héroïsme d'officiers, de commandants d'unités, de chefs de diverses compagnies, qui démontrèrent, parfois au prix de leur vie, que les soldats français malgré les erreurs et les faiblesses de leurs états-majors, en dépit de la désorganisation complète de la logistique, pouvaient opposer à l'ennemi une résistance digne de celle de leurs aînés. Douze généraux sont tombés au combat, certains comme Augereau, d'Argenlieu, Deslaurens, à la tête de leurs hommes. 90 000 combattants s'effondrèrent mortellement atteints, plus de 200 000 blessés, dont 112 000 grièvement, attestent de cette attitude valeureuse. Que ce soit sur terre ou dans les airs, des actions héroïques appartiennent maintenant à la légende. Parler des combattants de 1940, c'est évoquer le souvenir des élèves officiers de l'école de cavalerie de Saumur et de Saint-Maixent qui se sacrifièrent sur la Loire ; c'est relater l'abnégation de la 1re D.M. à Gembloux ; c'est relever l'héroïque comportement du commandant Ducoing à Calais ainsi que celui du lieutenant Duchatelle à Lambersat et à Lille. Et comment ne citerait-on pas le suicide du colonel Dutrey qui, à Lille, refusa de remettre son artillerie à l'ennemi, et qui préféra se tirer une balle dans la tête sur la tombe à peine refermée de son officier de liaison, le capitaine Josset, tué l'avant-veille. Minimes exemples d'une conduite d'hommes qui n'avaient rien de commun avec ceux qui gravitaient dans le sillage des capitulards du Haut Etat-Major.

Leurs camarades aviateurs – quoi qu'il en ait été dit – ne déparèrent pas le tableau d'honneur des armes françaises. Afin de ne pas sombrer dans la redite, ni dans l'énumération souvent considérée comme fastidieuse, nous nous contenterons de résumer trois exemples : A bord d'un Bréguet 693 bombardant une unité ennemie, le lieutenant Delattre, touché par la D.C.A., parvient à faire demi-tour pour venir écraser son appareil en feu sur la colonne allemande, alors qu'il pouvait encore regagner les lignes. Dans cette mission comprenant 6 Bréguet, un seul rejoindra sa base. Le 14 mai, une attaque de 16 Amiot 143 sur des Panzers tentant de franchir la Meuse les décime, mais deux avions seulement rentreront. A Blénod-lès-Toul, le capitaine Hyvernaud, l'un des meilleurs pilotes français, incendie plusieurs chars ennemis avant d'être abattu. Demeuré seul au-dessus de l'adversaire, il avait choisi de poursuivre son attaque plutôt que de se replier sur sa base.

Notons enfin que le dernier pilote français abattu en juin 1940 fut le sous-lieutenant Raphenne, du groupe de chasse 1/6, sur un Morane 406; il était titulaire de six victoires.

On pourrait continuer ainsi à énumérer maints faits d'armes qui illustrèrent l'abnégation de ces 90 000 combattants qui auraient pu sauver leur vie en adoptant la même attitude capitularde que celle de leur Haut Etat-Major. Les quelques exemples fournis suffisent à démontrer que, contrairement à ce qui a trop souvent été dit et écrit, l'armée française de 1940 ne fut pas cette troupe hétéroclite de fuyards que des images puisées dans les archives de la propagande vichyste ont répandues. Certes, elle ne comporta, hélas! pas que des gens héroïques, mais comment les moins braves n'auraient-ils pas réagi négativement en constatant l'incurie et le défaitisme du haut commandement? Le plus surprenant fut que, dans cette désorganisation coupable, dans cet esprit de capitulation qui rôdait dans trop de Q.G., il y ait eu encore des troupiers et des volants pour ne pas s'avouer vaincus sans avoir lutté jusqu'au bout de leurs moyens. Ce n'est d'ailleurs pas un hasard si on en retrouvera un grand nombre dans les rangs de la Résistance ou dans ceux de la France libre.

Sans doute est-il difficile d'imaginer – pour ceux qui ne l'ont pas vécu – ce qu'ont pu ressentir les Français en ce mois de juin 1940. Dans le chaos de l'exode, des combats, et de la défaite, la perte brutale des libertés ne fut pas sur le coup la pensée dominante. Il leur fallait vivre au jour le jour, quasiment heure par heure, tous les bouleversements engendrés par la rapidité des événements. Après neuf mois d'engourdissement cérébral causé par la « drôle de guerre », la fulgurance de la ruée allemande, la désintégration des forces vives du pays, l'écroulement des pouvoirs, la désarticulation des corps constitués répandirent sur la population une chape d'hébétude qui anesthésia les réflexions et les réactions. L'instinct de conservation prima sur toute autre considération. Dans les semaines qui suivirent le cessez-le-feu, les deux préoccupations essentielles furent de regrouper les familles dispersées par la débâcle, et de restaurer ou protéger des habitations sinistrées, pillées, voire détruites. Plus d'un million de foyers demeuraient sans nouvelles de l'époux ou du fils mobilisé : prisonnier ? blessé ? disparu ? mort ? L'angoisse occultait tous les autres soucis du présent et, a fortiori, toute méditation sur l'avenir. Les gens constataient seulement que les canons ne tonnaient plus, que les terrifiants Stukas ne piquaient plus sur les files de réfugiés regagnant péniblement leur demeure, que les rafales d'armes automatiques ne déchiraient plus la sérénité des campagnes, ni le timide réveil des centres urbains. Après le déchaînement de la tourmente, la population savoura cette paix provisoire qui lui permettait de retrouver une certaine quiétude. Une large majorité de Français éprouvait ce « lâche soulagement », déjà évoqué en 1938 après les désastreux accords de Munich.

C'est sur ce terreau de démission collective que le nouveau régime en gestation à Vichy allait semer les germes de la capitulation, de la servilité, puis de la collaboration. Derrière la stature paterne du Maréchal qui, modestement, faisait à la France le don de sa personne, se profilaient les silhouettes inquiétantes des partisans de l'Ordre nouveau. Et, à la tête de ceux-ci le plus retors des politiciens, l'homme-lige d'Hitler en France : Pierre Laval. Son éternelle cravate blanche n'est pas encore tachée du sang français qu'il n'hésitera jamais à faire couler pour assouvir ses ambitions ; cela ne tardera pas. La défaite de la France va leur servir de tremplin.

L'Ordre allemand remplace la loi française

En fonction du déroulement des opérations d'invasion, la population normande est parmi les premières à subir les contraintes de l'Occupation.

Dès la mi-juin, les habitants de Haute-Normandie, puis quelques jours après ceux des départements bas-normands, vont voir leurs panneaux d'affichage se couvrir des ordonnances édictées par l'autorité militaire allemande. Quelques obligations et une kyrielle d'interdictions en composent les textes. Pas question de passer outre car la dernière phrase n'admet pas d'ambiguïté :

« *Toute infraction sera sévèrement punie ; tout acte hostile entraînera des mesures de représailles. Les cas les plus graves, jugés comme tels par les chefs militaires seront sanctionnés par la peine de mort.* »

Sans reprendre l'intégralité de ces ordonnances, citons-en quelques échantillons.

Les obligations : déclarer les bicyclettes, les voitures et les camions ; déclarer les réserves de vivres, de fourrage et de carburant ; déclarer les armes de chasse, armes blanches et à feu ; déclarer le nombre de postes de T.S.F. de chaque foyer ; tenir les portes cochères, les barrières, et les couloirs ouverts ; balayer chaque matin le devant des seuils extérieurs ; assurer le camouflage complet des lumières entre le coucher du soleil et le lever du jour.

Les interdictions : sauf autorisation spéciale, défense de circuler en tous lieux entre 20 heures et 6 heures [1] ; défense de photographier sur la voie publique ; défense de détenir un poste émetteur ; défense de rouler en automobile sans autorisation ; défense d'écouter les radios étrangères autres qu'allemandes ; défense de distribuer des prospectus ;

1. Cette fourchette horaire sera modifiée à plusieurs reprises en fonction des circonstances et des lieux, mais demeurera en vigueur.

défense d'imprimer journaux, tracts, affiches sans permis; défense de porter des insignes ou des uniformes non admis (?) ; défense d'abattre des ovins et des bovins chez soi; défense de lacérer les affiches de l'autorité occupante; défense de se baigner sur les plages publiques; défense de sortir en mer sans autorisation.

Pour compléter cette série de mesures, paraît dans la presse autorisée nationale et régionale le « *Supplément aux ordonnances des autorités occupantes* » qui accapare un bon quart des premières pages durant plusieurs jours. Le libellé en sera publié par le *Journal Officiel* du 4 juillet 1940. Composé de huit articles, il est précédé d'un préambule indiquant que : « *Pour tout acte jugé par un tribunal allemand, c'est le droit pénal du Reich qui est appliqué.* »

L'article 1 rappelle ce droit. Les suivants détaillent différents interdits portant notamment sur les points considérés comme « hostiles » aux intérêts allemands :

– Etablir des relations avec des prisonniers de guerre ou civils;

– cesser le travail, engager à le faire, ou congédier du personnel sans autorisation;

– publier, diffuser ou répandre des nouvelles nuisibles aux intérêts du Reich;

– organiser des défilés, processions, ou attroupements sans l'aval des autorités militaires allemandes;

– enfreindre les décrets et ordonnances des forces d'occupation;

– se livrer à des trafics illicites au détriment de l'armée allemande;

– circuler ou se déplacer dans une zone interdite, se trouver sur une voie publique durant les heures du couvre-feu.

Une précision finale clôturait cet arrêté : « *La désobéissance contre ces ordonnances et règlements ne peut être excusée par l'ignorance de leur publication, pas plus qu'elle ne peut se réfugier derrière les lois du pays occupé. Toute infraction sera punie, soit d'une lourde peine de prison, soit des travaux forcés, voire de la peine de mort.* »

Signé : Militarbefehlshabers in Frankreich

Du pillage à la « correction »

Les Panzers de Rommel sont déjà loin, les éléments précurseurs des panzergrenadiers aussi ; c'est maintenant l'efficace machine administrative de l'armée allemande qui prend le relais. De légères unités mobiles se glissent jusque dans les plus petits villages ; les bataillons d'artillerie hippomobiles se répartissent dans les bourgades, réquisitionnant maisons et châteaux, s'installant dans les bâtiments publics, et libérant leurs chevaux dans les pâturages proches des étables, granges, et écuries ou des dépendances rapidement aménagées en stalles et selleries. Dans chaque ville et dans chaque bourg, une demeure bourgeoise ou un manoir deviennent une Kommandantur locale. La gendarmerie militaire de campagne – Feldgendarmerie – dont les membres portent la célèbre plaque ovale en sautoir – et que les Normands appelleront bientôt de façon ambiguë « Collier de vache » – prend ses quartiers dans les casernes ou à défaut dans un complexe sportif, une école, ou une salle municipale, à moins qu'elle ne trouve son bonheur dans une spacieuse villa.

Nuit et jour, des patrouilles sillonnent les rues, tandis que des side-cars et motos contrôlent les routes. Partout, en ville comme en campagne, le drapeau à croix gammée flotte sur les édifices publics, cependant que le portrait du Führer prolifère sur les murs des maisons occupées. Dans les petites localités qui ne possèdent pas de casernements, la troupe est logée chez l'habitant. Chaque foyer a été visité par une commission formée d'un ou deux gradés allemands et d'un édile français. Elle a déterminé, en fonction des locaux, le nombre de soldats pouvant être hébergés, n'hésitant pas parfois à entasser les membres de la famille dans deux ou trois pièces pour s'octroyer davantage de chambres. Bien entendu, la cuisine et les sanitaires doivent être à la disposition du ou des « locataires ». Aucune rétribution n'est prévue, bien au contraire le chauffage et l'eau restent à la charge des civils [1].

En fonction du grade et des... goûts du militaire, des

1. Mais, en raison de la pénurie, il arrivera par la suite que ce soit le contraire qui se produise.

meubles et des bibelots seront transférés d'une habitation à une autre. Le bureau Empire d'un notable remplacera la table de style Galeries Barbès dans la chambre d'un Oberleutnant. L'étagère en bois blanc cédera sa place à une vénérable armoire normande prélevée dans une vieille demeure. Une superbe salamandre, déménagée d'un hôtel particulier, équipera la cheminée du salon ou de la salle à manger des officiers. Tables de ferme, de réfectoires, bancs de locaux publics, voire d'églises, s'aligneront dans les *Soldatenheim*. Lits, sommiers, matelas et couvertures, arrachés ici ou là, s'entasseront dans les chambres ou les postes improvisés. Devant la force, tout le monde s'incline ; les rares protestataires se calmeront à la vue d'un fusil ou d'un pistolet brandi sous leur nez. Cependant, quelques incidents surviendront, l'anecdote suivante en est un exemple :

« Dans une bourgade du Pays d'Auge, un vieux colonialiste " qui a fait le Tonkin ", le père Dossin, refuse avec véhémence qu'un Feldwebel s'empare d'un antique coffre familial en noyer pour le transférer chez son " officier ". Malgré, ou à cause, de la barrière linguistique, le ton monte. Les deux soldats qui accompagnent leur adjudant empoignent le vénérable meuble sur lequel aussitôt le père Dossin s'assoit. Perdant patience, le gradé allemand saisit son revolver qu'il braque sur son antagoniste, lequel, rendu encore plus furieux à la vue de l'arme, se met à hurler : " Tue-moi, espèce de salaud de voleur, quelle gloire de tirer sur un homme désarmé. Si nous étions encore dans le Delta tu serais déjà mort ! " Alerté par les cris, un voisin, Georges Lescène [1], court chercher le maire qui se trouve justement devant son portillon en conversation avec l'interprète de la Kommandantur. Au pas de course, les trois hommes reviennent juste à temps pour voir le Feldwebel et ses deux acolytes sortir avec le coffre, alors que l'ancien colonial gît assommé sur le seuil de sa maison... L'affaire prend des proportions : le pharmacien est requis pour aller soigner le blessé, le maire et l'interprète se rendent auprès du Feldkommandant qui réagit avec vigueur. C'est le premier incident qu'il affronte dans le village, et il tient à ce que sa réputation de " correction ", qui doit être conforme aux ordres supérieurs, ne soit pas éclaboussée d'entrée. Les

1. Témoignage de M. Georges Lescène à l'auteur.

Feldgendarmes sont convoqués, séance tenante, ils font remettre le coffre en place et embarquent les trois coupables pour la salle de police. Revenu à lui, le brave père Dossin en reste abasourdi. En présentant des excuses au maire, le Feldkommandant tente de s'en sortir par une boutade : " Emprunter est permis, avec l'acquiescement du propriétaire, sinon c'est... interdit. " »

L'attitude de ce chef allemand s'inscrit dans le cadre des consignes données aux troupes du Reich, en fonction de la ligne politique actuelle du Führer : démontrer aux Français que le soldat allemand demeure toujours correct. Correct ! c'est le mot à la mode qui revient d'ailleurs dans les conversations, c'est celui que les nazis veulent entendre prononcer dans les files d'attente, et lire dans la presse reparaissant sous leur contrôle. Les expressions allant dans ce sens fleurissent dans les conversations :

« En tout cas, ils sont corrects ! » ; « Çà, on ne peut pas dire qu'ils ne soient pas corrects ! » « On ne pourra toujours pas leur reprocher de manquer de correction ! » « Si tout le monde était aussi correct qu'eux ! »

Et déjà, sur le mur d'en face, s'étale la grande affiche représentant un soldat allemand souriant qui porte sur son bras gauche un bambin dévorant une tranche de pain de troupe, sous le regard extasié de deux autres gosses que le brave troupier protège de sa main droite, et, en gros caractères, se lit le slogan : « Populations abandonnées, faites confiance au soldat allemand. »

Comme le dira notre vieux curé avec une malicieuse gravité : « Celui-là n'appartient sans doute pas à la même armée que celle qui mitraillait les gamins et les vieillards de l'exode. »

Rouen n'a pas été déclarée ville ouverte !

A Rouen, il n'est pas question de « correction », ni de « protection » ! Contrairement à ce qui a été proclamé pour la majorité des grandes villes françaises, la cité de Corneille n'a pas été déclarée « ville ouverte ». On a vu précédemment que de furieux combats s'y sont déroulés et que des destructions stratégiques ont été réalisées par l'armée française, notamment dans les infrastructures routières, ferroviaires et maritimes. Cette défense a exaspéré le commandement allemand et indisposé les troupes chargées d'investir l'agglomération. Aussi, le 9 juin, vers 8 h 30, dès que les avant-gardes entrent dans la cité, les habitants n'ont pas intérêt à hanter les rues. Les tirs d'armes automatiques se succèdent. Parti de l'avenue de la République à la suite de l'explosion des chars allemands canonnés par les pièces du lieutenant Petit, ainsi qu'on l'a vu au chapitre 1, le feu s'est rapidement étendu aux rues voisines. Il a embrasé les immeubles et il gagne progressivement tout le quartier. Les pompiers ne peuvent intervenir par manque de moyens et de voies accessibles. Leur chef, le commandant Méré, parvient toutefois vers 11 heures à préparer trois autopompes, mais les Allemands en interdisent la sortie : « *Qu'importe qu'un quartier brûle*, déclare un Hauptmann, *alors que des centaines de nos soldats sont morts pour la prise de la place qui n'est pas " ville ouverte ". Rouen subit la guerre, c'est le choix de ses chefs.* »

Non seulement il n'est pas question d'éteindre les incendies, mais d'autres sont provoqués rue des Bonnetiers, rue du Bac, rue Grand-Pont, place de l'Hôtel-de-Ville, par le jet de plaquettes au phosphore et de grenades dans les vitrines des boutiques. Ici, ce ne sont pas des troupiers « corrects » qui déferlent, mais une soldatesque en campagne se livrant aux exactions inhérentes à de telles circonstances. Les patrouilles, motos et chenillettes, s'engagent dans les rues centrales et sur les boulevards. L'une d'elles stoppe devant la mairie. Un Hauptmann arrogant saute de son véhicule et interpelle en excellent français l'un des trois hommes sortis au-devant de lui :

– Vous êtes le maire ?

– Non, je ne suis qu'un adjoint, mon nom est Maurice Poissant.

– Montez dans le side-car.

Sous les yeux éberlués et inquiets de ses compagnons, M. Poissant est emmené à vive allure. Arrivé place Beauvoisine où vient de s'installer un état-major de campagne, il est présenté à un Major qui, durant près d'une heure, va lui poser par l'intermédiaire du Hauptmann une foule de questions sur les troupes françaises ayant combattu à Rouen, sur les destructions des ponts, sur les stocks de vivres et sur les responsables administratifs qui ont quitté la ville. L'interrogatoire terminé, l'officier indique au maire-adjoint que désormais les vingt communes de la banlieue sont intégrées dans « le Grand Rouen » et qu'il devra répondre de l'administration de l'ensemble de l'agglomération. Et comme M. Poissant proteste en déclarant qu'il ne possède pas les compétences nécessaires pour une si lourde tâche, le Major hausse le ton :

– Il vous suffira de faire appliquer mes ordres, je ne vous demande pas de prendre des initiatives. D'ailleurs le Major Krupp que j'ai nommé commandant du Grand Rouen surveillera vos agissements. Vous demeurerez jour et nuit à sa disposition. D'autre part, vous aurez à lui fournir chaque jour une liste de quinze otages par roulement qui seront internés durant vingt-quatre heures. En cas d'agression contre un soldat allemand, ils seront immédiatement fusillés.

Accompagné de l'escouade de l'officier, le maire-adjoint est ramené à la mairie. Le lendemain après-midi, il doit faire afficher la proclamation du commandement allemand, hâtivement imprimée sur les presses du *Journal de Rouen* par un typographe requis. Cet avis à la population énumère toutes les obligations et interdictions que nous avons évoquées plus haut, mais le préambule et la conclusion donnent le ton de ce que sera l'Occupation. Le texte débute ainsi :

« *Moi, commandant de la place de la ville de Rouen, ai pris la direction de l'administration et de la police. Mes ordres devront être immédiatement exécutés ; tout manquement sera l'objet d'une sanction par les armes.* »

Il se termine de la façon suivante :

« *Aucune personne ne peut quitter la ville de Rouen. Tous les hommes entre 18 et 60 ans doivent se présenter à la Kommandantur, en mairie, munis de leur carte d'identité et de leur livret militaire sur lesquels sera apposé un cachet spécial. Celui qui ne se présenterait pas au jour et heure de sa convocation sera fusillé et deux de ses proches désignés comme otages.* »

Signé : Krupp, commandant de la place du Grand Rouen.

« Fusillé » et « otage », voilà deux mots que les Normands comme tous les Français vont entendre et lire de plus en plus, au fur et à mesure que les mois passeront et que le climat se durcira entre occupants et occupés.

Le 13 juin, un nouvel avis va être placardé. Il reprend d'une façon plus concise les articles du précédent. Le ton en est quelque peu adouci, mais les menaces restent identiques. Cette attitude correspond à la décision du commandant d'autoriser la lutte contre le feu qui approche dangereusement de la cathédrale, et même d'y faire prêter main-forte.

Le 16 juin, d'autres affiches sont collées sur les panneaux d'informations. L'une d'elles émane de la mairie de Rouen. Elle mentionne la liste des 16 communes finalement rattachées et annonce la composition de la délégation chargée de l'administration du « Grand Rouen ». Elle fournit d'autre part différentes instructions concernant les services publics et les magasins qui seront ouverts sept jours sur sept, sur les prix taxés des denrées, sur l'organisation médicale et pharmaceutique, ainsi que sur la répression de la... prostitution.

Une autre ordonnance du Major Kruger mentionne l'obligation d'accepter la monnaie allemande et en fournit le cours : 1 mark pour 20 francs. Elle se termine par un rappel concernant les armes qui doivent être déposées à la Kommandantur de l'hôtel de ville :

« *A partir du 19 juin à midi, celui qui sera trouvé en possession d'armes à feu de n'importe quelle espèce sera fusillé.* »

Et des fusillés, il y en a déjà eu, bien qu'on n'en parle guère !

Sous prétexte de pillage, des tirailleurs sénégalais et nord-africains ont été passés par les armes et enterrés dans les jardins de la rue Bihorel. Combien ? impossible de le savoir car, plus tard, des camions militaires ont enlevé les cadavres.

Le 15 juin, l'armée combattante transmet ses pouvoirs à l'armée d'occupation. Le Major Bartenweffer installe à l'hôtel de ville la Feldkommandantur 517, tandis que le Major von Spiegel y regroupe l'Orstkommandantur. A peine en fonction, ce dernier informe la population :

« *Toute opposition à mes ordres sera brisée, tout acte de sabotage puni de la peine de mort. Tout détenteur d'une arme quelconque sera fusillé sur-le-champ.* »

Mais pour l'heure les habitants du « Grand Rouen » ne s'interrogent pas sur les directives impérieuses des occupants ; ils ont d'autres soucis. Près d'un millier d'immeubles ou de maisons sont en ruines, des ruines encore fumantes ; des centaines de morts et de blessés gisent dans les décombres ; des familles sinistrées cherchent désespérément un toit ; d'autres s'efforcent de retrouver des parents dont ils ignorent s'ils ont quitté la ville ou s'ils sont enfouis dans les éboulis. Les services sanitaires, les pompiers, les agents de la Défense passive, les religieuses et les prêtres font des prodiges pour secourir leurs compatriotes. Ils ne disposent pourtant guère de moyens – il n'y a même plus de cercueils –, et circuler dans les limites horaires ou topographiques imposées demeure assez aléatoire !

Malgré tout, la vie renaît timidement. Depuis le 17, les écoles sont réouvertes. Le 20, le préfet Verlomme réapparaît. Le 27, un pont de bateaux construit par le génie allemand relie à nouveau les deux rives. Ce même jour, la liberté du culte est rendue, sans toutefois avoir droit aux sonneries des cloches. Deux banques peuvent ouvrir leurs guichets trois jours par semaine. Le 25 juin, un journal se vend dans les kiosques.

Le 9 juillet, la liaison ferroviaire est rétablie avec Le Havre, le 12 avec Serquigny. Ce jour-là, on recommence à expédier et à recevoir du courrier, mais sur quelques dessertes rapprochées seulement.

Lentement, le « Grand Rouen » se remet de ses blessures sous la surveillance étroite des praticiens de l'Ordre nouveau.

Humiliations, exactions, répression, restrictions, réquisitions

En moins de huit jours, toutes les villes normandes ont été conquises par les armées du Reich. Celles qui ont le plus souffert des bombardements et des salves d'artillerie : Cherbourg, Le Havre, Evreux, Vernon, Louviers, Gisors, Elbeuf, Saint-Valéry-en-Caux, connaissent les mêmes heures douloureuses que Rouen. Leur prise de possession par l'envahisseur sera tout aussi brutale. A peine entrés dans les cités, les commandants d'unité désignent des « bourgmestres » lorsqu'ils ne trouvent pas les autorités légales sur place. Ainsi au Havre, le chef de la Sûreté et le directeur des Hospices civils doivent prendre en main une administration dont ils ignorent les rouages. A Evreux, c'est une « délégation spéciale » désignée par le Feldkommandant qui reçoit la tâche de faire déblayer les ruines et de faire inhumer les victimes des bombardements. Même processus à Vernon, à Louviers, et à Elbeuf.

Dans les trois autres départements normands, la contrainte se révèle moins rude, sauf dans le haut Cotentin qui subit le contrecoup des combats avec une rigueur impitoyable. Mais que ce soit à Falaise, à Saint-Lô, à Avranches, à Alençon, à Argentan ou à Caen où les responsables municipaux se trouvent présents pour recevoir les ordonnances allemandes, l'attitude des vainqueurs s'affirme en général plus « correcte », dans la mesure bien évidemment où rien ne s'oppose à leurs desiderata. Il en est de même dans toutes les localités et bourgades.

Contrairement à ce qui se passe en d'autres lieux, et notamment à Paris, les populations affrontent dignement l'invasion ; elles se réfugient derrière une carapace d'indifférence polie bien significative de l'âme normande. Le même masque de détachement, d'impassibilité, accueille les demandes des militaires du Reich, ou se détourne discrètement sur le passage des troupes et des défilés martiaux. On ne verra jamais en Normandie de grands rassemblements populaires devant les fanfares militaires ou de haies de spectateurs lors des parades de la Wehrmacht. Si des manifestations de collaboration apparaîtront par la suite, comme partout en France, elles seront toujours mineures et découleront soit de profits économiques, soit d'idéologies dérisoires.

Par contre, on constatera quelques mouvements de protestation dès la fin du mois de juin 1940 lorsque quelques édiles s'indigneront auprès des autorités militaires en découvrant les cadavres de tirailleurs coloniaux exécutés par groupes dans un bosquet ou un ravin. Ce sera le cas dans des massifs forestiers de Seine-Maritime, sur la route de Putanges à Falaise, dans des taillis entre Elbeuf et Louviers, ou dans la plaine du Neubourg. La plupart du temps, ces crimes ont été commis par des parachutistes ou des formations SS. Lorsque, à la fin du mois de juillet, on informe le Feldkommandant Knoll siégeant à Evreux que les corps de dix-neuf tirailleurs sénégalais viennent d'être découverts à La Madeleine-de-Nonancourt, il répond placidement :

– Mais il s'agit de nègres, monsieur !
– Certes, mais soldats de l'armée française, tués alors qu'ils étaient captifs !
– Le Reich n'a jamais incorporé de sauvages dans ses troupes. C'est en cela que nous sommes différents, et c'est pour cela que vous avez perdu la guerre car les sous-hommes ne sont pas des combattants.
– Peut-on procéder à leur inhumation ?
– Non ! Notre voirie s'en chargera.
Le soir même des bennes allemandes enlevèrent les corps qu'on ne retrouva jamais [1].
Bien que différente, on peut malgré tout rapprocher cette scène de celle qui valut à Jean Moulin, alors préfet de Chartres, d'être odieusement torturé afin d'obtenir de lui la signature d'un document accusant l'armée française d'un forfait identique commis par un détachement nazi.
En fait, en ce début d'invasion, la population qui souffre le plus des exactions des parachutistes SS est celle qui habite ou séjourne dans leurs secteurs de combats. Pillages, destructions et viols marquent le passage de ces bataillons aéroportés dans les zones de Louviers, Le Neubourg, Evreux, Verneuil-sur-Avre, Gacé et L'Aigle. Ainsi, trois jeunes femmes sont violées près d'Harcourt, deux autres à Vironvay, quatre près du Vaudreuil, deux à Nonancourt, une à La Ferté-Frénel, et cinq aux environs du Mesnil-Bréard. Des bâtiments sont incendiés à Routot, à Damville, à Bourg-Achard, à Breteuil, dans l'Eure, et à Touquettes, à Orgères, à Exmes, et à Villers-en-Ouche dans l'Orne. A Pacy-sur-Eure, une dizaine de femmes regroupées dans une ferme abandonnée par ses propriétaires doivent entretenir le linge et préparer les repas d'une escouade parachutiste. Certaines d'entre elles, dont une toute jeune fille de quinze ans, devront en outre assumer le « repos du guerrier ». On les retrouvera une quinzaine de jours plus tard complètement traumatisées dans les caves d'un immeuble d'Evreux. Si quelques-uns de ces faits ignobles finiront par être connus des autorités civiles françaises, il en est sûrement beaucoup d'autres qui ne seront jamais dévoilés.
A l'exception d'une infime minorité, ainsi que nous l'avons indiqué plus haut, les Normands ne veulent pas

1. Témoignage de M. Gagnon (C.H.S.G.M., n° 2547, mars 1950).

entretenir de relations directes avec l'occupant, sauf le minimum imposé par la cohabitation forcée. De plus, les mesures de réquisitions et d'impositions qui s'abattent sur plusieurs secteurs économiques : agriculture, commerce et industrie, se répercutent tout de suite sur la population. Elles provoquent des restrictions qui s'aggraveront de mois en mois avant d'aboutir à des pénuries de denrées et de matières premières. On ne va pas tarder à entendre cette phrase fameuse qui reviendra comme un leitmotiv : « Ils nous prennent tout ! » Et c'est vrai qu'aux ponctions faites par les hommes de troupe qui dévalisent fermes et magasins grâce à un taux de change plus qu'avantageux pour eux (1 mark vaut 20 F) pour envoyer des tonnes de marchandises en Allemagne, s'ajoutent les contingents exigés mensuellement pour être acheminés vers le Reich, et qui ne cesseront d'augmenter avec le système progressif des réquisitions [1].

Afin de juguler la hausse des prix causée par la rareté des produits, les préfets doivent taxer les denrées de base : le lait entre 1,15 F et 1,25 F suivant les départements, le beurre de 14 à 18 F le kilo, les œufs de 5 à 6,50 F la douzaine, le pain de 2,40 à 2,70 F le kilo. Mais, en raison du début de pénurie, les prix des légumes maraîchers s'envolent : un chou se paie de 7,50 à 9 F, une laitue entre 4 et 6 F, les haricots verts se négocient de 25 à 40 F le kilo, les carottes arrivent sur les marchés à 17 F le kilo.

Dans les fermes normandes, le problème de la main-d'œuvre commence à se faire ressentir. Les milliers d'agriculteurs prisonniers ou disparus ne sont pas remplacés, même si, çà et là, certains d'entre eux encore casernés en France avant leur départ pour les stalags se voient mis chaque matin à la disposition d'exploitations manquant de bras [2]. De plus, la construction par la Luftwaffe de pistes d'envol et de hangars dans le cadre des plans d'invasion de l'Angleterre, draine une foule d'ouvriers du terroir vers les

1. En octobre, mois traditionnel de vente des récoltes de l'été, la Normandie a dû fournir à l'Allemagne : 180 000 t de blé, 340 000 t d'avoine, 360 000 t de fourrage, 870 000 t de paille, 190 000 t de pommes de terre, et 65 000 t de viande de boucherie ainsi qu'un tonnage non chiffré de beurre, de fromages et de haricots secs.

2. Quelques-uns en profiteront pour s'évader. Bien peu, car la propagande pétainiste promettant une proche libération en maintiendra la majorité en captivité pour... cinq ans.

chantiers en raison d'un salaire particulièrement attrayant. Enfin, deux obstacles supplémentaires vont compromettre les récoltes puis les labours d'automne, d'abord le manque d'engrais et de semences, puis, un peu plus tard, l'arrivée de pluies torrentielles qui préluderont à un hiver rigoureux. Vers la mi-octobre, une épidémie de fièvre aphteuse décime de nombreux troupeaux de vaches laitières, principalement dans le Calvados et dans l'Eure, et les préfets doivent solliciter des autorités d'occupation un dégrèvement des impositions en viande et produits laitiers.

La retombée de toutes ces calamités se répercute fatalement sur les populations urbaines qui, malgré la proximité des campagnes, subissent de plus en plus privations et restrictions. Tout est contingenté, et tout ne tarde pas à manquer : alimentation, textiles, chaussures, bois et charbon, et souvent même les médicaments. Il n'aura fallu aux Normands que quelques mois pour éprouver le poids de l'Occupation ; ce n'est, hélas ! qu'un début !

CHAPITRE V

Saint-Jacques tisse les fils de la Résistance

L'assassinat de la République

Si nous voulons analyser et comprendre cette époque de 1939-1944 en Normandie, il nous faut inévitablement refaire pas à pas le cheminement des événements nationaux.

Le 10 juin, alors que les armées allemandes déferlent sur la France, l'Italie nous déclare la guerre. Ainsi que le dira fort justement le président Roosevelt devant l'université de Virginia : *« Aujourd'hui, la main qui tenait le poignard l'a plongé dans le dos de son voisin. »* C'est la période pendant laquelle le gouvernement que préside encore Paul Reynaud se trimbale de château en château avant d'échouer à Bordeaux.

Le 1er juin, les Allemands sont entrés dans Paris déclarée « ville ouverte ».

Le 16, Paul Reynaud a démissionné. Le président de la République, Albert Lebrun, a sollicité Pétain qui lui présente aussitôt la liste de ses ministres préparée de longue date, et dans laquelle on retrouve les généraux de la défaite : Weygand, Colson, Pujol, ainsi que l'amiral Darlan. Tous les autres candidats à un maroquin appartiennent au clan de la renonciation à la lutte.

Le lendemain, 17 juin, Pétain quémande l'armistice. Vingt-quatre heures plus tard, le général de Gaulle, alors en mission à Londres, s'élève contre cette décision prise par « les édiles de la médiocrité [1] » et lance un vibrant appel à la

1. Propos recueillis par M. Rémy Roure et transcrits par Raymond Tournoux.

poursuite de la guerre et à la Résistance (Appel du 18 juin 1940). Sauf en Angleterre, et à un degré moindre dans les colonies et protectorats français, cet appel sera peu entendu en métropole, en raison de la désorganisation sociale et de la dispersion des populations.

Le 22 juin, la convention franco-allemande de l'armistice est signée en clairière de Rethondes dans le wagon où les Allemands avaient paraphé leur défaite en 1918. Deux jours après, le cessez-le-feu est également légalisé entre la France et l'Italie.

Le 27 juin, Pétain désigne Pierre Laval comme vice-président du Conseil. Celui-ci commence à toucher les dividendes de son activité proallemande. Voilà en place le fossoyeur de la République.

Le 3 juillet, devant le refus de l'escadre française basée à Mers el-Kébir de se « neutraliser », les navires britanniques ouvrent le feu. C'est là le résultat de la désastreuse attitude du grand amiral de la flotte, Darlan, qui a rallié le clan des « Maréchalistes ». Pour éviter ce drame, il lui suffisait d'ordonner à l'amiral Gensoul, « pacha » de cette escadre, de se réfugier dans un port neutre ou dans l'une des rades françaises des colonies antillaises. 1 300 marins français paieront de leur vie l'attitude servile du gouvernement de Pétain et du chef de la flotte.

Le 10 juillet, 569 parlementaires (députés et sénateurs) sur 666 présents votent à Vichy, nouveau siège du gouvernement, les pleins pouvoirs au maréchal Pétain [1]. C'est l'aboutissement du travail de sape de Pierre Laval et de ses amis auprès des élus de la IIIe République.

1. Trois députés normands ont refusé de voter les pleins pouvoirs : M. Joseph Le Cacheux, député de Valognes ; M. Albert Forcinal, député des Andelys ; M. le docteur Crutel, député de Rouen.

Quatre députés et cinq sénateurs se sont abstenus : M. le docteur Blaizot, député de Caen ; M. Bernard de La Groudière, député de Saint-Lô ; M. Georges Bureau, député du Havre ; M. Georges Métayer, député-maire de Rouen ; M. Léon Lauvray, sénateur de l'Eure ; M. Cabart-Denneville, sénateur de la Manche ; M. Guérin, sénateur de la Manche ; M. le docteur Dentu, sénateur de l'Orne ; M. le marquis de Ludre, sénateur de l'Orne.

M. Pierre Mendès France, député de Louviers, tentait à ce moment de rejoindre l'A.F.N. pour y poursuivre la lutte, en compagnie d'un certain nombre d'élus embarqués avec lui sur le navire *Massilia*.

21 députés et 11 sénateurs normands votèrent les pleins pouvoirs.

Le 11 juillet, les « Actes constitutionnels » sont publiés. Ils débutent par cette phrase lourde de responsabilité historique :

« Nous, Philippe Pétain maréchal de France... déclarons assumer les fonctions de Chef de l'Etat français. » (Acte I.)

L'acte n° IV détermine : *« En cas d'empêchement, je désigne M. Pierre Laval comme mon successeur de plein droit. »*

Voici donc à la tête de l'Etat, car c'est réellement lui qui pour le moment définit la politique du pays, l'un des pires politicards de la IIIe République, un « magouilleur de couloirs » comme l'appelèrent plusieurs de ses collègues au Palais-Bourbon. Les Allemands eux-mêmes le tiennent en piètre estime; le député Spangenacher, l'un des proches d'Hitler, le qualifie de « bâtard de basse race », tandis que le maître à penser du nazisme, le théoricien raciste Rosenberg, le définit comme un « Méditerranéen négroïde » sans doute en raison de son teint olivâtre et de sa pilosité noire, mais cela n'empêchera pas le Führer et sa clique de l'utiliser pour « domestiquer » le peuple français.

Ce 10 juillet qui voit des représentants élus accorder un pouvoir quasiment dictatorial au chef de l'Etat marque, en fait, l'assassinat pur et simple de la République et de ses libertés. La France morcelée n'est plus une démocratie, et c'est bien ce que souhaitaient toutes les factions de l'extrême droite et les nostalgiques de la monarchie du style Maurras.

Pétain reçoit le commandement des armées, le droit de grâce, le pouvoir de désigner à son gré ministres, préfets, et grands commis de l'Etat, le pouvoir de signer sans en référer à quiconque tous pactes et traités, et de légiférer sans contrôle. Mais, s'il se sent flatté d'être ainsi intronisé, le Maréchal ne possède ni l'âme ni l'esprit d'un dictateur. En réalité, cette autorité souveraine votée par un Parlement déboussolé, gangrené par Laval et ses suppôts, n'est confiée à Pétain qu'à titre provisoire, car les promoteurs de ce coup d'Etat espèrent bien que le Maréchal qui vient de dépasser ses quatre-vingts ans n'en fêtera plus guère maintenant. Et, s'il disparaît, Pierre Laval pourra aisément se glisser dans le moule de dictateur qu'il s'est préparé.

Ainsi son ambition suprême : devenir, sinon l'égal, du moins la copie d'Hitler et de Mussolini, se réalisera en douceur... Mais, comme le dira l'un de ses compatriotes auvergnat : « Ce n'est pas le désir du cochon qui fait tomber les murs de l'étable ! »

Le 2 août, la cour militaire de Clermont-Ferrand condamne le général de Gaulle à la peine de mort pour désertion et haute trahison.

Le découpage de la France en zones : *nord* occupée, *sud*, dite libre, et *interdites*, placées sous l'autorité directe du Reich, paraît officiellement.

Le 13 août, Goering lance la Luftwaffe sur l'Angleterre. C'est l'opération « Adlertag » (le jour de l'aigle).

Dix jours plus tôt, le 3 août, les deux premiers émissaires de la France libre en Normandie : Maurice Duclos (dit Saint-Jacques) et Beresnikoff (dit Corvisart) ont quitté le territoire britannique à destination des côtes du Calvados. Voilà l'embryon de la Résistance normande qui vient s'enraciner dans son terroir.

Le refus de l'asservissement : d'Etienne Achavanne à Saint-Jacques

Si l'agent de la France libre, Maurice Duclos, plus connu sous son nom de guerre de Saint-Jacques, va créer en Normandie un réseau qui aura des ramifications à Paris et dans d'autres régions, et si, incontestablement, il fonde ainsi la première organisation de Résistance en terre normande, la première manifestation d'action contre l'occupant est l'œuvre d'un jeune ouvrier, originaire de Saint-Lubin-des-Joncherets, Etienne Achavanne.

Employé au camp d'aviation de Boos, près de Rouen, il cisaille, le 20 juin 1940, les câbles téléphoniques reliant la base à la Feldkommandantur et au poste de la Luftwaffe. Ce sabotage permet à des avions anglais de détruire au sol 18 appareils allemands. Au cours de ce raid éclair, 22 soldats ennemis, dont deux sous-officiers, trouveront la mort. Dénoncé, Etienne Achavanne est condamné à mort et exécuté le 6 juillet au lieu-dit La maison hantée, dans la côte de

Bonsecours [1]. En dépit de toutes les enquêtes menées par la suite, il a été impossible de savoir comment ce jeune ouvrier pouvait être en relation avec les Britanniques, car il est évident que ce n'est pas le hasard qui amena la R.A.F. à attaquer le camp de Boos au moment précis où celui-ci ne possédait plus aucune liaison extérieure.

Quoi qu'il en soit, même s'il est probable que le mystère ne sera jamais éclairci, Etienne Achavanne est bien le premier résistant de Normandie, et, hélas ! aussi le premier fusillé.

Effectuons maintenant un saut au-dessus de la Seine pour nous rendre à Saint-Aubin-sur-Mer sur la côte du Calvados où, à l'aube du 4 août 1940, Maurice Duclos (Saint-Jacques) vient, avec son compagnon de navigation, de sauter d'un dinghi [2] sur la plage de varech. Partis dans la nuit sur une vedette rapide, les deux hommes ont été descendus dans leur frêle esquif à trois miles du rivage. On n'en est pas encore au temps du Mur de l'Atlantique, et, si la troupe allemande occupe en force les stations balnéaires, la surveillance du littoral ne s'exerce pas d'une manière rigoureuse. Vêtus en pêcheurs, les envoyés de la France libre n'éprouvent pas de difficultés pour se rendre au village voisin de Langrune où Saint-Jacques passait ses vacances avant-guerre. Il y connaît une brave femme, Mme Monnin, et il va directement frapper à sa porte. Fort bien reçus et hébergés, les deux hommes vont y séjourner quelques jours, le temps de prendre les contacts nécessaires. Le premier volet de leur mission est réussi ; reste le principal : monter un réseau de renseignements pour suivre les préparatifs des Allemands en vue d'un débarquement sur les rives anglaises. Au Q.G. de Berlin, on mijote en effet l'invasion de la Grande-Bretagne, c'est le plan Lion de mer.

Pour les Britanniques, comme pour la poignée de Français libres regroupés autour du général de Gaulle, il apparaît vital de demeurer sans cesse informés sur l'avancée de la préparation ennemie. La mission Saint-Jacques n'a pas,

1. Il sera assisté jusqu'au dernier moment par l'abbé Bellamy qui officiera comme aumônier à la prison Bonne-Nouvelle de Rouen jusqu'en novembre 1943.

2. Bateau en caoutchouc.

pour le moment, d'autre but. L'homme choisi pour mettre sur pied et diriger cette organisation n'a pas été désigné au hasard. Le capitaine d'artillerie coloniale Maurice Duclos s'est brillamment comporté sur différents théâtres d'opérations, et notamment à Narvik en Norvège. Il est le sixième officier français à avoir rallié de Gaulle. Issu d'une famille d'industriels qui possède une villa de vacances à Langrune, Saint-Jacques dispose d'un certain nombre de relations parmi lesquelles il recrutera avec prudence les premiers membres de son réseau. Ces relations partent toutes du cercle commercial de l'entreprise familiale : « Les Fils et Petits-Fils de Maurice Duclos, courtiers assermentés au tribunal de commerce de la Seine » dont le siège social est fixé, 8, place Vendôme, à Paris. Parmi elles, figurent un négociant cirier de Rouen, Marcel Halbout ; un directeur de fonderie du Petit-Quevilly, Paul Lombard ; ainsi que l'architecte Félix Bruneau du Havre [1], et un entrepreneur de Vernon, Pierre Aussannaire. Avec d'autres amis de Paris, Saint-Jacques élargit son groupe en y incorporant d'authentiques patriotes : Charles Deguy, l'abbé Roger Derry, Roger Pironneau, Michel Louet, le chef d'escadron de la Garde républicaine Jean Vérines, ainsi que Lucien Feltesse. C'est d'ailleurs ce dernier qui va former la filière « Nord Saint-Jacques » dont le rayonnement se développera sur Valenciennes, Denain, Douai, et Saint-Amand. Puis, successivement, vont s'organiser les chaînons de Tours avec le colonel Raby et le capitaine Morel ; de Beauval, dans la Somme, créés par les gendarmes Legrand, Cagny, Valencelle, Provin, et Raymond, puis enfin le refuge du Bon Conseil dans le 7e arrondissement de Paris qui deviendra la centrale du courrier destiné à Londres.

Mais, en fonction des objectifs qui lui ont été fixés, c'est sur la Normandie que Saint-Jacques accentue ses efforts. En Angleterre, on a surtout besoin dans l'immédiat de suivre pas à pas les dispositions que prennent les Allemands pour réaliser leur plan Lion de mer, et c'est sur le littoral normand que celui-ci s'ébauche. L'agent de la France libre a donc pour mission de déterminer quels sont les ports devant

1. Qui sera désigné sous le nom de « Nardan-SCII » comme chef des groupes d'action et de sabotages, en tant qu'ancien chef de bataillon du génie.

recevoir les flottes d'embarquement; de relever les plans des travaux effectués sur les bases, sur les plages, et à l'arrière du littoral; de s'assurer des complicités dans toutes les infrastructures en cours de construction; de dresser des calques pour la localisation des terrains d'aviation; de signaler les entrepôts d'armes, de munitions, de matériel; de suivre l'entrée et la sortie des navires allemands dans les rades et les bassins, et, si possible, de déterminer la nature de leur chargement; de situer sur cartes les sièges des états-majors; enfin de recruter des agents bien placés pour apporter un maximum d'informations économiques, militaires, administratives, et géographiques sur l'implantation de la Luftwaffe, de la Kriegsmarine, de la Wehrmacht et des unités spéciales. Vaste programme qui n'a pas le moins du monde effrayé Saint-Jacques. C'est un optimiste de nature, un baroudeur doublé d'un aventurier qui, du haut de son 1,92 m fortement charpenté, impose à ses interlocuteurs le souffle de son énergie débordante. Véritable trompe-la-mort, il va, durant les quatre années d'occupation, sillonner la France, effectuer des aller et retour en Angleterre par tous les moyens – felouques, navires de commerce ou bâtiments de guerre, avions, parachutes – vingt fois pourchassé, trois fois arrêté et trois fois évadé, sérieusement blessé à deux reprises, passant sans cesse la ligne de démarcation au prix de dizaines de kilomètres de marche et de franchissements de rivières, parfois à la nage! à travers campagnes et forêts, tout en conservant cette formidable confiance qui entraîne tous ses compagnons. Celui qui fut l'un de ses camarades au sein de la France libre, le colonel Rémy, dira : « Saint-Jacques, c'est un cas, un homme à part que rien ne semblait jamais pouvoir arrêter, sur lequel ni les coups du sort ni l'accumulation des embûches n'avaient de prise, un type hors du commun [1] ! »

C'est vrai que, lorsqu'on suit son parcours au long de ces mois de guerre, on reste confondu devant l'insolite chance qui lui a permis de survivre dans ce fouillis de dangers chaque jour dressés sur les pas des Résistants, mais le destin des hommes repose bien un peu aussi sur une baraka fidèle ou... infidèle. A l'évidence, celle de Saint-Jacques ne lui fit jamais défaut!

1. Entretiens avec l'auteur (1972, 1974, 1975).

Indépendamment de ses autres prestations dans le reste de la France, ce Compagnon de la Libération de la première heure aura le mérite d'avoir su et pu créer en Normandie le maillon de départ de cette longue chaîne que fut la Résistance normande.

Le rayonnement fulgurant du réseau Saint-Jacques

Grâce à Marcel Halbout, bientôt secondé par son fils Pierre, étudiant, un groupe se forme par le jeu relationnel.

A la fin du mois d'octobre 1940, sous le nom retenu par Londres de « sous-réseau Normandie-Nardan [1] » il rassemble une quinzaine de membres [2].

En novembre et en décembre, le recrutement s'étend au Petit-Quevilly avec Paul Lombard, directeur de fonderie ; à Vernon avec l'industriel Pierre Aussannaire et M. et Mme Lanctuit ; à Evreux avec Gabriel Jouachim.

Début janvier 1941, plusieurs ramifications se développent au Havre où l'architecte Félix Bruneau parvient à engager quelques ouvriers spécialisés travaillant sur les bases navales. A Vernonnet, le commandant Henri Touflet et l'abbé Raymond Leprieur [3] rallient le chanoine Georges Boulogne, curé de Saint-André-de-l'Eure, lequel amènera à son tour des gendarmes de Tournedos-Bois-Hubert : Pierre Jehan, Guillaume Le Guern, Chanal et Carnet.

En février, le restaurateur Dieulafait, d'Evreux, Marcel Lempereur, de Conches, et Roger Livache s'intègrent au groupe Halbout, de même qu'à Louviers les frères Pierre, Robert et Edouard Lair. Quelques jours plus tard, Joua-

1. Parfois évoqué en Normandie sous le nom « le Réseau ».

2. Dont MM. Charles Galès, André Dumesnil, Yves Delecluze, Louis Gatine, Gustave Michel, Lucien Lemoine, Gabriel Bureau, Philippe Morice, Albert de Languenhaguène, Léon Brun, Delphin de Lamorinière, Pierre Berçot. Plusieurs sont disparus après les arrestations de l'automne 1941, sans qu'il ait été possible de retrouver leur trace.

3. Capitaine aumônier, croix de guerre 39-40, né à Saint-Germain-Village (Eure). Décédé le 20 novembre 1979. Curé de Vernonnet, puis de Pont-de-l'Arche, chanoine de Beuzeville de 1951 jusqu'à sa retraite, Raymond Leprieur demeura toujours d'une grande discrétion sur son activité résistante. Cet homme cultivé fut l'artisan de la magnifique restauration de l'église de Beuzeville qui draine une foule de visiteurs.

chim, d'Evreux, recrute Louis Maury et le percepteur Baussant dont les noms appartiennent à l'épopée patriotique du département de l'Eure. A la même époque une petite équipe de Vernon, créée en octobre 1940 par le colonel Levasseur et le professeur Louise Damasse (première figure féminine dans la Résistance normande), contactée par M. Lanctuit, accepte de faire bénéficier le réseau Saint-Jacques de ses propres informations, tout en demeurant strictement cloisonnée. Par la suite, le colonel Levasseur, ancien commandant du 329e R.I. qui se battit avec héroïsme à Dunkerque, deviendra l'un des grands fédérateurs de la lutte clandestine en Normandie.

Les relations de Pierre Aussannaire permettent l'implantation d'une antenne à Caen avec Louis Borderieux, Yves Beaudoin, René Decker et Paul Le Flem ; d'une autre dans la Manche à Valognes où Jacques Bertin de la Hautière (que l'on retrouvera à la tête d'autres formations par la suite), aidé par Jean Lebas et André Gaillardon, en étend les ramifications dans le secteur de Saint-Vaast – Barfleur avec le docteur Lepesteur, le garagiste Pavie, et Mme Vastel. Peu après, sous l'impulsion de Bertin de la Hautière, le groupe s'enrichit du docteur Lepeuple et de l'assureur Albert Geffroy, à Saint-Pierre-Eglise ; de l'électricien Pierre Maury et de Charles Delœuvre, à Sainte-Mère-Eglise ; du cultivateur Albert Mauger, à Graignes ; du minotier Albert Férey, de Saint-Sauveur-le-Vicomte ; de l'instituteur Georges Fouché, de Flamanville, et du cheminot Baptiste Leboisselier.

C'est le même Pierre Aussannaire qui assure la liaison avec le siège du Bon Conseil, à Paris (courrier) tandis que Marcel Halbout et son fils Pierre maintiennent le contact hebdomadaire avec la centrale Vendôme (à la direction de l'entreprise Duclos et fils).

La toile d'araignée du réseau Saint-Jacques couvre maintenant quatre départements normands, mais, déjà, son créateur bat le rappel des bonnes volontés à Tours, Nantes, Saint-Nazaire, Lorient et Brest. Ces quatre derniers ports étant particulièrement surveillés par les Britanniques qui veulent tout connaître des travaux entrepris par les Allemands pour leurs bases sous-marines, ainsi que le mouvement des navires.

Lors de son premier passage en zone sud, Saint-Jacques

va y retrouver trois autres agents de la France libre : Rémy, Fourcaud et Julitte qui mettent en place le jalonnement de leurs futures formations clandestines.

Au début du mois de décembre 1941, Saint-Jacques est rappelé à Londres. Il transite par le Portugal d'où un aviso le transporte en Angleterre ; il ramène au colonel Passy, chef du Bureau de renseignements de la France libre (B.C.R.A.), une moisson d'informations qui sont aussitôt transmises aux Britanniques. C'est bien, mais c'est trop long ; le décalage entre l'apport informatif au réseau et son arrivée dans les bureaux londoniens gêne considérablement son traitement pratique. Passy se démène donc pour procurer à Saint-Jacques une liaison radio. Ce n'est guère facile, car il existe peu d'opérateurs formés et, charité bien ordonnée... les Anglais s'en réservent la priorité pour leurs propres réseaux en territoires occupés. Néanmoins, compte tenu de l'intérêt de la mission Saint-Jacques dont ils se montrent particulièrement satisfaits [1], ils en affectent un à Maurice Duclos, c'est un quartier-maître alsacien du nom de John Mullemann.

Le ver est dans le fruit

Dans la nuit du 13 au 14 février 1941, le tandem : Saint-Jacques-Mullemann est parachuté en zone libre dans le département de la Dordogne. En terme technique, ce parachutage est effectué *blind*, c'est-à-dire à l'aveuglette, car les comités de réception, chargés de baliser le terrain et de récupérer les agents, n'existent pas encore. Mullemann saute le premier et se reçoit bien au sol avec son poste émetteur, mais Saint-Jacques qui le suit échoue sur un arbre dans lequel sa toile s'accroche et se déchire. Brutalement précipité à terre, il se fracture la jambe droite. Mullemann a disparu. Saint-Jacques se bricole une attelle avec des branches et les cordes de ses suspentes, puis se met en route

1. Ce message de félicitations témoigne du travail de Saint-Jacques : « JC/JH 526 – 18.08.1941 : De Commander Clam à colonel Passy ; Avons reçu de l'Amirauté appréciation enthousiaste sur renseignements fournis par Saint-Jacques à notre demande sur les écluses du Havre. Ceci est extrêmement satisfaisant... Toute notre reconnaissance pour son aide... »

en s'appuyant sur un bâton. Il va être recueilli par un cultivateur qui, après l'avoir réconforté, se déclare « obligé d'aller le dénoncer à la gendarmerie » car « c'est la loi » ! Heureusement pour Saint-Jacques, les braves pandores se contentent de le transporter à l'hôpital de Périgueux où, chance pour lui, des officiers français des Services spéciaux de l'armée d'armistice le prennent en charge et assurent son hébergement. Est-ce encore une manifestation de la chance ou tout simplement l'esprit de corps qui prédomine ? Toujours est-il que l'agent de la France libre va pouvoir poursuivre sa mission.

Pendant ce temps-là, Mullemann livré à lui-même s'est rendu à la seule adresse qu'on lui avait fournie : chez Paul Lombard au Petit-Quevilly. On ne saura jamais comment, ni par quels moyens de transport, il a pu franchir la ligne de démarcation et voyager sans encombre en zone occupée. Quoi qu'il en soit, fin février, le poste émetteur fonctionne depuis la banlieue rouennaise. Pas pour longtemps, car Mullemann, décidément imprévisible, repart avec son appareil pour la zone sud. A partir de là, les tribulations du « radio » deviennent assez nébuleuses. Il aurait été arrêté par une patrouille, remis entre les mains de la Gestapo, mais rien de tout cela n'est prouvé. Ce qui l'est, par contre, c'est qu'en remontant la filière de jalon en jalon, il est parvenu, en utilisant son mot de passe londonien, à « faire la tournée des popotes ». Désormais, il connaît tous les rouages du réseau dans lequel il fait entrer un prétendu « Albert » qui se nomme en réalité André Folmer, agent des services allemands. Il n'est plus nécessaire dès lors de se poser des questions sur les trous dans l'emploi du temps de Mullemann. A un certain moment, il a bien été appréhendé par la Gestapo et remis en liberté sous son contrôle, car, porteur d'un poste émetteur, il n'a pu être libéré qu'en échange de sa collaboration.

L'immobilisation de Saint-Jacques, puis ses pérégrinations pour reprendre ses contacts lui ont fait perdre beaucoup de temps. Lorsque enfin il renoue les fils, c'est pour s'apercevoir aussitôt que son « radio » l'a précédé partout, mais qu'il ne réussit pas à le localiser. Il n'en faut pas davantage au chef du réseau pour flairer le danger et sonner l'alarme là où il passe, mais il est déjà trop tard pour beaucoup d'agents. Les deux traîtres ne vont leur laisser aucune chance.

– Regardez discrètement sur votre gauche. Le type qui se tient au coin du mur, c'est l'un de ceux qui ont arrêté Monsieur et les enfants.

Sans hâte, Saint-Jacques tourne la tête et aperçoit un quidam nonchalamment appuyé sur le muret du jardin public. L'agent de la France libre se redresse, abandonnant sur le banc le journal qu'il feignait de lire. Il aide sa voisine assise à ses côtés à se redresser, l'embrasse comme on le fait avec une parente que l'on quitte, et s'engage tranquillement en direction de la rue Verte. Il ne lui faut que quelques manœuvres, routinières dans ce genre de situation, pour se rendre compte qu'il est suivi. Il ne va pas mettre longtemps non plus pour semer son pisteur dans le dédale de la vieille ville.

Le premier impératif de survie d'un agent secret, c'est de ne jamais relâcher sa méfiance et de maintenir perpétuellement son esprit en éveil, aux aguets. Cela, Saint-Jacques l'a appris en janvier lors du stage de formation en Angleterre. Ses réactions personnelles instinctives en présence du danger s'ajoutent aux réflexes qui lui ont été inculqués. Voilà pourquoi, en arrivant en vue de la demeure des Halbout à Rouen, il a vite repéré que tous les volets étaient fermés, sauf deux. Passant sur le trottoir opposé, il a vu la maîtresse de maison debout dans le couloir lui tourner ostensiblement le dos. Attitude qu'il comprend aussitôt. Il poursuit donc sa route, entre dans le jardin public pour observer un peu les environs. Assis sur un banc, son journal étalé, il ne tarde pas à voir la femme de ménage des Halbout se diriger vers le square où elle le rejoint bientôt. Sans sembler le voir, elle lui narre l'arrestation de Marcel Halbout, de ses deux fils et de sa fille [1] puis le prévient que trois civils allemands se sont installés dans la maison. Elle lui indique également que les gens qui avaient hébergé l'émetteur ont été également appréhendés.

– Et le radio ?

– Disparu entre-temps.

Si Saint-Jacques avait conservé un doute sur la trahison de Mullemann, ce simple fait l'aurait convaincu.

1. Thérèse, âgée de quinze ans.

Tout en déambulant dans les rues commerçantes, il fait le point. Il est maintenant évident que le radio a guidé les Allemands dans tous les lieux qu'il connaissait. Mais quels sont les endroits maintenant grillés ? Le traître en avait détecté combien ? et où ? Du fait de son séjour en région rouennaise, il est probable que Mullemann n'ignorait pas grand-chose des implantations locales. Conclusion : il faut quitter ce secteur au plus vite et tenter de sauver les autres. Avec des ruses de Sioux, Saint-Jacques quitte la cité de Corneille et parvient à regagner Paris. Malheureusement, il est trop tard, le réseau est complètement décapité. Tous les responsables des différents chaînons sont aux mains de la Gestapo. Une souricière mise en place à « Vendôme » au siège de la Société Duclos et fils, et une autre au Bon Pasteur ont permis l'arrestation de tous les affiliés venus s'empêtrer dans le piège. Sans l'opportune rencontre de Mme Lurot, femme de l'un des agents du groupe Deguy (toujours la baraka !), Saint-Jacques lui-même se jetait dans la gueule du loup.

En fin de soirée, empruntant l'une des filières de son collègue Rémy, il part pour Nevers d'où un passeur l'emmènera en zone libre en lui faisant franchir l'Allier entre Riousse et Le Veurdre.

Un bilan positif dans un voile de deuil

Mullemann et Folmer portent le poids écrasant de l'hécatombe du réseau Saint-Jacques en Normandie, à l'exception du département de la Manche, provisoirement épargné en raison de sa méconnaissance des deux traîtres et du cloisonnement rigide imposé par Bertin de la Hautière.

Ce vendredi 8 août 1941, ils ont livré à la police allemande trente et un membres de l'organisation créée par Saint-Jacques, parmi lesquels Marcel et Pierre Halbout, et ont fourni tous les renseignements qui aboutiront en septembre, octobre et novembre, à une vingtaine d'arrestations, notamment celles de : Paul Lombard [1], Guillaume Le Guern, le chanoine Boulogne, Pierre Aussannaire, les trois Lair de Louviers, Gabriel Jouachim, Louis Borderieux, Yves Beaudoin, Pierre Coulon, René Deker, Paul Le Flem, Mar-

1. Fusillé au mont Valérien en mars 1942.

cel Lempereur, Roger Livache, Henri Villette, M. et Mme Lanctuit, Anatole Prou et Vincent Boihardy. Beaucoup d'entre eux seront fusillés, les autres déportés. Quelques-uns sont rentrés des camps nazis : Marcel Halbout (décédé en février 1958), Guillaume Le Guern (décédé en mars 1989), Louis Borderieux et Anatole Prou.

Si le coup de filet principal s'est abattu sur la Normandie, en raison du nombre des affiliés, il n'a pas épargné les autres secteurs d'activité du réseau. Mullemann porte en effet la responsabilité des razzias de Paris, de Touraine, du Nord et de la Champagne. Parmi les victimes du traître, figurent les principaux animateurs du réseau : Charles Deguy, le chef d'escadron Vérines, le colonel Raby, le capitaine Martin, le capitaine Morel, tous fusillés ; l'abbé Roger Derry, Marc Dufour, Yves Ponchel, Georges Piron, décapités à la hache à Cologne, et Roger Pironneau, fusillé le 29 juillet 1942, au mont Valérien.

Mme Lefèvre-Duclos, sœur de Saint-Jacques, et sa fille Monique furent déportées, de même que le docteur Roche, Mme Emily Dolié, Charles Nélis et son fils Pierre ; Lucien Feltesse, Charles Deprez, une quinzaine de gendarmes des sous-réseaux Vérines et des groupes de Touraine. Certaines de ces personnes reviendront des camps et porteront témoignage de la félonie de Mullemann qui sera condamné à mort et fusillé en 1946.

Cinquante ans après, en dépouillant les archives et en analysant les rapports des survivants, on peut tirer les conclusions suivantes :

Avec peu de moyens, sans aucune expérience de l'activité secrète, les courageux patriotes du réseau Saint-Jacques – précurseurs de la Résistance, ne l'oublions pas – ont fourni une aide primordiale aux forces franco-anglaises s'organisant en Grande-Bretagne. Il suffit de compulser les documents répertoriés par les services de la France libre et de l'Amirauté britannique pour le constater. Si dans la masse de renseignements qui parvenaient à Londres, certains ne présentaient qu'un intérêt mineur – mais Saint-Jacques exigeait un « ratissage » minutieux –, des informations de première importance pour les desseins anglais furent à la base des opérations futures sur Bruneval et Dieppe que nous évoquerons plus loin, de même que les premiers sondages sur les côtes normandes amenèrent l'Etat-Major allié à considérer certaines franges du littoral favorables à des opérations amphibies de débarquement. Ce fut le cas notamment pour les secteurs Utah, Omaha, et Sword. Enfin, ce sont les agents du réseau Saint-Jacques qui fournirent aux services de la France libre, et par voie de conséquence aux Britanniques, les plans d'aménagement des ports du Havre, de Dieppe, de Fécamp, de Ouistreham et de Port-en-Bessin. En liaison avec les groupes du colonel Rémy – qui s'amalgameront dans la Confrérie-Notre-Dame – le sous-réseau Nardan de Félix Bruneau du Havre, miraculeusement inconnu de Mullemann, va poursuivre son activité qui sera particulièrement efficace dans la préparation du raid sur Bruneval. A son crédit également, la traque des cuirassés allemands : le *Gneisenau* et le *Scharnhorst* suivis à la trace dans leurs déplacements entre les rades de la Manche et de l'Atlantique, ainsi que les premiers relevés des bastions du futur Mur de l'Atlantique.

Le démantèlement du réseau dans le second semestre de 1941 ne détruira pas l'esprit de résistance en Normandie. Plusieurs des agents de Saint-Jacques, passés au travers des mailles du filet, vont poursuivre une activité patriotique en s'incorporant au sein d'autres formations qui apparaîtront progressivement. Au sous-réseau Nardan déjà cité, il convient d'ajouter des groupes cloisonnés, celui du colonel Levasseur et de Louise Damasse à Vernon, et celui du professeur Albert Manuel [1] à Honfleur qui fournira les données de base nécessaires aux commandos franco-britanniques lors de leur coup de main sur les installations allemandes de Gonneville-sur-Mer [2]. De même, quelques-uns des agents de Caen reprendront du service dans un groupe rattaché au mouvement Combat.

On voit bien, en suivant le cheminement historique de la Résistance normande, que Saint-Jacques en fut l'un des éléments précurseurs.

1. Que l'on retrouvera plus loin dans une autre formation. Le professeur Manuel, dénoncé par deux de ses élèves, arrêté, sera fusillé à Rouen, le 13 novembre 1943.
2. Le 24 novembre 1941.

CHAPITRE VI

La Résistance normande et les communistes

Juillet-décembre 1940 : les premiers rebelles

Si dès l'été et l'automne 1940 Saint-Jacques a lancé la machine de la Résistance en Normandie, d'autres ont également réagi à l'affront de l'Occupation. On a vu comment le jeune Etienne Achavanne a payé de sa vie son attitude patriotique. Sa mort, sous les balles d'un peloton d'exécution, n'aura pas l'effet de dissuasion voulu par les Allemands, bien au contraire. En octobre, deux sabotages à Grand-Couronne et à Evreux sur des câbles desservant un entrepôt de matériel militaire et la base aérienne de Fauville montrent aux occupants qu'ils n'ont pas détruit la volonté de liberté.

Les jeunes, emportés par la fougue de leur âge, n'hésitent pas à saisir toutes les occasions de provoquer le vainqueur. Ainsi, le 11 novembre 1940, des défilés et des manifestations devant les monuments aux morts regroupent des centaines d'entre eux à Caen, Le Havre et Evreux, cependant que les grands élèves de l'institution Join-Lambert effectuent la même démarche à Rouen, sous l'impulsion de Jacques Nobécourt, Pierre Huret, Morin et Fimbal.

Un groupe d'étudiants de Caen, dirigés par Louis Pierrepont et André Pellerin, rédigent et collent des papillons anti-allemands. Ils sont souvent protégés dans leur action par des affiliés de la petite équipe des Amis du général de Gaulle. Mais la volonté de s'opposer à l'ordre nouveau prend parfois un aspect plus réaliste. On en trouve des preuves dans le comportement téméraire de pêcheurs et de cultivateurs, en bordure des côtes ouest et nord du Cotentin.

Le 22 juin 1940, le capitaine de frégate Thierry d'Argenlieu, qui sera le premier chancelier de l'ordre de la Libération, s'évade d'un convoi d'officiers prisonniers, en transfert de La Haye-du-Puits à Saint-Lô. Recueilli par le cultivateur Pierre Le Corre, il passe de chaînon en chaînon pour aboutir au bateau de pêche d'Emile Valmy, à Carteret, qui, dans la nuit du 24 au 25 juin, l'embarque dans la cale, caché sous une bâche, pour le déposer dans le port de Gorcy, à Jersey, d'où il rejoindra de Gaulle en Angleterre. Même processus pour le lieutenant de vaisseau Charrier qui partira de Granville pour les îles Chausey grâce à la filière Ourselin – Bodin – Letouzey – Lapie. On retrouve une démarche identique à Agon-Coutainville où le pêcheur Léon Legraverend va évacuer vers Jersey, entre le 23 et le 29 juin, des soldats britanniques évadés et des volontaires pris en charge par la filière Josselin – Guillot – Poron au cours de trois voyages pleins de risques. Enfin, c'est à Granville que prend forme le groupe créé par le professeur Maurice Marland, un groupe qui deviendra l'un des centres vitaux de la Résistance dans la Manche. Dès le 23 juin, il débute son activité en faisant passer à Jersey en cinq voyages une vingtaine de militaires britanniques et français que les marins Jules Leprince et Pierre Blouet ont pris en charge. Quelques jours plus tard, ce sont quarante-deux jeunes désireux de s'engager dans les F.F.L. qui utilisent les mêmes voies de transbordement. C'est de l'anse de Port-Bail que partent vers Guernesey les aspirants évadés Lucien Point, Roger Doucet, et Raymond Mollin, qui ont emprunté la filière du pêcheur Adolphe Lanouard.

Cet esprit de refus, on le retrouve dans l'attitude des habitants du petit village de Montchamp dans le Calvados, au cœur du bocage virois. En hébergeant et ravitaillant des soldats français du 41e R.I. enfuis du camp de rassemblement de Saint-Lô, ils ouvrent, sous l'impulsion de l'instituteur Marcel Oblin, la route aux formations résistantes qui se manifesteront dans cette région.

C'est sous une forme encore plus activiste qu'œuvre au Havre, dès octobre 1940, un cercle de jeunes gens qui entrera dans l'histoire de la Résistance normande sous le nom de groupe Morpain. Créé par le professeur Gérard

Morpain qui lui donne ainsi son nom, il est animé par Pierre Garreau, par Jacques Hamon (pseudo Maurice Hue), par René Brunel, Georges Piat et l'ingénieur Pitoors du Port autonome. En décembre, après avoir été rejoint par une dizaine de volontaires, le groupe se structure en deux équipes : l'une chargée du renseignement dirigée par René Brunel, l'autre axée sur la recherche d'armes et de munitions qui restent en quantité appréciable dissimulées en différents endroits : ruines de la caserne Kléber, de la caserne Eblé, des docks, silos et anciens cantonnements français et anglais. Par la suite, plusieurs ancrages se développeront à Sainte-Adresse, Montivilliers, Etretat, Octeville et Yport.

On retrouve un dispositif et une volonté d'action semblables à Granville où, indépendamment du groupe Marland, apparaît une formation dont les ramifications déborderont largement dans le département et même au-delà. Il s'agit de l'organisation mise sur pied par le capitaine Robert Guédon, blessé en mai 1940 et retiré en convalescence chez sa belle-mère, Mme Gallini. Retenons le nom de cette brave dame, car c'est elle qui, en hébergeant des officiers britanniques dont deux appartiennent à l'I.S., va permettre à son gendre d'entrer en contact avec le service anglais. Guédon n'attend pas davantage pour se lancer dans l'action. De cette demeure située près du port, la villa *Jeanne d'Arc*, il entreprend de tisser la toile d'un réseau de renseignements. En s'appuyant sur des relations familiales de confiance, notamment Mlle Louise Groult et le jeune Cyril Fonlupt, André Delmotte et Simone de Brévedent, il ne tarde pas à disposer d'un effectif de base. Vont venir s'y ajouter : le vétérinaire Ambroise Colin et ses deux fils, les frères Garel, Mlle Marie Bindault, Mlle Odette Gosse, Mlle Lœillet, Suzanne Binot, Lucienne Emery, Roger Houlbèque, Yves Demezières, Raphaël Quesnay, Adrienne Lesouffe, Yvette Caradec, et Geneviève Blondin. On remarque une majorité de femmes dans ce premier rassemblement patriotique, cela est dû à l'entregent de Mlle Bindault qui œuvre à partir du Comité de la Croix-Rouge dont elle anime le fonctionnement. Grâce au maire de Tollevast, M. Saussey, beau-frère de Guédon, et à sa secrétaire de mairie, Mme Lacroix, le réseau s'étend sur Cherbourg, Coutances et Valognes. Un peu plus tard, l'infatigable Marie Bindault établit une bretelle à Caen, une autre à Avranches, une troisième à Saint-Lô avec un employé des P.T.T., M. Launay. Les tracts que Mlle Odette Gosse et Guédon rédigent et tirent sur une vieille ronéo circulent dans les principales villes de la Manche. C'est le début d'une activité qui deviendra bientôt omniprésente en Normandie.

Ne quittons pas ce département sans mentionner qu'entre juillet et décembre 1940 une dizaine de groupes se sont constitués pour contrecarrer l'autorité occupante et tenter d'apporter un concours à la France libre. Essayons d'en dresser un inventaire succinct :

– Les équipes du professeur Maurice Marland, de Granville, dont les responsables de base sont : Charles Hubert, Jules Desmonts, Jules Mutelle, Lucien Finck, Robert Bardon, Léon Nicolle, Adrien Lecourt, M. Mauduit, le marin-pilote Auguste Mabire, Yves Colin, Georges Ronceray, Raoul Gaudet, ainsi que Mlle Juliette Daumel qui assure le secrétariat et les liaisons.

– A Saint-Lô, le rédacteur en chef du *Courrier de la Manche*, Charles Agnès, monte une antenne du réseau Gallia avec l'aide de quelques volontaires : le docteur André Pigaux, Henri Michaux, Marc Navarre, Julien Le Pennec, Charles Fabing, et Pierre Rigaux.

– A Cherbourg, considéré par l'occupant comme une place forte de la Kriegsmarine, Gilbert Védy, qui s'illustrera dans la Résistance sous le nom de Médéric, s'affaire à rassembler les patriotes de tous bords. Il bénéficie du concours du maire de Tourlaville, M. Jules Lemoigne, de l'ingénieur Cottat, de l'armurier Désiré Barbier, d'un officier de réserve, Marcel Leblond, et de son propre frère, Raymond Védy. Ce sera l'une des premières formations à se livrer aux sabotages.

– De son côté, l'aviateur Jacques Bertin de la Hautière, isolé à la suite de l'anéantissement du réseau Saint-Jacques, relie le groupe dont il disposait à celui formé par les frères Lesage, Emile Launey, Raymond Ledanois, Paul et Ferdinand Remicourt, les frères Huet, et Auguste Ansot. Bien qu'ils aient subi la traque de la Gestapo, on retrouvera la plupart de ces volontaires avec leur chef dans les rangs de l'O.C.M., quelques mois plus tard.

– A Saint-James, le lieutenant de pompiers, Léon Desfontaines, le docteur Albert Mothay, et le cafetier Maurice Boyer ont entamé dès le mois de septembre 1940 une campagne de diffusion de tracts de la France libre. Leur action va se poursuivre dans des activités plus risquées.

– En février 1941, se met en place l'ossature d'un groupe important autour de Paul Guilbert, de l'électricien Jean Nordez, de Gustave Rouxel, de Louis Savary, et de Louis Chailloux. Par l'intermédiaire de Jeannine Picabia (Gloria), cette formation, qui recueille des informations vitales sur la défense du port de Cherbourg, sur l'Arsenal, sur le radar en construction à Sortosville-en-Beaumont, sur la pyrotechnie du Nardouet, se rattache au réseau franco-polonais F 2 dont les agents régionaux sont Pierre Berger et Jacques Legrand. Grâce à ce rattachement, la liaison est obtenue avec les services britanniques.

– Dans le Val de Saire, le curé du Vast, l'abbé Gohard, le directeur de la coopérative laitière de Quettehou, M. Soult, l'entrepreneur André Jarry, M. Francis Truffault et Mme Regnault recensent toutes les installations allemandes en cours de construction. Ils se rallieront par la suite aux groupes de Bertin de la Hautière.

Passons maintenant dans le Calvados pour évoquer l'un des personnages les plus représentatifs de l'esprit de résistance : Joseph Blanchard, instituteur à Villerville. Il n'a pas été aisé de cerner la démarche de ce valeureux patriote, car son activité clandestine se dilue dans l'histoire étrange de l'agent anglais John Hopper, une histoire assez abracadabrante que nous avons relatée dans un précédent ouvrage [1]. Pour ce qui nous intéresse ici, dans le cadre de la Résistance normande, penchons-nous sur l'activité de Joseph Blanchard.

Originaire d'une famille du pays d'Auge, il est lieutenant-observateur d'aviation en 1917-1918, et reçoit à ce titre plusieurs citations. Membre de l'aéro-club de Carpiquet, il continue de voler, s'entraînant aux nouvelles techniques et s'intéressant aux progrès constants du pilotage. En 1939, il rejoint son escadrille et reprend les commandes pour de nouveaux combats qui lui valent d'autres distinctions. La défaite l'accable, et il revient à Villerville retrouver ses élèves. Mais ce combattant-né ne peut rester inactif; il se lie

1. *La Résistance normande face à la Gestapo* (Presses de la Cité, 1977).

avec d'autres patriotes désireux de poursuivre clandestinement la lutte, et notamment l'abbé Daligault, Pierre Limagne, André Billois, ainsi que le docteur Grandrie, de Pont-l'Evêque. La rencontre de l'abbé Daligault avec l'agent britannique de l'I.S. John Hopper qui opère depuis le haras de Varaville, ouvre des horizons à la petite équipe de Joseph Blanchard, laquelle est bientôt homologuée dans la branche A.V. Une collègue de l'instituteur, Christiane Bellenger, qui s'occupera des liaisons, ainsi que plusieurs membres de l'enseignement de Caen, Lisieux, et Vire, renforcent le groupe initial, dont la mission est de recueillir des informations sur les préparatifs du plan allemand « Lion de mer ». A ce moment, l'I.S. et les autres services anglais travaillent séparément (on l'a vu avec le réseau Saint-Jacques) sur les mêmes objectifs.

Mais l'attitude ambiguë de Hopper dont les agissements s'apparentent parfois à des délits de droit commun, indispose Blanchard qui, dès lors, va tenter une aventure personnelle pour rejoindre la France libre. Un premier essai à partir de l'aéro-club de Carpiquet, dont il demeure l'un des membres les plus assidus, échoue en raison d'une initiative maladroite du responsable de piste. Une seconde tentative de départ en direction de Gibraltar n'aboutit qu'à une arrestation à la frontière espagnole. Condamné à trois mois de prison par le tribunal de Pau, le 28 octobre 1941, Joseph Blanchard ne désarme pas puisque avant même de regagner Villerville, il réédite sa tentative. Trahi par le passeur, il réussit de justesse à échapper à la police et revient alors dans le pays d'Auge. Entre-temps, Hopper, après quelques péripéties mouvementées, a quitté le Calvados et œuvre maintenant en région parisienne. L'I.S. envoie alors à Blanchard, incapable de faire fonctionner l'émetteur qui lui a été laissé, un opérateur-radio dont le pseudo est Phil. Le groupe redevient opérationnel et les messages partent régulièrement pour l'Angleterre. Mais, le 11 mars 1942, lors d'une liaison, Joseph Blanchard est arrêté au bar de *La Reine Blanche*, boulevard Saint-Michel, à Paris. Emprisonné, torturé, déporté en Allemagne, il sera décapité à la hache, le 16 février 1944, à Cologne [1]. C'est la fin du groupe qui se désa-

1. Le 30 avril 1948, les restes de Joseph Blanchard furent ramenés dans le cimetière de Bonnebosq, au cours d'une émouvante cérémonie.

grège après le départ de Phil, mais, preuve de l'héroïsme de Joseph Blanchard, aucun de ses camarades ne sera inquiété.

On chercherait vainement dans les ouvrages consacrés à la lutte clandestine en Normandie la trace de cet aviateur-instituteur. Il faut compulser les archives britanniques ou celles de l'un de ses anciens compagnons de route, son collègue dans l'enseignement, Louis Chaussat, pour connaître la tragique aventure de Joseph Blanchard, cet « oublié » de l'épopée résistante.

Revenons dans l'Eure pour y retrouver Bertrand du Pouget, directeur d'usine près d'Evreux, qui, en septembre 1940, forme un noyau destiné à la recherche de renseignements pour le compte de la France libre. Parmi ses recrues, figurent deux officiers de réserve, Roger Hérissé (Dutertre) et Roger Dumont (Pol) que l'on retrouvera dans le réseau du colonel Rémy, La Confrérie-Notre-Dame, et qui seront partie prenante dans l'affaire de Bruneval que nous évoquerons plus loin. Sur le point d'être arrêté, du Pouget parvint à gagner l'Angleterre et son équipe fut mise en sommeil par prudence.

A quelques kilomètres de là, à Gisors, dès août 1940, le chef de gare Alexandre Brüder, MM. Famechon, Devaux et Miellot commencent à diffuser des tracts antiallemands et montent un groupe qu'ils affublent du nom de « Fritz dehors ». On les retrouvera au cœur du combat clandestin.

Dans le secteur de Vernon, nous avons déjà cité – en parlant du réseau Saint-Jacques – l'embryon de formation mis sur pied par le colonel Levasseur et Louise Damasse que son cloisonnement rigide a protégé de la trahison de Mullemann. Au milieu du mois de décembre 1940, ce groupe se renforce en absorbant des éléments du réseau Hector issu des services secrets de l'armée d'armistice. De cette fusion va naître une formation qui sera parfois répertoriée sous le nom banal : « le Réseau ». Son activité de propagande et son opiniâtre travail dans le renseignement obtiendront de brillants résultats.

De tous les départements normands, celui de l'Orne demeure à cette époque un peu en retrait. Il va falloir attendre le printemps de 1941 pour voir surgir des maillages de résistance à Alençon avec MM. Mars et Mézin, à Mortagne grâce à M. Colombet; à Domfront et L'Aigle où

MM. Alasseur et Grusse démarrent une activité qui sera efficace; au Mesle-sur-Sarthe par M. Mousset, à Flers sous l'impulsion de MM. Bernier et Laforet; à Argentan dont le secteur est pris en main par l'énergique Robert Aubin. Mais les résistants ornais se hisseront rapidement à la tête de la lutte clandestine dont ils deviendront sous la houlette de grands chefs tels que Desmeulles, Mazeline, Viel, Panthou, Vaudron, Noël, Soubabère, Darchy et Barrère, l'une des forces essentielles dans les combats préparatoires à la Libération.

Parenthèse pour l'histoire

Si nous accordons dans cet ouvrage une large place aux premiers rebelles normands, c'est parce que trop d'auteurs ont, pendant des décennies, cru bon de traiter avec un certain mépris la réalité de la Résistance normande. Voilà pourquoi, au risque de lasser le lecteur, et nous nous en excusons auprès de lui, nous nous sommes efforcés, et nous allons continuer de le faire, de citer un assez grand nombre de noms parmi tous ceux qui manifestèrent d'entrée leur opposition à l'occupation de la province, avec également la volonté de leur rendre un hommage qu'on chercherait vainement ailleurs.

Dans plusieurs autres récits, et particulièrement dans les deux qui suivent chronologiquement celui-ci, nous avons montré la démarche des réseaux et maquis normands, chaque jour aux prises avec l'ennemi et ses féaux. Nous avons aussi souligné la valeur des hommes. Nous n'y reviendrons donc que succinctement, seulement dans la mesure où ce sera nécessaire pour la compréhension historique.

L'histoire qui n'a rien à faire des querelles partisanes, idéologiques ou autres, ne veut retenir que les faits, et l'historien sérieux ne s'attache qu'à la quête de la vérité, de l'authenticité et des réalités, quelles que soient ses propres aspirations. Il ne désire, suivant l'expression d'Henri Noguères, « qu'apporter une utile contribution à la connaissance de l'histoire ». Cependant, en dépit des recherches minutieuses, il peut commettre des omissions par manque de données informatives ou laisser filtrer des erreurs dues à des documents ou des témoignages incertains ; c'est sa hantise. Mais c'est le risque encouru par tous ceux qui travaillent sur cette époque encore très proche de nous. Il appartient au mémorialiste de se montrer particulièrement vigilant sur ses sources. Dans le domaine historique, contrairement à beaucoup d'autres, le temps favorise la décantation et dépoussière les racines de la réalité.

On peut à la rigueur comprendre que d'anciens participants à l'épopée libertaire écrivent ou inspirent des récits plus que favorables à leurs mouvements clandestins. Sur le tas – on voudra bien excuser cette expression triviale mais si explicite – ils n'ont fatalement pu voir que l'activité qui gravitait autour d'eux et, partant de là, occulter ou minimiser celle des autres formations, mais on ne peut admettre que de prétendus historiens, plus familiers avec leur chaire universitaire ou leurs postes directionnels qu'avec le travail de fourmi sur le terrain, formulent de doctes jugements ou appréciations sans assises véritables, et répandent ainsi des contre-vérités que les innocents auteurs de thèses reprendront de bonne foi. Il est lamentable de constater que, sur des centaines d'ouvrages consacrés à la Résistance française, il n'en existe que quelques-uns sur lesquels la mémoire historique pourra s'appuyer sans risque de déformation [1]. Mais encore faudra-t-il que tous ceux qui seront chargés de la divulguer soient suffisamment avertis, et surtout impartiaux, pour l'évoquer.

Après cet aparté qui nous a semblé nécessaire, nous allons justement aborder l'un des sujets les plus controversés, et probablement le plus délicat à traiter, celui de la participation des communistes aux premières manifestations résistantes, c'est-à-dire avant le conflit germano-soviétique.

L'attitude des communistes de juin 1940 à juin 1941

Afin de visualiser d'une façon plus élargie la situation dans laquelle se trouvent les communistes en juin 1940, il nous faut revenir dix mois en arrière.

Le 23 août 1939, l'U.R.S.S. et le Reich signent un pacte

1. Notamment *Histoire de la Résistance française*, d'Henri Noguères, en cinq volumes (éditions Robert Laffont).

de non-agression, véritable coup de tonnerre sur le monde, car l'antagonisme entre nazis et bolcheviques a marqué la politique internationale depuis les cinq dernières années. Que s'est-il donc passé qui ait pu motiver un pareil accord contre nature ? La grande spécialiste de l'histoire soviétique, l'historienne – académicienne Hélène Carrère d'Encausse, dont chacun loue le talent et la grande honnêteté intellectuelle, en fournit l'explication suivante que nous résumons le plus fidèlement possible :

« ... *Dans cette fièvre de la course aux armements..., les dirigeants soviétiques voient clairement que le sort de leur pays est particulièrement menacé. Ils savent que les démocraties libérales souhaitent orienter l'agressivité d'Hitler vers l'Est... L'entrée des troupes allemandes à Prague, le 15 mars 1939, renforce cette conviction et contraint l'U.R.S.S. à préciser ses choix. Ou bien l'Europe entière, réveillée par l'annexion de la Tchécoslovaquie, est capable de mettre sur pied une véritable politique de sécurité collective, ou alors l'Etat soviétique agira en fonction de ses seuls intérêts qui sont de détourner la menace de son territoire en restant hors du conflit*[1]. »

Dans un premier temps, l'U.R.S.S. effectue un rapprochement avec la France et l'Angleterre en proposant un traité d'alliance soviéto-anglo-français qui « ...*eût assuré une assistance en cas d'agression, non seulement aux Etats signataires, mais aussi à tous les voisins immédiats de l'U.R.S.S.*[2]... »

A cet effet, des négociations militaires commencent entre les trois puissances, mais « *les dirigeants soviétiques, hantés par Munich, heurtés par les lenteurs de leurs partenaires et leur négligence... soumis à une forte pression allemande en faveur de la conclusion d'un traité de non-agression, optent finalement pour cette dernière voie*[3]... »

Le 23 août 1939, le pacte est signé. Il suscite aussitôt une cascade de réactions en Europe, bientôt amplifiées par l'envahissement de la Pologne le 1er septembre, suivi de la déclaration de guerre de l'Angleterre et de la France deux jours après.

1. « Dictionnaire de la Seconde Guerre mondiale », Hélène Carrère d'Encausse (Larousse).
2. *Ibid.*
3. *Ibid.*

Le 26, le gouvernement Daladier déclare le Parti communiste français hors la loi, et l'interdit ainsi qu'un certain nombre d'organisations et d'associations qu'il contrôle peu ou prou. Dès lors, les militants communistes vont être pourchassés, arrêtés et emprisonnés, au fur et à mesure de leur identification. La presse se déchaîne contre eux, et les services de police commencent une traque impitoyable que l'invasion allemande n'arrêtera pas, même si l'occupant tempère un peu le zèle de quelques-uns en raison de l'alliance provisoire germano-soviétique. Indépendamment de la position « pacifiste » prise par le parti communiste, le pouvoir lui reproche son affiliation à la IIIe Internationale qui en fait le vassal du parti bolchevique d'U.R.S.S. C'est là un point d'histoire qui a fait, et qui fera encore longtemps, sans doute, l'objet de virulentes polémiques. Quoi qu'il en soit, c'est à partir de là qu'il faut aborder avec circonspection le comportement des communistes français dès le début de l'Occupation.

Il est indéniable, et toutes les gesticulations épistolaires des anciens dirigeants du Parti n'y changeront rien, que l'appareil du P.C. a louvoyé durant cette période de juin 1940 à juin 1941. Certains de ses responsables ont même tenté de faire reparaître le journal *L'Humanité* interdit par Daladier, Reynaud, puis Pétain. Mais, preuve manifeste que les Allemands ne considéraient pas le pacte germano-soviétique comme durable, aucune suite favorable ne fut donnée à cette demande de reparution. Les rapports entre l'appareil communiste et les occupants demeurèrent flous durant toute cette période. La propagande du P.C. s'acharna sur le régime de Vichy et sur... l'impérialisme anglo-saxon.

Mais à la base, avec la majorité des militants du Parti, il en allait tout autrement.

Les militants communistes isolés entrent en action

Les poursuites dont ils étaient l'objet, la traque menée par le gouvernement de Vichy obligèrent les militants communistes de Normandie à organiser très tôt leur existence de pourchassés. Coupés totalement de l'appareil du Parti, ils réagirent à l'Occupation avec leurs sentiments personnels. Influencés par toutes les démarches libertaires auxquelles ils avaient participé ou adhéré : esprit de la Commune, Brigades internationales d'Espagne, Front populaire de 1936, campagnes antifascistes, ils rejetèrent dans leur grande majorité les brimades de l'Etat pétainiste et, du même élan, les contraintes des occupants. Ainsi que nous le narrèrent quelques-uns : « Même si, confusément, nous demeurions troublés par l'attitude de différents responsables du Parti lors de la signature du pacte germano-soviétique, nous éprouvions instinctivement un violent mouvement de rejet à l'encontre des forces nazies [1]. »

Ce rejet se traduit au Havre par la fabrication et la diffusion de tracts antiallemands réalisés et distribués par une équipe de trois hommes : Bellanger, Vernichon et Couillard [2] qui signent « Fédération du Parti communiste de Seine-Inférieure », ce qui démontre, malgré l'absence de directives, une foi inébranlable dans une idéologie personnelle.

Même opération à Rouen avec Julien Gentil et Jean Guilloux, puis avec leurs camarades Hardy et Douis.

En novembre, le militant Arthur Lefebvre est arrêté par les policiers rouennais. Accusé d'avoir formé une cellule antinationale, ce qui est exact, il refuse de dénoncer ses « complices ». Il sera fusillé le 21 février 1942. Un autre groupe attire l'attention du service spécial rattaché au commissariat de Rouen, c'est celui créé par le quatuor : Lucie Guérin, Paul Lemarchand, André Pican et Roger Poujol. En cette fin d'année 1940, leur activité essentielle consiste à faire évader des prisonniers de guerre parqués au champ de courses et à récupérer des armes. On les retrouvera tous les quatre dans les structures clandestines de l'O.S. [3].

Livrés à eux-mêmes, les anciens du Parti tentent de se regrouper. C'est le cas au Petit-Quevilly, où dans un bistrot de l'avenue de Caen, Lucien Ducastel, Francis Lemonnier et Jean Delattre reconstituent un groupe des Jeunesses

1. Témoignages de MM. Doury, Havard, Barbé, Mme Dissoubray, Mme Bertrand, lors d'une table ronde organisée à Rouen, le 16 janvier 1977.
2. Arrêtés en janvier 1941. Morts en déportation.
3. « Organisation spéciale », dispositif d'action communiste.

communistes qui va inaugurer les premiers sabotages en crevant les pneus des camions allemands.

Mais la tâche primordiale des militants consiste en cet automne de 1940 à pourvoir à l'hébergement de leurs camarades traqués par la police française, en vertu des arrêtés du gouvernement Pétain. C'est dans l'accomplissement de cette tâche ingrate et délicate que vont tomber une vingtaine d'hommes et de femmes, car, pour réussir, ils doivent sortir de leur isolement. Successivement, Ducastel, Lefebvre, Ratieuville, (de Darnétal), Godet, Jourdain, Jean et Henri Ferrand (du Havre), Demersan (de Grugny), Dollet (d'Amfreville), Perlet (de Grand-Couronne), Maze (de Bolbec), Bruneau (de Sotteville), Valentin (du Grand-Quevilly), Josse (d'Oissel), Versini (du Havre), Henri Villette et Guillot (du Grand-Quevilly) sont appréhendés. Tous seront remis aux Allemands fin 1941, et finalement fusillés ou déportés. Mais ces coupes sombres, loin de décourager leurs compagnons, agiront comme un stimulant. D'autres communistes parviennent à se regrouper après la désorganisation de la débâcle et de l'invasion. Deux sections se reforment à Elbeuf sous l'impulsion d'Ernest Vannier, et au Grand-Quevilly sous celle d'Henri Levillain. La plus importante renaît au Havre grâce à une poignée d'irréductibles : André Duroméa, Michel Muzard, Fernand Chatel, Lionel Jouet, Gustave Avisse, et Léon Hauchecorne. Au mois de décembre 1940, les premières triplettes d'action se manifestent par des sabotages de grues sur le port, des jets de limaille dans les réservoirs des camions militaires, des crevaisons de pneumatiques et des dégoupillages de panneaux à la base maritime. A Barentin, la petite équipe menée par Marcel Couturier prospecte les dépôts d'armes abandonnées par les armées franco-anglaises, et constitue ainsi un stock appréciable qui ne va pas tarder à trouver une utilisation.

Des manifestations de femmes sont organisées au Havre et à Rouen par Lucie Guérin et Madeleine Dissoubray contre les réquisitions allemandes de produits alimentaires. Elles sont brutalement réprimées.

Le début de l'année 1941 va être marqué par différentes opérations menées contre l'armée d'occupation. En janvier, Joseph Le Guenédal et Pierre Corniou dérobent deux sacs d'armes et de munitions dans l'entrepôt allemand, quai Gaston Boulet, à Rouen. En février, Louis Valette et Auguste Goux assomment un soldat pour lui soustraire son pistolet. Dans le secteur d'Elbeuf où opèrent Serge Vézier, Maurice Touques et Roger Leblanc, une patrouille de deux hommes est attaquée pour se procurer fusils et revolvers. Le 17 avril, Joseph Madec [1] à la tête d'une sizaine cisaille le câble récemment mis en place pour relier le poste de commandement du Havre à l'état-major de la Kriegsmarine à Paris.

En mai, le jeune Robert Pierrain monte un coup de main sur le dépôt allemand de Petit-Couronne pour saisir des caisses de grenades. L'imprudence de l'un de ses amis aboutit à son arrestation le 8 juillet 1941 ; il sera fusillé en mai 1942.

Quittons la Seine-Inférieure pour le Calvados où l'un des premiers noyaux résistants apparaît à Dives-sur-Mer sous la houlette d'André Lenormand et de Roger Bastion. Tout en commençant à rédiger et diffuser des papillons anti-allemands, Lenormand bat les environs à la recherche de militants et de sympathisants désireux de « faire quelque chose contre les Boches ». C'est ainsi qu'il rencontre André Louvel, de Touques, dont le frère Emile s'est fait embaucher par la Todt qui aménage des pistes et des batteries antiaériennes sur le petit aérodrome de Saint-Gatien [2]. Avec deux autres collègues, Levillain et Delvigne, André Louvel crée un groupe qui va s'enrichir, un mois plus tard, de Georges Dorange, René Bullier, Charles Tribhou, Daniel Fontaine et de Mlle Jalabert (Monique) qui assurera les liaisons. Notons que, dans ce groupe, plusieurs membres, s'ils sont proches d'idées, n'ont jamais appartenu au Parti, à commencer par André Louvel lui-même. Ils ne sont sans doute pas fichés par la police de Vichy, ce qui leur laisse une plus grande liberté de manœuvre. Grâce à Emile qui parvient à sortir quelques armes de poing de l'aérodrome, tous ces jeunes gens vont se familiariser avec le maniement des pistolets et des grenades. Appliquant les consignes de Lenormand qui est enfin parvenu à établir un contact avec d'anciens dirigeants fédéraux, Debailly et Plantagenest, la

1. Il sera arrêté et fusillé le 18 mai 1941.
2. Devenu l'aéroport de Deauville-Saint-Gatien.

formation de Touques se cloisonne et commence à s'organiser en pratiquant le système dit « du triangle » pour ses nouvelles recrues [1]. En décembre 1940 et janvier 1941, les premières actions démarrent avec des incendies de camions allemands et le sabotage, à Saint-Gatien, de tracteurs dont les freins sont rendus inopérants.

Autour de Lisieux, une autre petite formation se développe dès octobre 1940 à l'initiative d'une jeune institutrice de Saint-Aubin-sur-Algot qui avait adhéré aux Jeunesses communistes, Edmone Robert, épaulée par Marius Sire. Elle servira en fait de plaque tournante aux différents noyaux du Calvados dans leurs liaisons avec les responsables clandestins. Dans la même période, un couvreur de Trouville, Julien Lefranc (Serge) ; un cafetier, Lenoir, et Georges Millemann, s'efforcent de rechercher des complicités extérieures pour trouver des planques aux militants traqués.

Dans la banlieue caennaise, à Mondeville, où fonctionnent les « hauts fourneaux » de la Société métallurgique de Normandie, à Giberville et à Colombelles, dans les cités ouvrières qu'on appelle « le Plateau », une petite équipe s'est montée dès septembre 1940 à l'instigation de François Kalinicrenko avec Marcel Déterpigny, Louis Robine, Michel Farré, Pierre Vilain, Gérard Blin, et une jeune fille de dix-neuf ans, Gisèle Guilleminot (Annick). L'odyssée résistante de cette section appartient à l'histoire de la lutte patriotique en Normandie. Elle sera à la base de tous les sabotages réalisés dans l'est du département, entre janvier 1941 et la fin de l'été 1943. Si trois ou quatre de ses membres ont survécu, vingt-six d'entre eux ont péri, soit sous les balles des pelotons d'exécution, comme les seize condamnés de juillet 1943 dont huit furent fusillés au mont Valérien, le 14 août suivant [2], soit dans les camps de la mort.

D'autres groupes sont nés à la même époque (automne 1940, printemps 1941) dans tous les départements normands. Dans l'Orne, à Flers, où le futur colonel Fabien vient lui-même instruire les affiliés d'une cellule en

1. Système reposant sur un principe : aucun affilié ne doit en connaître plus de deux autres.

2. Marius Sire, René Fairant, Alexandre Demieux, Jules Godfroy, René Préaux, Henri Daudet, Claude Gardelin, Henri Papin.

mars 1941 et, à Saint-Clair-de-Halouze, avec une dizaine de bûcherons français et républicains espagnols.

Au dépôt S.N.C.F. d'Argentan, sous l'égide de Jean Soubabère et de Raymond Noël (que l'on retrouvera tous les deux au maquis d'Ecouves), plusieurs cheminots ayant appartenu ou étant proches du P.C. pratiquent dès décembre 1940 quelques sabotages sur des locomotives de convois en partance pour l'Allemagne. Même activité à la gare de Cherbourg avec Jean Houyvet, Désiré Paulin, Bernard Verdier, et Joël Lestaing. Sur le port et en ville, de jeunes éléments des Jeunesses communistes, Roger Anne, Gustave Jurczyszyn, René Lejeune, Pierre Lajoie, Daniel Serre, rassemblés par un militant expérimenté, André Defrance [1], diffusent des tracts, et déversent de la limaille dans les réservoirs des véhicules allemands.

Plusieurs instituteurs entrent dans l'action clandestine à partir du mois de septembre 1940 : Jean Michel (La Glacerie), Louis Pinson (La Haye-Pesnel), Jean Lamotte (Airel), Mme Nicol (Torigny), André Debon (Gathemo), Eugène Guilbaut (Saint-Côme-du-Mont), et quelques autres appartenant au P.C. ou sympathisants.

En novembre 1940, André Defrance est parvenu à mettre sur pied plusieurs sections dans tout le département de la Manche : à Saint-Michel-de-Montjoie où des carriers sont regroupés par les frères Hilliou; à Coutances autour de M. et Mme Bouffay; à Granville avec Louis Blouet (que l'on retrouvera, en 1944, à la tête des F.T.P.F. du secteur de Saint-Hilaire-du-Harcouët); à Equeurdreville sous l'impulsion de Maurice Fontaine et d'Alphonse Doucet; à Octeville avec Gaston Launay; à Ger avec Pedro Perregort. Devant cette renaissance qui ne peut lui être méconnue, la police de Vichy multiplie ses efforts pour en arrêter les « meneurs ». Lui échappant souvent de peu, André Defrance sillonne le département pour organiser des filières et des refuges.

Vers la fin du mois de mai 1941, le Front national apparaît en tant qu'organisation militante fédérative. Il laisse à l'O.S. le monopole des actions « dures » et aux Bataillons de la jeunesse celui des interventions de sabotages, tandis que

1. Il sera désigné comme commissaire militaire régional (C.M.R.), en mai 1941.

le Front patriotique de la jeunesse (F.P.J. ou parfois F.J.P.) assure la diffusion des tracts et des premiers journaux clandestins.

En avril 1941, naît, à Equeurdreville, le groupe Valmy comprenant une quinzaine de membres dont Pierre Vastel, Auguste Livory, Lucien Matelot, Raymond Pottier, Henri Corbin, Maurice Fontaine, Louis Lesur, Emile Pinel, Léon Lécrès et son épouse, André Colas et Guy Potin. Ce groupe qui a effectué plusieurs opérations de sabotages sur les installations allemandes autour de Cherbourg va être décimé en juillet-août 1941, et presque tous ses membres périront en déportation.

Une autre section se crée en février 1941 dans le secteur de Saint-Pair, sous la direction d'un cultivateur de Bouillon ; Victor Francolon, dans le but de préparer et former des sizaines de combat suivant le souhait d'André Defrance. Elle regroupe le maire de Saint-Pair, M. Beaumont, l'hôtelier Auguste Digée, le buraliste M. Duguay, M. Michel Thomann, ancien policier, et différentes personnes de la région : MM. Ouin, Alexis Vert, Desboulets, Le Couvey, Mme Schrader et Mme Lemoine. Cette section récupère des armes qui sont entreposées chez le négociant Pierre Lejeune, organise des chaînes de relais pour l'hébergement des militants en fuite, et collecte des informations sur les structures des centres de détention. Démarche à peu près identique à Sourdeval où Roger Aumont, Jules Lanssade et Jacques Bazin recrutent le percepteur Marcel Gombert, René Petitpas, Emmanuel Fortin et quelques autres. Infatigable, André Defrance relie ces individualités au groupe de Saint-Michel-de-Montjoie, repris en main par Arsène Paris, dont toute la famille participe à l'activité clandestine.

D'autres, beaucoup d'autres noms apparaissent dans l'histoire de la Résistance communiste en Cotentin, une Résistance qui paiera chèrement la générosité patriotique des siens, car bien peu échapperont au cours des trois années suivantes aux pelotons d'exécution ou aux convois vers la mort dans les bagnes nazis.

Ces exemples, et cette énumération plutôt symbolique démontrent bien que la légende volontairement répandue d'une non-résistance communiste avant juin 1941 ne concerne pas les militants de base dans leur écrasante majorité. Eux ne se posèrent pas de questions sur l'attitude à adopter devant l'Occupation. Nous ne nous considérerions pas digne de notre travail historique si nous escamotions, comme beaucoup l'ont fait, cet engagement patriotique qui fut l'une des facettes de la révolte normande contre l'asservissement. Mais il est évident que notre analyse exclut la position à cette époque (juin 1940-juin 1941) de l'appareil du Parti et de ses principaux dirigeants qui, effectivement, n'entrèrent dans le combat clandestin qu'à partir de l'attaque allemande contre l'U.R.S.S.

CHAPITRE VII

Les mouvements de Résistance en Normandie

L'Interallié en Normandie : de Kiffer à « la Chatte »

En ce début de l'an 1941, les communistes isolés ne sont plus les seuls à s'organiser. De timides initiatives apparaissent çà et là dans toute la province. Quelques groupes se forment à l'image de ceux créés par Gérard Morpain et ses amis du Havre, par le professeur Maurice Marland à Granville, par le capitaine Robert Guédon dans le Cotentin, par Louise Damasse et le colonel Levasseur à Vernon. Parmi ces groupes, l'un d'eux va connaître un développement spectaculaire en raison de l'activité secrète de l'une de ses créatrices : Marie-Thérèse Buffet, agent en sommeil de l'Intelligence Service britannique. Contactée sur conseil de Londres par un membre du réseau F. 2., réseau franco-polonais qui vient d'être scindé pour créer l'Interallié, elle reprend volontiers du service en apportant son expérience d'agent clandestin. Celui qui a été chargé d'entrer en rapport avec elle, se nomme Raoul Kiffer (Kiki ou Paul). Il a reçu pour mission de structurer un vaste chaînage de recherche de renseignements militaires dans le secteur D englobant la Normandie, et il est certain que Marie-Thérèse Buffet peut, mieux que quiconque, en être la cheville ouvrière. Elle le prouve d'ailleurs très vite en recrutant quelques-uns de ses anciens compagnons de l'I.S., notamment Le Meur, et le marin-pilote Auguste Mabire de Granville.

Quatre mois plus tard, en août 1941, l'Interallié dispose d'une vingtaine d'affiliés. Bientôt les informations sur les installations de l'armée allemande et de sa marine, ainsi que les relevés des camps de la Luftwaffe, affluent dans les boîtes à lettres mises en place chez Maurice Lebos aux Pieux; au café-bar de Charlotte Lacotte, rue du Val-de-Saire, à Cherbourg; chez M. Gallié à Tourlaville, et chez Jeanne Frigout à Saint-Lô. Le recueil et la centralisation de ces renseignements sont effectués par Raoul Kiffer qui les transmet à la filière britannique [1].

Trois fois par mois, les 3, 11 et 21, Kiki vient à Cherbourg prendre le courrier que lui remet Emile Le Meur, un docker recruté par Marie-Thérèse Buffet. C'est un très bon élément; malheureusement, ce que Mme Buffet ignore, il boit souvent plus que de raison, et quand il baigne dans l'euphorie il éprouve le besoin de s'épancher.

Fin octobre, au dépôt d'aviation où il est provisoirement employé, il prend pour confident un caporal de la Luftwaffe! lequel s'empresse de transmettre à ses supérieurs les intéressants propos du docker.

Le 3 novembre 1941, à 15 h 30, Raoul Kiffer descend du train de Paris en gare de Cherbourg. Il est aussitôt identifié sur les indications de l'inconscient bavard arrêté depuis quatre jours. Kiki est emmené par le sergent Hugo Bleicher de l'Abwehr local et remis aux mains du capitaine Borchers de l'A.S.T.-Abwehr Saint-Germain. Il ne faudra qu'une journée aux deux Allemands pour faire parler Kiffer. Non seulement il parle, mais il se propose comme agent double. Marché conclu, vingt-trois membres de l'Interallié vont être appréhendés dans la Manche et le Calvados. Quatre seulement ayant échappé au peloton d'exécution reviendront des camps de la mort. On retrouvera Kiffer dans un autre réseau normand, le réseau Donkeyman, autour de Lisieux, où les Anglais entameront avec lui l'une des phases de leur plan Fortitude [2]. Mais le fleuron de l'affaire Kiffer va être le 17 novembre, soit quatorze jours après son interpellation, l'arrestation à Paris, villa Léandre, du responsable national Armand, officier polonais (Roman Czarniawski) et de... Mathilde Carré « la Chatte » dont des dizaines de personnes paieront de leur vie

1. L'Interallié relève du M.I.-5 de l'I.S.
2. Voir *Résistance normande et jour « J »*, op. cit.

l'ignoble trahison [1]. Raoul Kiffer a débuté l'abject travail en amenant Bleicher et ses sbires à la villa Léandre, la Chatte a pris le relais ; le réseau Interallié n'existe plus.

Un S.R. discret : Cohors-Asturies, du Mouvement Libération-Nord

C'est un autre ex-agent de l'I.S. qui va être à l'origine d'un S.R. qui sera connu sous le nom de Cohors-Asturies. Il est secrétaire de police à Darnétal, près de Rouen, et se nomme Michel Corroy (Mickey) ; pour lui, il n'est pas question de subir l'oppression sans broncher. Dès le mois de septembre 1940, il a mis sur pied avec quelques amis de sa trempe – Césaire Levillain, directeur de l'école professionnelle de Rouen ; M. et Mme Savale, Roger Delamotte et Simon Harel –, une filière d'évacuation des soldats britanniques évadés. Quelque temps plus tard, Césaire Levillain se trouve en relation avec un professeur de la Sorbonne, M. Jean Cavaillès, qui vient de créer le S.R. Cohors-Asturies. La petite équipe de Mickey s'y rallie et va prendre de l'extension en recrutant dans l'Eure et le Calvados. Pour le premier département cité, c'est à Gisors que le député des Andelys, Albert Forcinal [2], crée une antenne, imité à Evreux par l'archiviste Marcel Baudot (Beaumanoir), à Bernay par le conservateur du musée, Jean Salnelle.

Dans le Calvados, Maurice Fouques, contrôleur des P.T.T., Pierre Audigé et Alexis Lelièvre prospectent prudemment autour d'eux pour fonder une équipe qui rassemblera des informations et diffusera les premières feuilles clandestines. Dans l'Orne, le contact est établi par Auguste Azémia, directeur d'école à Evreux-Navarre, d'abord à Aubusson avec l'instituteur Laforêt, puis à L'Aigle avec M. Wyzinski et Eugène Perdriel. Les ramifications ne tardent pas à se prolonger vers la Manche jusqu'à Cherbourg où le trio – Schmidt, Lecorre, Bocher – regroupe quelques patriotes.

1. Voir *L'Espionne n° 1. Celle qu'on appelait la Chatte*, Gordon Young, Fayard, 1957.
2. Il refusa de voter les pleins pouvoirs à Pétain.

Cohors-Asturies est spécialisé dans le renseignement, c'est cette tâche qu'il poursuivra au sein du mouvement Libé-Nord après leur fusion.

Mais, à l'automne 1942, une vague d'arrestations va affaiblir sérieusement le mouvement résistant dont un certain nombre de rescapés rejoindront les rangs d'autres formations, principalement ceux de la Confrérie Notre-Dame.

Apparition de la Confrérie Notre-Dame

L'histoire de la Confrérie Notre-Dame se confond avec celle de son fondateur : le légendaire colonel Rémy, quatrième agent de la France libre à œuvrer sur le sol français [1]. Gilbert Renault, c'est son véritable nom, a rejoint Londres dès juillet 1940 pour « poursuivre la lutte ». Un comble pour ce père de quatre enfants, doté en 1939 d'un fascicule bleu qui le rejetait dans une lointaine réserve. De Lorient au Verdon, puis du Verdon à Falmouth, Rémy finit par débarquer en Angleterre, mais il lui faudra plus d'un mois, de démarche en démarche, de bureau en bureau, pour parvenir jusqu'au colonel Dewavrin, dit Passy, chef du deuxième bureau de la France libre.

Après bien des péripéties et... des jours d'entraînement puis d'instruction, Gilbert Renault, devenu Raymond se voit chargé de mission en France. Quelle mission? Tout simplement créer un réseau de renseignements dans les deux zones [2] ! A coup sûr, durant cet été 1940 à Londres, personne ne mesure les difficultés et les dangers de cette tâche. Personne, et certainement pas l'intéressé lui-même, déjà impatient d'entrer en action et... éventuellement de revoir sa femme et ses enfants !

Sur le terrain, au cours de ses différentes missions, il va avoir l'occasion de jauger à son juste niveau le flot dévastateur de la répression allemande.

Il n'est pas dans notre propos de relater ici les épisodes souvent dramatiques de l'épopée glorieuse du colonel

1. Les trois autres sont dans l'ordre : Jacques Mansion, l'aspirant Moreau, et le capitaine Duclos, dit Saint-Jacques.

2. La France était divisée en deux zones : Z.N. occupée et Z.S. dite libre.

Rémy, mais, pour appréhender correctement l'implantation normande de son réseau, il nous fallait bien en « situer » le créateur.

La Confrérie Notre-Dame aborde la Normandie par l'est et l'ouest. Son apparition s'explique par une nécessité incontournable : tout savoir des activités allemandes sur ce front de mer qui s'étend de la Somme au mont Saint-Michel. Notons entre parenthèses que tous les services et réseaux clandestins ont, ou auront, ce secteur comme objectif. Comment s'introduit-elle dans la province ? De la même façon que les autres formations l'ont fait, ou le feront : par le jeu des relations. Elle émerge dans l'Eure lorsqu'un industriel d'Evreux, M. Bertrand du Pouget, contacté par un ami nantais, obtient le précieux concours de deux officiers de réserve que nous avons déjà rencontrés dans le réseau Saint-Jacques, et qui ont échappé à la razzia allemande suscitée par la trahison de Mullemann : Roger Dumont (Pol), et Roger Hérissé (Dutertre). Précieux concours en effet, puisque ces deux hommes, sans cesse aux aguets de l'armée d'occupation, vont fournir des informations de tout premier ordre sur les défenses ennemies entre Le Havre et Etretat. Mais, en raison de leur compétence professionnelle, il leur sera surtout demandé de planifier et d'assurer les futures opérations de parachutages et d'atterrissages, ce que leur expérience de pilote facilitera.

Quelques semaines plus tard, Roger Dumont recrute l'un de ses amis, Charles Chauveau (Charlemagne), garagiste au Havre, lequel amène à son tour Jean Lambert (Jeannot) et Paul Vennier, patron de l'hôtel Beauminet, à Bruneval, dont on aura l'occasion de reparler.

A l'ouest de la province, un jeune voyageur de commerce, Georges Maradène, prospectant pour l'usine Simon de Cherbourg qui fabrique du matériel agricole, se lie à Saint-Brieuc avec un certain Guy Lenfant, de son vrai nom, André Cholet, agent de la C.N.D. Bientôt Maradène entre dans la Confrérie sous le pseudo de Dragon, et passe ainsi sous l'autorité du responsable des « agences » du nord-ouest, l'officier de réserve Legraverend (Etienne). Avec deux camarades, Michel Pupin et Robert Frémy, Dragon recueille toutes les informations possibles sur la base maritime et sur la réalisation des défenses allemandes de la pointe de Barfleur au cap de la Hague. Georges Maradène se révèle un excellent chef d'équipe. Il dispose bientôt d'informations du plus haut intérêt : plan de l'Arsenal grâce au dessinateur Lionel Gentrie, itinéraire prochain du croiseur allemand *Prinz Eugen*, schémas des stations et sous-stations électriques du port dressés par Paul Lamour, effectifs aériens de l'aérodrome de Maupertus, suivant des relevés établis par Victor Desnoues, mouvements des troupes aéroportées à destination du front de l'Est indiqués par Jean Carville, emplacement exact du poste-radar sur la pointe de Jobourg. Cette manne d'informations sans cesse affinées, complétées, et mises à jour, centralisées par Dragon arrive par un système de boîtes à lettres jusqu'à Legraverend, lequel les achemine vers Paris où elles s'intègrent aux nombreux « courriers » que le colonel Rémy fait passer en Angleterre.

En avril 1942, une ramification atteindra à Avranches un cadre des Ponts et Chaussées, Pierre Mignon, par l'intermédiaire de l'agent de liaison François Dravert.

Tout fonctionne admirablement, malheureusement la trahison qui mine la C.N.D. n'épargnera pas Dragon et son équipe.

Au début du mois de juin 1942, l'agent de liaison entre le colonel Rémy et l'un de ses adjoints, Jean Fleuret (Espadon), syndic des pilotes du port de Bordeaux, est arrêté au passage de la ligne de démarcation. Il s'appelle Pierre Cartaud (Capri). Son incarcération ne dépasse pas les vingt-quatre heures, car il se met aussitôt au service de la Gestapo. Sa fonction dans le réseau lui a permis d'en connaître bien des rouages, et c'est aussitôt l'hécatombe. Ceux qui échapperont au gigantesque coup de filet le devront – comme Rémy lui-même – à une chance insolente ou à un sursis du destin, encore que – ainsi qu'il le dira en évoquant « Capri » – « j'éprouvais à son égard une instinctive méfiance car il ne m'avait jamais plu ». Ce sera le cas pour Espadon [1] et quelques autres. Mais les dégâts sont considérables : plus de soixante arrestations, et les retombées vont s'abattre sur la Confrérie durant les mois suivants. En Normandie, Dragon tombe le 17 octobre, il sera déporté à Dachau. Legrave-

1. Jean Fleuret « Espadon » sera arrêté en mars 1943 et déporté.

rend et cinq de ses correspondants locaux ont déjà pris le chemin des prisons.

La C.N.D. est gravement touchée, mais elle n'est pas anéantie. On verra dans les mois à venir de nouveaux brandons se rallumer, notamment dans l'Eure où elle absorbe le groupe Horloge créé par un moniteur du terrain d'aviation de Bernay, Boris, qui a recruté l'opticien Foloppe et son fils, ainsi que l'adjudant de gendarmerie Laniepce, le directeur d'école Robert Basset, son fils Jacques, Mme Hervieu (Mimosa), MM. Vallée (Lys), Lorin (Prunus), Delavoie (Iris), Sylviane Marmion (Anémone) et Colette Dumontier (Tulipe). Des « capteurs » de renseignements agissent à Saint-Georges-du-Vièvre, Robert Mustel ; à Corneville-sur-Risle, Georges Rivière (Valmont) ; à Thierville chez Mme Nora Chédeville (La Princesse) où un émetteur sera mis en place.

Miraculeusement épargnée pour le moment, l'équipe de Roger Hérissé (Dutertre) couvre le secteur de Lyons-la-Forêt dans lequel se trouvent les terrains de parachutages et d'atterrissages du Génetay, de Longchamps, de Lorleau et du Tronquay. C'est aussi dans cette zone qu'émettent les radios Olivier Courtaud (Jacot) et Gustave Colzy (Olaf). Le chef des opérations aériennes est Lucien Lanoy (Lefauve) [1]. C'est lui qui réceptionnera, le 25 février 1943, la mission Arquebuse, avec Passy en personne et l'Anglais Yeo Thomas.

Cependant, le colonel Rémy a pris conscience de la vulnérabilité de la C.N.D. et, du fait de sa rapide expansion, de la prise qu'elle offre aux traîtres et aux stipendiés de la Gestapo. En juin 1942, avant de repartir pour Londres où le B.C.R.A. le rappelle, il désigne l'un de ses adjoints, l'officier du cadre de réserve Max Petit (Poucet), pour le remplacer et, à l'initiative de celui-ci, il décide de cloisonner la Confrérie en créant un service uniquement axé sur le renseignement militaire. Dans l'esprit des deux hommes, ce nouvel organisme doit réunir toutes les sources d'informations, y compris celles émanant d'autres formations, et particulièrement de l'O.C.M. (Organisation civile et militaire) qui vient de se créer, mais qui ne dispose pas de liaisons radio avec

1. Arrêté en juin 1943 par la bande Masuy-Follot, sauvagement torturé, mort en déportation.

Londres. Ainsi va naître Centurie dont nous reparlerons plus loin.

Pour comprendre cette décision de Rémy et de Max Petit, il faut préciser qu'à cette époque les liaisons radio avec la France libre restaient le talon d'Achille des organisations résistantes, car le manque d'opérateurs et souvent d'émetteurs rendait inopérant le travail de recherche sur le terrain. En pratique, le B.C.R.A. ne trouvait en urgence d'autre solution que de faire passer par la C.N.D., déjà bien structurée et convenablement équipée en raison de son ancienneté, tous les messages provenant des différents mouvements de résistance se créant en France. Et cette mesure que tout le monde souhaitait provisoire, fut, par le fait même de l'ouverture qu'elle offrait à l'extérieur, l'une des causes du démantèlement de la Confrérie.

L'Organisation civile et militaire (O.C.M.) en Normandie

Si l'O.C.M. en tant que mouvement de résistance national prend son véritable essor au début de l'année 1942, les hommes et les groupes qui en composent l'ossature œuvrent contre l'occupant depuis l'automne 1940.

Sans développer l'historique des débuts de cette organisation – ce qui dépasserait le cadre de notre évocation régionale – rappelons-en malgré tout – parce que c'est utile à la compréhension des événements – les données de base :

Des groupuscules rassemblant des personnes en relation par leur activité professionnelle, corporative, ou intellectuelle, se rencontrent entre les mois d'août et de décembre 1940. Il y a là des gens de la Ligue de l'enseignement, dirigée par Claude Bellanger, des membres de la Confédération des Travailleurs intellectuels, à laquelle appartiennent Maxime Blocq-Mascart et le professeur des Arts et Métiers, Sainte-Lagüe, d'autres de l'Organisation des classes moyennes, dirigée par MM. Lefaurichon, grand mutilé de 14-18, et Volvey déjà fondateurs d'une chaîne d'évasion, ainsi que certains responsables de la Société des Anciens de Saumur, avec leur président M. Rouzée.

Autour de ces noyaux dont le point commun est le refus d'accepter la défaite, vont venir s'agglutiner différentes personnalités. Parmi celles-ci, un ancien membre du cabinet du général de Gaulle, sous-secrétaire d'Etat à la Guerre dans le gouvernement Reynaud, M. Aimé Jeanjean; un archiviste de la Chambre des députés, Pierre de Soulès; puis Georges et Raymonde Ricroch. Enfin, M. Lefaurichon retrouve fort opportunément un capitaine de réserve du 60e groupe de reconnaissance divisionnaire qui s'est distingué à Sedan, Jacques Arthuys, lequel a déjà créé un embryon résistant avec l'architecte Roger Souchère, le colonel Alfred Touny, et l'industriel Jean Mayer. La volonté de résister étant commune, l'entente se fait rapidement. Le siège de la nouvelle organisation se situera chez Arthuys, avenue Victor-Hugo à Paris, et le secrétariat en sera assuré par la collaboratrice de celui-ci, Véra Obolensky (Vicky), authentique princesse russe. Cette organisation ne porte pas encore de nom, elle se répertorie sous celui de « groupe de la rue Logelbach ». Ce n'est qu'après que se sera établi le contact, par Arthuys, avec le colonel Heurteaux du 2e bureau de l'Armée d'armistice, que le sigle O.C.M. va apparaître. Dès lors, se profile la structure civile avec Blocq-Mascart, Sainte-Lagüe et Ricroch, et militaire sous l'autorité du colonel Touny et du capitaine Rouzée.

L'enracinement de l'O.C.M. en Normandie s'effectue lorsque, à l'été 1942, Marcel Berthelot (Lavoisier), l'un des adjoints de Touny, prend langue avec Marcel Girard (Moreau), directeur d'une entreprise de cimenterie dont les bureaux sont implantés à Paris et au Mans, lequel dispose déjà dans l'Orne et le Calvados d'une petite formation nommée l'Armée des Volontaires. Au cœur de celle-ci on trouve toute une représentation de patriotes normands : ouvriers, employés, fonctionnaires, curés, commerçants, artisans, industriels, paysans, mais aussi des médecins, des avocats, des huissiers, des notaires, des ingénieurs, des enseignants et même un juge de paix! Depuis sa création, en janvier 1941, l'Armée des Volontaires a basé son activité sur une quête tâtonnante de renseignements et sur la diffusion de journaux clandestins – notamment *Pantagruel*. Mais ces informations collectées, même si elles parviennent au S.R. français de l'Armée d'armistice, n'arrivent que rarement ou trop tardivement à Londres pour y être exploitées. Girard en est conscient, aussi c'est avec empressement qu'il rapporte à ses amis de l'A.V. les propositions de Berthelot, car il pense que l'O.C.M. est en mesure d'assurer le suivi des renseignements glanés sur le terrain.

Voyons maintenant qui sont les amis de Girard, déjà engagés dans la lutte clandestine :

Tout d'abord dans le Calvados, l'un de ses camarades de promotion, l'ingénieur des Ponts et Chaussées Eugène Meslin ; l'avocat Léonard Gille ; l'inspecteur d'assurances Pierre Harivel ; le pépiniériste Robert Kaskoreff ; l'artisan peintre en bâtiment René Duchez ; l'employé du ravitaillement Robert Thomas, ainsi que Jean Château, André Michel, Léon Dumis et quelques autres dont les noms figurent au tableau d'honneur de la Résistance normande.

Dans l'Orne, une relation de Girard, le maire de Fontenay-sur-Orne, Robert Aubin (Jonquet), a amené à l'A.V. le directeur de l'hôpital d'Alençon, Fourmont ; le principal du collège de Domfront, Herlemont ; l'huissier Romain Darchy, de L'Aigle ; le professeur Almire Viel, de La Ferté-Macé ; le professeur Daniel Desmeulles ; les frères Jean et André Mazeline, de Flers ; le contrôleur des P.T.T. Fernand Chasseguet ; l'ingénieur électricien Ernest Voyer, de Mortagne ; Etienne Panthou, d'Argentan ; François Bouilhac, d'Alençon, et Edouard Paysant, de Sées, qui deviendra, sous le pseudo de Tinchebray, responsable des opérations aériennes.

Dans le département voisin de l'Eure, une liaison Chasseguet – André Surleau d'Evreux va permettre à l'O.C.M. d'incorporer le percepteur Baussant, Roger Balussou, de la Trésorerie générale, l'officier de réserve Louis Plommet d'Etrépagny qui, à son tour, fera homologuer sous la bannière de l'O.C.M., un groupe créé à Beuzeville par le capitaine de réserve Camille Renoult, groupe qui formera le sous-réseau Archevêque-Saturne. Même cas de figure tout près de là, à Saint-Pierre-du-Val, où le marquis de Saint-Pierre et son fils, le futur écrivain renommé, Michel, reliés au sous-réseau Vélites-Thermopyles, fondé par le maire de Brestot, Emmanuel de Robech, se retrouvent à l'O.C.M.

L'Organisation civile et militaire sera introduite en Seine-Inférieure par M. Jacquemin. Ses efforts seront surtout centrés sur la mise en place d'un actif Bureau des opérations aériennes (B.O.A.) que dirigera M. René Renault qui assurera également des caches pour l'armement parachuté sur les terrains proches de Buchy, Foucarmont, Auffay, Pavilly, Monville, Gournay et Sigy-en-Bray. Une branche de l'O.C.M. se spécialisera dans l'organisation d'une filière d'évasion pour les aviateurs alliés recueillis.

Le mouvement Ceux de la Résistance (C.D.L.R.) en terre normande

C'est avec le souci de simplifier les choses, tout en respectant l'histoire telle qu'elle fut, et dans la perspective de rendre compréhensible au lecteur profane l'épopée de la Résistance normande, que nous plaçons ce paragraphe sous le titre du mouvement Ceux de la Résistance, mais, en fait, ce réseau ne prend vie – administrativement – qu'au cours de l'hiver 1942-1943 lorsqu'un ancien membre de Combat, Jacques Lecompte-Boinet, en entreprend le montage.

Nous avons vu au début du chapitre VI que le capitaine Robert Guédon a jeté les bases d'un groupe résistant dans la Manche et le Calvados. En décembre 1940, il a rencontré à Vichy l'un de ses anciens condisciples de l'Ecole de guerre, Henri Frenay. C'est encore l'époque où un certain nombre d'officiers du S.R. français, désemparés par la défaite, ne savent pas très bien « sur quel pied danser » ! (dixit Robert Guédon). Le passage dans la « capitale de l'Etat français » de nombreux désireux d'« humer le vent » en montre toute l'ambiguïté. Il y a ceux qui rallient inconditionnellement le régime Pétain, et d'autres qui veulent croire à un double jeu du Maréchal. La tristement célèbre poignée de main de Montoire [1] en éclairera beaucoup, et, parmi ceux-là, Guédon. Lui n'est pas venu à Vichy pour cela, son siège est fait, mais il a monté une équipe de recherche de renseignements qui commence à récolter sérieusement, et il ne sait pas comment en faire profiter les Alliés. Il espère qu'un contact au S.R. lui ouvrira la voie. En fait, lorsqu'il repart pour Granville, il n'a obtenu qu'une seule chose : l'appui de Frenay pour son groupe et son ralliement au « Mouvement de Libération nationale », première dénomination de « Combat ».

1. Rencontre Pétain-Hitler du 24 octobre 1940.

Pour l'heure, il s'en contente et relance son travail de prospection avec un enthousiasme toujours aussi fringant. Son recrutement s'étoffe et s'élargit, notamment dans le Calvados. En même temps, il commence à structurer ses affiliés sur le modèle militaire en formant des sizaines et des dizaines qui, pour le moment, n'effectuent que la diffusion des journaux clandestins du M.L.N. de Frenay : *Les Petites Ailes*, *Vérité*, et *La Flamme*. Par la suite, ces sizaines se lanceront dans des opérations de sabotages en ayant déjà une certaine expérience de l'action clandestine. Le centre des groupes Robert, comme les nommeront les affiliés, se déplace alors à Caen où un inspecteur de l'Enregistrement, Pierre Bouchard [1], déjà à la tête d'une petite formation comprenant notamment Robert Thomas et André Michel [2], en assumera la responsabilité. Le ralliement de Jean Château, un cadre des Contributions directes, et de ses amis plus ou moins répertoriés dans L'Armée des Volontaires, va considérablement gonfler les effectifs car il amène quelques petites équipes existantes ou en gestation : celle de Bayeux créée par l'avoué Me Delente et l'économe de l'hôpital, M. Langlois; celle d'Argences placée sous les directives du docteur Derrien et de M. Spitzer; celle de Vassy où le notaire Me Bâtard a rassemblé le mécanicien Joseph Requeut, son neveu Gérard Tafflet, le cultivateur Camille Voivenel, Henri Vivien, MM. Souard et Olivier; celle de Condé-sur-Noireau animée par le libraire Loiselet, l'industriel M. Dedeyster, Jacques Bertoux et dont font partie MM. Pierre Le Mouton, Albert Pétron, Eugène Hergault, Louis Canton, Fernand Dujardin, le docteur Lemière, l'abbé Charles Sébir, les frères Dissler, Samuel Frémont, Marcel Leplanquois, Fernand Piel, et Marcel Lebailly; enfin celles des secteurs de Luc-sur-Mer, Caumont-l'Eventé, Falaise, qui regroupent une trentaine d'affiliés sous la direction du docteur Susthendal, de MM. Piron, Rabial et Lenevey.

En novembre 1941, l'arrestation d'un agent de liaison provoque celles de MM. Renard, Dugardin, A. Michel, et de M. et Mme Prunier. Les trois premiers seront fusillés, les

1. Arrêté le 16 décembre 1943, il mourra en déportation à Gusen, commando du camp de Mauthausen, le 14 juillet 1944.
2. Déjà cités plus haut dans la structure de l'O.C.M.

autres déportés. Bouchard devenu « Malherbe », réorganise ses effectifs, puis entre en contact lors d'un voyage à Paris avec Lecompte-Boinet.

Au printemps de 1942, il rallie avec tous ses groupes le mouvement Ceux de la Résistance. En fin d'été, plusieurs personnalités rejoignent les rangs normands de C.D.L.R. : le colonel Gaston Corbasson, contrôleur du ravitaillement ; l'officier de marine Pierre Comby (Boileau) ; Emmanuel Robineau (Riquet) et Antoine Linger (Dôme). La structure se poursuit avec la création de boîtes à lettres, d'agents volants, et le recrutement d'un chauffeur du journal régional *L'Ouest-Eclair*, Robert Castel, qui va d'abord transporter la presse clandestine puis des armes [1]. Ces armes que deux parachutages viennent de larguer près de Condé-sur-Noireau et de Saint-Pierre-sur-Dives sont entreposées à l'abbaye d'Ardennes, à Saint-Germain-la-Blanche-Herbe, propriété de Mme Vico, dont les enfants, Jacques et Jacqueline, appartiennent déjà à la Résistance dans des formations différentes [2], tandis que leur père s'active dans l'établissement de faux papiers pour les clandestins depuis la mairie de la commune dont il assume la charge de maire.

Cependant, sous l'impulsion d'un dirigeant national avec lequel il demeure en liaison permanente, Pierre Arrighi, Bouchard s'efforce de nouer des liens avec l'O.C.M. afin d'unifier la Résistance calvadosienne.

A la fin de l'année 1942, il parvient à ses fins en se trouvant en rapport avec Pierre Harivel (Belhache) l'un des fédérateurs de l'O.C.M., puis, par lui, avec Meslin (Morvain) et Duchez (François). Désormais les formations de l'A.V. et de C.D.L.R. se trouvent incorporées dans le grand mouvement national du colonel Touny et de Berthelot, sous l'autorité de son représentant régional Girard (Moreau).

Et, cinquante ans après, bien des survivants mêlent dans leurs souvenirs les deux organisations, au point de ne plus exactement savoir à laquelle ils ont adhéré en premier ! Parfois même, ils ne parviennent plus à reconstituer leur itinéraire personnel dans ce monde clandestin. C'est vrai qu'à

1. Il trouvera la mort dans la bataille de Caen, en juillet 1944.
2. Pour le premier, A.V. puis O.C.M. ; pour la seconde : le réseau Arc-en-Ciel dont plusieurs membres pisteront et abattront l'agent français de la Gestapo de Caen : Lucien Brière (Voir *L'Affaire Brière*, de Thierry Leprévost, aux Editions Heimdal.

l'époque cela ne faisait pas partie de leurs soucis dominants ! Ils luttaient en risquant leur vie à chaque pas sans se préoccuper vraiment de leur affiliation. Chacun d'entre eux ne connaissait qu'un chef, et au plus deux ou trois compagnons de route, peu leur importait de savoir qui tenait les rênes en haut lieu. Leur seule certitude reposait sur la nécessité de combattre par tous les moyens contre l'oppression. Beaucoup évoquent tour à tour les groupes Robert, le M.L.N., Combat, L'Armée des Volontaires, C.D.L.R., l'O.C.M. ; un seul souvenir leur reste – et c'est sûrement le plus exaltant – avoir été de ceux qui luttèrent pour reconquérir la Liberté.

Ceux de la Libération (C.D.L.L.) et Vengeance

Le mouvement C.D.L.L. a été créé à l'été 1940 par un aviateur, Maurice Ripoche [1], qui éprouva bien des difficultés pour bâtir son organisation. Il y parvint lorsqu'il rencontra l'avocat André Mutter qui lui fit connaître le chef de laboratoire de l'Hôtel-Dieu à Paris, Roger Coquoin. Celui-ci se trouvait déjà en rapport avec le lieutenant Georges Wauters, de Troyes, fondateur d'un groupe dans l'Aube, ainsi qu'avec quelques autres volontaires pour la lutte contre l'occupant : MM. Masson, Pascal, Ballet, Villain et Dufriche. Par Wauters, le mouvement établit le contact avec le réseau Hector du colonel Heurteaux [2] que l'on retrouve décidément partout dans les embryons de formations, et c'est avec les premiers membres de ce réseau qu'il va s'implanter en Normandie.

Il émerge d'abord dans le Vexin, puis à Evreux où Bernard Lauvray (fils du sénateur Léon Lauvray qui s'abstint de voter les pleins pouvoirs à Pétain) va lui insuffler une vitalité efficiente. Les ramifications d'Hector permettent à C.D.L.L. de regrouper différents affiliés de ce réseau : une postière de Vernon, Mme Marcelle Fournier, ainsi que l'entrepreneur Caffiaux ; à Ivry-la-Bataille le chirurgien-

1. Maurice Ripoche, arrêté en octobre 1942, détenu enchaîné à la prison de Düsseldorf, sera décapité à Cologne, en juillet 1944.
2. Rappelons que le colonel Heurteaux relevait du S.R. Air du colonel Ronin, 2e bureau.

dentiste Georges, le pharmacien Arnal; à Evreux, l'instituteur Rochereuil présente à Lauvray le gérant d'épicerie Philippe (Barnabé) lequel ne tardera pas en raison de son dynamisme et de son sens de l'organisation à assumer la responsabilité du mouvement dans le département de l'Eure. Bernard Lauvray [1] devenu Narcisse développe alors le champ d'action du C.D.L.L. hors des limites départementales en créant des antennes en Seine-et-Oise, en Seine-Inférieure, et dans l'Orne, notamment à Bonnières, Houdan et Longnes; à Argueil et La Feuillie; à Trun, Courtomer et Moulins-la-Marche.

En mars 1942, Henri Duvillard qui s'efforce de mettre sur pied en Normandie un maillon du mouvement Vengeance, créé à Paris par Louis Pascano avec des gardes républicains de la caserne Tournon, et les docteurs Vic-Dupont et Wetterwald, est dirigé sur... Narcisse. L'entente se réalise pour une coopération des deux réseaux sur le plan régional. Avec l'accord des autres responsables de sa formation, Bernard Lauvray engage donc C.D.L.L. aux côtés de Vengeance, provoquant ainsi une nouvelle appellation du mouvement qui devient, pour désigner l'ensemble, C.L.V. (Ceux de la Libération-Vengeance). Cette fusion locale va être ratifiée au plan national par Maurice Ripoche, Pascano et Vic-Dupont pour aboutir à son homologation par le B.C.R.A., à Londres. Suivant les souhaits de Duvillard va naître le réseau spécifique de renseignements de C.V.L. sous le nom de « Turma » et auquel se rallieront plusieurs maillons informatifs provenant d'autres mouvements ou formations régionales, comme par exemple Manipule, apparue à Lisieux et Trouville, sous l'égide de Xavier de Maistre, de Roland Bloch, du docteur Hautechaud de Fervaques, d'Henri Dobert, bientôt renforcée par Paul Besson, MM. Martin et Delavoie. Des antennes de réseaux ne disposant pas encore de filières de transmissions pour communiquer leurs informations les font graviter par Turma. On retrouve là le problème identique à celui déjà évoqué à propos de la C.N.D. : le manque de liaisons radio impose au B.C.R.A. d'utiliser les opérateurs d'autres formations. C'est un danger permanent pour tous, car le cloisonnement

1. Bernard Lauvray, dénoncé, fut arrêté le 15 janvier 1944. Mort en déportation.

n'existe pratiquement plus, et, avec lui, disparaît le facteur essentiel de sécurité. Mais pour l'heure, l'objectif reste de faire passer à Londres dans les meilleurs délais le maximum d'éléments recueillis sur le potentiel militaire allemand et sur ses infrastructures défensives. C'est la raison pour laquelle Turma passera les messages des sous-réseaux : Arc-en-Ciel, Marie-Odile, Libre-Patrie, Les Deux Léopards, et Archevêque.

Malheureusement, cette ouverture sera fatale à Turma, car certains des groupes sont infiltrés par des agents de la Gestapo. L'année 1943 débutera par des vagues d'arrestations qui se poursuivront durant plusieurs mois.

Le mouvement Résistance fait tache d'huile dans l'Eure

Le mouvement doit son nom au premier journal clandestin qui apparut à Paris, puis dans quelques départements de la zone nord dès octobre 1940 [1]. Conçu, réalisé et diffusé par le réseau du « Musée de l'Homme », fondé en juillet 1940 par un groupe d'intellectuels et d'anciens officiers d'active : les colonels Hauet, de la Rochère, l'ethnologue Boris Vildé, le professeur Paul Rivet, et plusieurs cadres du musée de l'Homme parmi lesquels : Germaine Tillion, Anatole Lewitzki, Yvonne Oddon, Agnès Humbert, Jacqueline Bordelet, Jean-Paul Carrier. Bientôt, cette modeste équipe sera rejointe par l'avocat André Weil-Curiel, son confrère Léon-Maurice Nordmann, et les membres du cercle « Les Amis d'Alain-Fournier » : Claude Aveline, Jean Cassou, Jean Paulhan, Simone Martin-Chauffier. C'est alors que ce groupe de patriotes décide de donner à son mouvement le nom bien évidemment symbolique en cette période de la fin 1940 du journal qui les a rassemblés : *Résistance*.

Dans le même temps, un autre cercle de personnalités de l'enseignement, des Arts et des Lettres s'est constitué sous le nom de « Maintenir ». On y trouve Me Jubineau, François de Lescure, Claude Bellanger, Emilien Amaury, Jean Jandel, pour n'en citer que quelques-uns. Les deux avocats, Me Weil-Curiel et Me Jubineau, décident alors de fusionner

1. *Résistance* parut d'abord sous forme de tract avant d'être imprimé sur trois pages, début décembre.

ces deux formations naissantes. Avec beaucoup d'enthousiasme, qui tranche sur la morosité ambiante due à la défaite et à l'Occupation, le mouvement Résistance se livre à une fabrication de tracts qui sont le plus souvent éparpillés par les auteurs dans les rames du métro et sur les marchés. En janvier 1941, le recrutement dans les mêmes milieux a amené quelques volontaires, mais il faut bien dire que les créateurs obtiennent plus souvent des refus ou des réponses évasives que des réactions spontanées; l'avenir n'apparaît guère favorable aux Résistants ou aux rares partisans du général de Gaulle. Les Allemands dominent l'Europe à l'ouest, les Italiens au sud, et les Soviétiques, toujours alliés du Reich à cette époque, contrôlent un bon tiers de la Pologne, provisoirement rattaché au vaste empire de l'U.R.S.S. Quant aux Britanniques leur sort paraît déjà réglé malgré leur relatif succès dans la Bataille d'Angleterre. Dans cette conjoncture démoralisante pour beaucoup de gens, on peut comprendre les hésitations à affronter des risques qui, eux, demeurent bien réels. C'est d'ailleurs ce que proclament la presse de Vichy et les officines de propagande du Maréchal. Malgré tout, le mouvement « Résistance » poursuit son petit bonhomme de chemin.

Plus pour très longtemps pour certains de ses membres car le groupe du « Musée de l'Homme » est décimé en février-mars par une vague d'arrestations dues au traître Gaveau. Devant le danger qui rôde autour de lui, le mouvement Résistance porte alors ses efforts sur une décentralisation vers la province, d'abord en zone sud à Sète, Toulouse et Lyon où Vildé et Rivet l'implantent, puis en zone nord grâce à Mme Levreux, agent de liaison, dont l'activité va permettre la création de noyaux à Vernon et à Evreux dans l'Eure, à Dieppe, Rouen et au Havre en Seine-Inférieure, puis au Mans et à Connerré dans la Sarthe. L'activité des affiliés reste cantonnée à la diffusion de tracts et du journal qui, plus ou moins régulièrement, leur parvient.

En Normandie, « Résistance » demeure discret, bien qu'un énorme travail souterrain soit accompli pour lui donner une dimension plus éclatante. Le mouvement va surtout sortir de son cocon en décembre 1942 lorsqu'il reçoit le ralliement d'un industriel fromager de la vallée de la Calonne, Gaétan Lesage, lequel ne tardera pas à lui amener Robert

Leblanc, un modeste commerçant de Saint-Etienne-l'Allier dans l'Eure, près de Pont-Audemer, qui vient de créer le maquis Surcouf dont nous reparlerons plus loin dans le chapitre évoquant les maquis normands. Cet apport donne à « Résistance » le coup de fouet régional qui lui avait fait défaut jusqu'alors, non seulement en raison de l'importance de l'effectif fourni, mais aussi par l'impact ainsi créé dont les ondes de résonance se font sentir dans tout le département. C'est d'ailleurs en fonction de cet impact que le mouvement va bénéficier, au printemps de 1943, de l'adhésion massive de différents groupes locaux rameutés par un dissident du Front national, André Antoine, qui vient de rompre, non sans éclat, avec l'organisation du F.N. en se plaignant de l'emprise communiste qu'il subit. En réalité, les faits montreront qu'à la base de cette querelle il y eut surtout, d'une part une certaine désinvolture d'Antoine envers la sacro-sainte discipline exigée par les instances du Front national, puis, de l'autre, des jalousies de personnes dans le commandement départemental. Le patriotisme des uns et des autres et leur courage ne furent, fort heureusement, jamais mis en cause, mais cette scission allait provoquer une division qui ne fit que s'exacerber au fil des mois. Elle faillit même mettre en échec l'unité des forces clandestines patiemment tissée par le chef départemental des F.F.I., le commandant Marcel Baudot. La raison l'emporta, et les formations résistantes de l'Eure abordèrent les combats du débarquement et de la bataille soudées et en bon ordre.

Revenons au mois de juillet 1943 au cours duquel le mouvement « Résistance » prend de l'ampleur en Normandie avec la naissance du Comité militaire dont le général de corps d'armée Hanote assure le commandement. Cette création amène le ralliement des corps francs d'Alençon d'Emile Janvier, de Rouen sous la direction de Lanfry, du Havre avec Huet, et d'Evreux avec Feugère. Ces formations paramilitaires, comme plusieurs autres, ont pour mission d'assurer la sécurité des terrains de parachutages et de leurs bureaux des Opérations aériennes (B.O.A.) créés en mars 1943 par le B.C.R.A. et dont la responsabilité est confiée à un homme d'une grande compétence et d'un dévouement inlassable, Edouard Paysant (Tinchebray), de Sées, dans l'Orne.

Le B.O.A. en Normandie – Apparition de l'O.R.A.

Jusqu'au mois de février 1943 la réception des parachutages et l'accueil des atterrissages de Lysanders sont assurés par les formations résistantes. Chacune opérant dans son coin, il s'ensuit une certaine anarchie pour l'organisation des opérations et leur suivi logistique.

A Londres, le colonel Passy a déjà envisagé de planifier les missions aériennes. C'est à cette même conclusion qu'est arrivé Jean Moulin avant de repartir pour l'Angleterre, le 13 février. Au siège du B.C.R.A., la décision est prise de créer un organisme spécifique, indépendant des mouvements mais travaillant en coordination avec eux, destiné à régir tout le système des liaisons par air, ce qui englobera la recherche des terrains, les contacts radio avec le service londonien, la formation et la mise à disposition d'équipes spécialisées dans la sécurité, le balisage, et l'évacuation des personnes – ou leur départ – ainsi que la prise en charge des containers.

Revenu en France dans la nuit du 21 au 22 mars [1], Jean Moulin s'efforce aussitôt de constituer l'ossature de l'organisation prévue, qu'il confie à un officier du B.C.R.A. déjà sur place, l'enseigne de vaisseau Jean Ayral (Pal). Il ne faut que peu de temps à celui-ci pour proposer un découpage de la zone nord en quatre blocs : Centre, Est, Ouest, Nord. Au mois de mai, une nouvelle structure place la Seine-Inférieure dans le secteur Nord, tandis que l'Orne, le Calvados et l'Eure demeurent rattachés au bloc Ouest sous les ordres de Paul Schmidt (Kim). Le département de la Manche, en raison de la proximité de ses côtes hérissées de D.C.A., ne possède pas de terrains homologués.

En août, des subdivisions doivent être créées pour répondre à l'intensité des échanges. Le bloc Ouest se trouve scindé en régions désignées par une lettre. Le Calvados, l'Orne et l'Eure dépendent de la région M ; la Seine-Inférieure reste incluse dans le bloc Nord où elle relève de la région A. Le bloc Ouest est placé sous la responsabilité d'un

1. C'est au cours de ce séjour en Angleterre que Jean Moulin recevra des mains du général de Gaulle la croix de la Libération qui le fait compagnon de cet ordre.

arrivé de fraîche date (à la lune d'août), Jean-François Clouet des Pesruches (Galilée).

Le département qui dispose du plus grand nombre de terrains reconnus est celui de l'Orne, dont l'organisation et la gestion ont été confiées à Edouard Paysant (Tinchebray) qui assure un énorme travail de planification et de répartition. Cette activité débordante ne passe pas inaperçue des traîtres et des valets de la Gestapo. Faute de pouvoir intercepter Paysant, les Allemands arrêtent sa femme et sa fille. Encore sous le choc de cette mauvaise nouvelle, il reçoit de Galilée l'ordre de quitter son secteur avec une affectation en région A. Sous les directives du responsable de cette région, Jean-Pierre Deshayes (Amiral), il prend en charge les opérations de parachutages, lui laissant celles des atterrissages.

Fin septembre, un nouveau découpage intervient en zone M; celle-ci devenant un secteur sensible en fonction des plans alliés. De plus, son importance – c'est la région la plus étendue et la plus fournie en départements – nécessite une redistribution mieux équilibrée. Dans l'Orne qui dispose de quatorze terrains homologués, la tâche du responsable du B.O.A. régional se révèle écrasante. Edouard Paysant a été remplacé par M. Gros (Granvalet) qui lui-même sera remplacé, après son arrestation en mai 1944, par M. Croisé (Janvier) mais des rafales de rafles effectuées par la Gestapo obligeront les chefs du B.O.A. ornais à s'appuyer de plus en plus sur les corps francs des mouvements, puis sur les nombreux maquis en plein essor dans les massifs forestiers. Cette intense activité des opérations aériennes amène les services nazis et leurs suppôts français à multiplier leurs interventions qui iront crescendo pour aboutir aux razzias de mai-juin 1944 qui ébranleront sérieusement la Résistance ornaise. Mais, en octobre 1943, la machine du B.O.A. tourne à plein rendement dans le département. La structure de stockage et de répartition des armes est placée sous la responsabilité d'un garagiste de Chartres, Emile Gangnon (Legrand) pour l'Eure-et-Loir, l'Eure, l'Orne, le Calvados et le nord-ouest de la Mayenne. Ses adjoints sont : Philippe (Barnabé) à Evreux, Robert Bernier (Bob), de Flers, et Kaskoreff (Birien) dans le Calvados.

Second département en flèche dans les réceptions par air, celui de la Seine-Inférieure a été bizarrement rattaché à la région A avec la Somme, l'Aisne, le Pas-de-Calais et le Nord. Ainsi que nous l'avons précisé plus haut, c'est à Edouard Paysant qu'échoit la tâche d'organiser et de répartir les parachutages. Sur les treize terrains homologués, onze bénéficient de largages, notamment ceux des Houis, de Buchy, de Gournay-en-Bray, et de Pavilly. Les containers sont entreposés au garage Philippon de Rouen, chez Maurice Marie à Yvetot, dans le local des Eaux et Forêts, boulevard des Belges, à Rouen, en Forêt Verte et en forêt de La Londe.

Après le repli, d'abord dans le Pas-de-Calais puis en Bretagne, d'Edouard Paysant (qui trouvera la mort au combat dans les Côtes-du-Nord en juin 1944), l'organisation des parachutages en Seine-Inférieure a été confiée à René Renault qui met en place une dizaine d'équipes dans les secteurs de Gournay-en-Bray, Sigy-en-Bray, Buchy, Saint-Saëns, Pavilly, Foucarmont, Yvetot, Auffay et Lillebonne. Les réceptions se font surtout au bénéfice de l'O.R.A. (Organisation résistante de l'armée) qui perce en Normandie au printemps de 1943. L'O.R.A. dont les fondateurs appartenaient à l'Armée d'armistice, s'appuie surtout dans la province sur les cadres et le personnel des Eaux et Forêts. Son implantation la plus dense et ses formations les plus combatives se développent en Seine-Inférieure sous le commandement du capitaine Multrier et du commandant Folliot, dont les adjoints – Jean Valognes, Jean Wadier, René Phélipeau, Rémy Bonnot, Raymond Liorel, Roger Thuret, Hugues Fanfani, Robert Perotte, Paul d'Arcier, et Peyrot des Gâchons – constituent de très belles formations de combattants dans les massifs forestiers de Roumare, de La Londe, d'Eawy, de Lyons, de Mauny, de Rouvray et en Forêt Verte. A la charnière des deux départements, Seine-Inférieure et Eure, le conservateur des Eaux et Forêts M. de la Croix-Vaubois a recruté de vaillants agents ainsi que des jeunes gens enrôlés dans les Chantiers de jeunesse, instaurés par le gouvernement de Vichy. La responsabilité de ces groupes est confiée au capitaine Roger Thuret qui va en faire d'actives sizaines. De son côté, l'inspecteur régional de l'O.R.A., le colonel Trutat, a étendu le mouvement dans le Calvados sous l'égide du colonel Perret, dans l'Orne avec le commandant Grenier, et dans l'Eure avec le lieutenant

Mahieu. C'est ce dernier, déjà engagé dans la Résistance départementale, qui obtient la liaison avec les autres formations dont le commandant Marcel Baudot (Breteuil), infatigable rassembleur, a unifié les directions.

L'unité d'action entre les forces de l'O.R.A. et les autres mouvements de résistance ne sera que très limitée en raison de l'hostilité permanente de la plupart des officiers d'active à l'égard de la France libre et du général de Gaulle dont la condamnation à mort avait été prononcée par le général Frère, président du tribunal militaire avant d'être cofondateur de l'O.R.A. D'autre part, l'anticommunisme virulent des cadres de cette formation, toujours fortement influencés par celui de Pétain et des généraux de Vichy, fera souvent obstacle à un rapprochement avec le Front national et ses F.T.P.F. De leur côté, ceux-ci reprochent alors aux gradés de l'O.R.A. leur attitude ambiguë vis-à-vis du pouvoir collaborateur dont les responsables militaires Darlan, Auphan, Bridoux, et consorts, s'affirment les serviles zélateurs des Allemands. Néanmoins, dans l'Eure et en Seine-Inférieure particulièrement, les groupes de l'O.R.A., sous les effets de la discrète autant qu'intelligente diplomatie du commandant Baudot-Breteuil, travailleront remarquablement en bonne harmonie avec les autres forces de la Résistance.

L'implantation du Front national et de ses F.T.P.F.

Le placement du Front national en fin de ce chapitre consacré aux mouvements de Résistance ne correspond pas à un ordre chronologique ou de grandeur numérique, mais au fait que ses racines sont déjà apparues dans ce récit au cours des paragraphes évoquant la participation des communistes à la Résistance normande.

Avant toute chose, il faut d'abord préciser que le Front national n'a pas regroupé que des communistes ; on trouve en effet dans ses instances créatrices, tant sur le plan national que régional, des personnes ne partageant pas cette idéologie. Parmi ses membres fondateurs, on relève les noms de personnalités d'obédiences diverses, ainsi le révérend père Riquet, le socialiste Joliot-Curie, le chrétien-démocrate Georges Bidault, le radical Justin Godard, le parlementaire de droite Louis Marin, et même un évêque, Mgr Chevrot.

Dans l'Eure, par exemple, les responsables du Front national sont au départ : un curé, l'abbé Paul Lefrançois, et deux « modérés », l'architecte Lucien Delaunay et le commerçant Marcel Leclerc. Dans le Calvados, le professeur d'histoire à la faculté Michel de Boüard, Jacques Gorvel et André Louvel qui forment les groupes du F.N. n'appartiennent pas au parti communiste. Si en Seine-Inférieure la direction est aux mains de militants, lesquels sont également très majoritaires dans les sections de combat, le département de l'Orne – le plus pauvre en effectifs – apparaît très partagé dans ses instances dirigeantes où, à côté de notabilités étrangères au P.C., figurent des éléments chevronnés de la lutte ouvrière tels que Paul Saniez, Jean Soubabère, et Letellier.

Sur le terrain, le Front national n'hésite pas à recruter et promouvoir des volontaires sans opinions arrêtées, voire idéologiquement opposés à la doctrine communiste. Cette ligne de conduite est abondamment proclamée dans tous les journaux clandestins qu'il publie. Interrogeant en 1984 un élu local gaulliste qui effectua toute sa carrière clandestine dans les rangs du Front national et des F.T.P.F. sur les raisons de ce choix, il nous répondit avec véhémence :

– Un choix ! mais nous n'avions pas à choisir ! nous allions naturellement vers ceux que nous savions engagés dans le combat contre l'occupant. Et, croyez-moi, ils n'étaient pas si nombreux en mai 1942 qu'en août 1944 ! Comme beaucoup de mes jeunes camarades de l'époque, je désirais surtout « faire quelque chose contre les Boches » et il se trouve, et je m'en suis bien trouvé, que c'était justement ce que faisait le Front national et ses F.T.P.F. sur le terrain. Je n'ignore pas que cette forme de résistance combattante n'était pas celle prônée par les chefs de la France libre qui conseillaient alors d'attendre le « Grand Jour ». Désolé, mais ce n'était pas mon avis. Pour moi, nous faisions la guerre, un dépôt de munitions plastiqué, un train de matériel ou de troufions allemands déraillé, une patrouille mitraillée, c'était autant qui échappait à l'économie de guerre de l'ennemi. Je sais ! il y avait les représailles et des victimes innocentes, mais les morts sous les bombardements, les civils pris sous les obus près du front, les femmes et les enfants de Dresde, les populations déportées, étaient-ils coupables ? Non, la tactique du Front national était la seule valable à cette époque, ce n'est pas elle qu'on peut mettre en cause, mais celle des boutefeux qui allumèrent les mèches du conflit. Aujourd'hui, je pense toujours que c'était un bon choix, et je ne renie rien de ce que j'ai fait ! Mes amis politiques pour la plupart pensent différemment, libre à eux, mais bien peu ont connu, à plus forte raison partagé, les malheurs de cette période de notre histoire, alors ils parlent en théoriciens, leur langage sera toujours différent du mien [1] !

Ce témoignage extrêmement intéressant pour apprécier les motivations des affiliés du Front national, a souvent été repris par des « mémorialistes » sans faire référence à ses sources. Certains l'ont même parfois déformé en le tronquant, c'est pourquoi nous avons voulu en faire la citation exacte.

La plus forte implantation du Front national en Normandie se situe en Seine-Inférieure en raison de ses agglomérations urbaines : Rouen, Le Havre, Elbeuf, Dieppe, et leurs banlieues ouvrières. Parmi celles-ci, les clandestins du F.N. se meuvent facilement et trouvent un terrain favorable à leur propagande et à leur recrutement. Ce n'est pas un hasard si les opérations de sabotages les plus importantes et les attaques de convois les plus hardies se passent à proximité de ces centres. L'action effectuée, les clandestins trouvent toujours un refuge dans ce milieu solidaire.

Avec la formation en 1942 de 11 compagnies et de 4 groupes francs F.T.P.F., le Front national dispose dans ce département d'une force d'intervention non négligeable, et encore l'armement laisse à désirer. Fidèle à sa tactique, il peut ainsi renforcer ses actions de harcèlement. Certes, il subit des pertes, mais beaucoup moins en proportion des forces alignées et du nombre d'opérations réalisées que les autres formations résistantes moins cloisonnées et donc plus perméables aux infiltrations d'agents de la Gestapo.

1. Entretien enregistré, le 18 juin 1984, entre l'auteur et M. Paul Lemonnier dans les studios de Radio-France Normandie, lors d'un débat sur le quarantième anniversaire du débarquement. (Citation déposée, reproduction interdite sans autorisation de l'auteur.)

Au 1er juin 1944, l'effectif des F.T.P.F. dépassera les 2 000 hommes en Seine-Inférieure, il n'aura eu à déplorer entre janvier 1943 et le 6 juin 1944 que (si l'on peut user de ce pronom relatif en pareille circonstance) moins d'une cinquantaine d'arrestations, mais par contre 72 morts au combat ou dans les suites des combats.

Second département où le F.N. apparaît performant, celui du Calvados. Avant même que le mouvement y soit représenté, les anciens militants du parti communiste sont montés en ligne en ordre dispersé, ainsi qu'on l'a vu dans le chapitre VI. Bien des actions ont déjà été menées, certaines comme les sabotages d'Airan, en avril et mai 1942, connaissent un double retentissement, d'abord par les représailles qu'elles suscitent, ensuite par l'exaltation qui se fait jour dans les milieux populaires devant les pertes sévères subies par l'occupant. Cet emballement, qui débouche sur une vague d'engagements au sein de l'organisation clandestine, amène de l'eau au moulin des dirigeants du F.N. qui proclament que les interventions de ce type mobilisent et aiguisent l'esprit de résistance.

Pour le département de la Manche, c'est principalement autour de Cherbourg que le Front national connaît sa plus forte activité sous l'impulsion d'André Defrance, d'André Colas, d'Auguste Le Men et de Gustave Jurczyszyn. Les équipes qu'ils ont formées vont multiplier les interventions à l'encontre des installations allemandes, mais une vague d'arrestations, due à l'imprudence d'un jeune employé de l'Arsenal, touche gravement l'ossature régionale en février 1942. Roger Bastion, venu du Calvados pour remplacer Defrance muté dans l'Oise, Louis Canton, son successeur à Caen, l'interrégional Henri Messager, Achille et Jules Mesnil, Marcel Ledanois, Mme Marie Lesage, sont appréhendés. La réorganisation place aux commandes départementales Alfred Bizet, Joseph Lemaire, et Gustave Jurczyszyn qui intensifient le recrutement.

Plus au sud, le groupe de Saint-Pair, que nous avons déjà évoqué au chapitre VI, s'est renforcé sous la responsabilité de Victor Francolon, de l'instituteur Charles Pinson, et de Michel Thomann. Il procède à plusieurs coups de main sur des entrepôts allemands. A Sourdeval, Jules Lanssade et Jacques Bazin montent une section, tandis que, dans la région de Villedieu, Roger Le Cann et Robert Storez reçoivent la mission de procurer des hébergements aux camarades pourchassés. Le nombre et l'importance des actions menées contre les forces allemandes dans le département provoquent de violentes réactions de leur police. Les mois de juillet, d'août et d'octobre 1942 restent les plus noirs pour le F.N. de la Manche. Arrestations et exécutions vont se succéder. Les instances du mouvement sauront en tirer les conclusions : cloisonnement irrégulier et terrain aisé à quadriller ont été à la base de l'hécatombe. La nomination de Robert Colléatte comme chef départemental sera la première mesure prise pour redresser la situation, la seconde sera l'envoi de responsables interrégionaux, Auguste Delaune, Edouard Demuin, et Yvonne Dissoubray.

CHAPITRE VIII

La Résistance au jour le jour

Réseaux britanniques en Normandie

Si l'on se base sur les archives, vingt-quatre réseaux d'origine britannique opérèrent en Normandie. En fait, il s'agit de ceux recensés à l'occasion d'actions précises, mais dont l'existence fut plus ou moins éphémère sur le sol normand, car l'interpénétration a souvent abouti à l'homologation de groupes déjà répertoriés dans d'autres formations. Tel est le cas des différentes équipes relevant des réseaux Prosper, Carte et Scientist notamment. Ainsi, celles de Physician, de Juggler, de Salesman et quelques autres agissaient pour Prosper, tandis que Butler, Donkeyman, Farmer, Headmaster gravitaient autour de Carte. Mais même entre ce que l'on peut appeler les « têtes de réseaux », on trouve des interférences et des imbrications dues au problème crucial des liaisons radio. Plusieurs exemples montrent qu'en certaines périodes un même émetteur fut utilisé pour différents groupes, y compris parfois ceux de la France libre.

Si en haut lieu cela ne fut pas toujours bien compris ni admis, il faut se souvenir que, sur le terrain, les opérateurs-radio furent les gens les plus pourchassés et traqués par les services allemands : Abwehr et Gestapo. Ceux-ci avaient tout de suite saisi que la capture d'un opérateur se révélait désastreuse pour une formation résistante qu'elle privait d'ordres et de liaisons, et que, dans cinquante pour cent des cas, il devenait possible « d'utiliser » l'opérateur ou de s'en faire remettre les signaux de passe *(Security-check)*. Or les réseaux britanniques étaient évidemment les mieux lotis en matière d'émetteurs, rien d'étonnant donc s'ils payèrent un lourd tribut dans cette guerre du renseignement.

Dès le mois de juillet 1940, les 5ᵉ et 6ᵉ sections de la Military Intelligence (plus connues sous les abréviations de M.I.-5 et de M.I.-6) se trouvèrent dans l'obligation de rechercher dans les départements côtiers français faisant face à la Grande-Bretagne toutes les informations possibles sur le plan allemand Lion de mer *(Seelöwe)* qui prévoyait l'attaque terrestre et maritime de l'Angleterre. Nous avons noté précédemment [1] que la mission Saint-Jacques, de la France libre, bénéficia de l'aide de l'I.S., de même que les premiers agents envoyés sur le sol français par le colonel Passy. Mais, rapidement, les Britanniques voulurent posséder des réseaux autonomes, non seulement en France mais dans tous les pays occupés.

En juillet 1940, trois sections de l'I.S. sont détachées pour former un nouveau service : le service des Opérations Exécutives, plus commodément nommé : S.O.E., dont le but est de se livrer à des programmes de subversion, de sabotages, et de propagande dans les territoires envahis par les Allemands. Des subdivisions se mettent progressivement en place pour traiter séparément chacun des pays concernés. Ainsi naît la French Section dirigée par le colonel Buckmaster [2] qui a longtemps vécu en France, d'abord comme journaliste, puis en tant que manager à la société Ford-France.

Les agents instruits par la French Section doivent parler impeccablement la langue française ou... tout bonnement être Français, étant impérativement entendu qu'ils ne relèvent que du service britannique. C'est dans ces conditions que Pierre de Vomécourt, qui a effectué ses études en Grande-Bretagne, va être, le 11 mai 1941, l'un des premiers agents du S.O.E. parachuté en France près de Châteauroux [3]. Il montera son réseau nommé « Autogiro » dont on retrouvera plus tard les traces en Normandie.

En juillet 1941, deux autres agents sont largués *blind* [4] près d'Avranches. Il s'agit de Burdeyron et de Xavier qui sera

1. Voir chapitre V.
2. Sous les ordres du général Colin Gubbins, il prend la suite du commandant Mariott, puis de Thomas Cadett.
3. Après Georges Bégué (Noble).
4. « Blind » : à l'aveuglette.

arrêté peu après pour des raisons n'ayant rien à voir avec la lutte clandestine. Demeuré seul, Burdeyron tente de remplir sa mission : relever les plans de la base aérienne de Caen-Carpiquet, et en étudier les installations et les défenses. Fin août, il est parvenu à ses fins grâce à la complicité d'amis cultivateurs qui lui avaient été recommandés, mais se trouve bien en peine de faire passer en Angleterre le résultat de ses recherches, puisque son opérateur-radio a disparu. C'est alors que, par un hasard extraordinaire, « une chance aussi insolente que suspecte », dira-t-il, il rencontre à Caen à la terrasse de la brasserie Chandivert, boulevard Saint-Pierre... Pierre de Vomécourt, son camarade d'entraînement à Wanborough ! Si de Vomécourt se trouve dans le chef-lieu du Calvados, c'est qu'il s'y démène pour structurer Autogiro dont la foudroyante expansion se trouvera stoppée plus tard en raison de ses liaisons avec le réseau Interallié miné par la trahison de Mathilde Carré (la Chatte) et dont Vomécourt fera également les frais.

On va noter, en 1942, différentes apparitions d'antennes du S.O.E., mais aucune ne s'accrochera sur place, leur but n'étant que d'aider à des opérations ponctuelles. Il faudra attendre la fin de l'année pour voir arriver sur le terrain du Génetay à Longchamps, aux limites de l'Eure et de la Seine-Inférieure, le lieutenant Charles Agazarian (Marcel). Avec lui, c'est le plus important réseau du S.O.E., le controversé réseau Prosper, qui met le pied en Normandie, car Agazarian va établir le contact avec le groupe de Versainville, près de Falaise, créé par le comte de La Rochefoucauld et les frères Cauchy. Prosper, l'œuvre du major Francis-Alfred Suttil, va entraîner l'équipe de Falaise dans sa dangereuse et imprudente aventure.

Nous n'allons pas retracer ici les pérégrinations des nombreux membres des réseaux Prosper, et de ses sous-réseaux implantés en Normandie – Juggler, Satirist, Monkeypuzzle, Physician et Bricklayer –, ni développer leur efficace activité dans le domaine des sabotages et du renseignement, car tout cela est évoqué dans plusieurs de nos ouvrages [1].

Jetons maintenant un coup d'œil sur les autres formations

1. Et notamment dans *Résistance normande et jour « J »*, op. cit., ainsi que dans *La Résistance normande face à la Gestapo*, op. cit.

du S.O.E. qui jouèrent quelque rôle dans la Résistance régionale :

Le réseau Hamlet-Salesman, dirigé par Philippe Liewer, fixe l'un de ses maillons en Seine-Inférieure, à Sotteville. Il possède plusieurs émetteurs à Darnétal, au Petit-Quevilly, ainsi qu'à Ecouis et Routot dans l'Eure. Il travaille en liaison avec le maquis des Diables Noirs des frères Boulanger, à Saint-Denis-le-Thiboult, dont nous parlerons dans le chapitre consacré aux maquis. Plusieurs parachutages sont réceptionnés par Les Diables Noirs qui assurent également la couverture sécuritaire des Houis, ainsi que le transport vers les caches prévues. A Rouen, Salesman va bénéficier du concours d'une petite phalange très active dans la quête aux informations, animée par le docteur et Mme Delbos, René Quibel, Roger Schwach, Pierre Grandjean et Jacques Couture.

L'infiltration d'un agent double du policier, chef de la brigade antiterroriste, Louis Alie, provoque une série d'arrestations, les 9 et 10 mars 1944. Le groupe est démantelé et plusieurs de ses membres : Mme Delbos, MM. Bruck, Gallard, Hébert, Schlaich, Schwach, mourront en déportation. Le 14 mars, les frères Boulanger, Henri et Raoul, ainsi que leurs épouses, Lucienne et Augustine, sont arrêtés. Les rescapés de la grande rafle changent de secteur, c'est la fin du réseau rouennais Salesman.

Les antennes de deux autres réseaux apparaissent beaucoup plus tardivement. Ainsi Scientist, dirigé par Claude de Baissac, va former deux équipes, l'une en Suisse normande dont l'agent-radio Phyllis Latour (Geneviève) assure la liaison avec le maquis de Saint-Clair, cependant que la seconde se fixe dans l'Orne entre Argentan et Bagnoles-de-l'Orne avec de Baissac lui-même qui va recevoir vingt-huit parachutages destinés aux maquis et corps francs de Mayenne, d'Ille-et-Vilaine, de l'Orne et de la Manche. A l'actif de Scientist il faut mentionner une quinzaine de coups de main et de sabotages.

L'autre antenne sera celle du réseau Carte d'Henri Frager, connue sous le nom de Donkeyman qui va former plusieurs groupes francs dans le secteur de Lisieux-Orbec. Son cas est particulier car cette formation sera infiltrée dès le départ par un stipendié de la Gestapo déjà cité ici à propos du réseau

Interallié : Raoul Kiffer (Kiki dans la Manche) qui se fait connaître là sous le pseudo de Raoul de Normandie. Localisé par l'I.S., il participe à son insu à l'un des volets de l'Opération Fortitude [1] entre mars et août 1944. Par lui, les services britanniques feront passer à l'intention des Allemands un flot d'informations sur les projets militaires des Alliés. Informations habilement composées de vrais renseignements (assez anodins) et de faux projets destinés à égarer le commandement de l'O.K.W. Afin de ne pas éveiller l'attention de la Gestapo, les échanges se poursuivront entre Donkeyman et Londres; les Anglais allant jusqu'à parachuter des tonnes d'armes et de l'argent pour accréditer leur (fausse) naïveté! Mais sur le terrain, les humbles francs-tireurs et maquisards continueront leur lutte courageuse, souvent endeuillée par la mort de quelques-uns d'entre eux, car, dans ce dangereux et infernal jeu de la barbichette, les hommes ne comptent pas, ce sont des pions qu'on sacrifie au gré des nécessités de la haute stratégie!

Après la guerre, la révélation progressive de la réalité provoqua bien des conflits internes, beaucoup de combattants de l'ombre ne voulurent jamais admettre cette pénible constatation. Leur seule satisfaction fut d'apprendre que l'ennemi contre lequel ils s'étaient battus tomba dans le piège machiavélique tendu par les promoteurs de l'Opération Fortitude.

Parmi les réseaux britanniques présents en Normandie, on voit parfois apparaître dans certains ouvrages le nom d'Helsman. Or, il s'agit non pas d'un réseau, mais d'une mission d'après débarquement, puisque son responsable, le capitaine Jack Hayes (Eric), l'organisa, le 10 juillet 1944, pour préparer et faciliter la percée d'Avranches. Nous ne reviendrons pas là non plus sur un épisode héroïque longuement évoqué dans le dernier volet de notre historique sur la Normandie entre 1939 et 1944 [2].

1. Le plan Fortitude qui fut précédé de son grand frère Starkey avait pour but d'intoxiquer le commandement allemand en lui faisant « découvrir » des projets militaires qui n'étaient en fait que des leurres. (Voir *Résistance normande et jour « J »*, op. cit.)
2. Voir *Le Prix de la Liberté*, pages 138 à 143. Presses de la Cité, 1995.

La ligne Comète et ses sous-filières

En mars 1942, lorsqu'ils eurent à enregistrer les formations clandestines œuvrant en territoires occupés, les services britanniques de l'I.S. décidèrent de nommer « lignes » celles dont l'activité essentielle consistait à soustraire aux Allemands les soldats alliés évadés, les aviateurs rescapés d'appareils abattus, et les personnalités ou agents traqués. Mais il fallait bien que tous ces gens recueillis puissent quitter les pays sous contrôle allemand pour rallier la Grande-Bretagne, seule nation à pouvoir les prendre en charge. Ainsi naquirent toutes ces filières qui, de relais en relais, acheminaient leurs protégés vers la Suisse, l'Espagne ou le Portugal en vue de leur transfert en Angleterre.

Chacune de ces filières, répertoriées par l'organisme de l'I.S. concerné, portait un nom de code : The Postman, Tante Go, Lord Denys, Thomas Line, Robert Line, Dragon, Plak Line, etc. Partant de Hollande, de Belgique, de France, voire d'Allemagne, elles empruntaient souvent des itinéraires compliqués faisant de larges détours pour parvenir à telle ou telle frontière, d'où un passeur leur assurait une entrée parfois à haut risque, surtout en Espagne, dans l'Etat voisin. Mais il ne faut pas imaginer un parcours rapide entre le point de départ et celui de l'arrivée. Si certains s'effectuaient dans un temps relativement convenable – eu égard aux circonstances –, d'autres, la plupart, duraient des semaines, voire des mois. Des tas de contretemps pouvaient obliger les relayeurs à garder près d'eux l'un ou l'autre des candidats à l'évasion, et il devenait parfois impératif pour la sécurité de tout le monde de le diriger sur une étape non prévue, en dehors du cheminement normal de la filière. C'est pourquoi quelques-uns de ces relayeurs possédaient leur propre circuit de « déviation ». La ligne, The Postman, l'une des premières opérationnelles en France, eut maintes fois recours à ces déviations. On en trouve un exemple typique en Normandie.

Le sous-réseau Foch des curés du Pré-d'Auge et de Bonnebosq

En octobre 1941, s'organise à Bruxelles une filière dont le point de chute se situe à Bilbao, port espagnol du Pays basque. Les créateurs de cette filière sont plusieurs membres de la famille de Jongh, le père Frédéric, la mère Alice, et les deux filles, Suzanne et Andrée. En fait, c'est cette dernière qui « pilote » l'ensemble car à ces précurseurs se sont joints des amis : Jacques Donni, Jean Ingels, Andrée et Micheline Dumon et leur mère, ainsi qu'Arnold Deppé. Le premier relais se trouve à Valenciennes chez Charles Morelle et chez sa sœur Elvire. Le second se situe à Paris, boulevard de la Chapelle, dans l'entrepôt d'Emmanuel Blin. Le troisième aboutit à La Roche-sur-Yon en Vendée où l'abbé Pierre Arnaud, professeur de philosophie au collège Richelieu, dispose d'un noyau d'éclatement. Sur la recommandation de Suzanne Wittek, une jeune femme belge appartenant à la Croix-Rouge, l'abbé Arnaud est entré en rapport avec l'abbé Lanier, curé d'une petite commune du Calvados : Le Pré-d'Auge. Ce curé, engagé en 1939 comme aumônier au 43e R.A., avait été sérieusement blessé à Ottignies, près de Nivelle en Belgique, et hospitalisé. C'est là que Suzanne Wittek le soigna et remarqua l'ardent patriotisme de ce prêtre animé par une foi mystique. Un échange de courrier marqua la gratitude de l'abbé et l'estime que lui portait la jeune infirmière bénévole.

A deux reprises, l'abbé Arnaud envoya à son collègue du Pré-d'Auge des évadés pour une « mise au vert » qui se fit à chaque fois chez le maire – un fidèle ami – M. Picard. Mais la filière, devenue entre-temps ligne Comète, va aussi fonctionner dans l'autre sens. En effet, la création du S.T.O. (Service du travail obligatoire) le 16 février 1943, a pour objectif de fournir à l'Allemagne des personnels destinés à amplifier la production du Reich. Devant cette menace de départs pour l'outre-Rhin, un grand nombre de jeunes gens préfèrent se réfugier dans la clandestinité. L'abbé Lanier, qui dirige une équipe de la Jeunesse d'action catholique, utilise alors la ligne pour soustraire ses protégés aux ukases du gouvernement de Vichy. Plusieurs curés vont se trouver aux prises avec le même problème, et s'évertueront à y faire face sans donner satisfaction au décret du pouvoir pétainiste.

Si, dans la commune proche de Bonnebosq, l'abbé Balley n'a pas à intervenir dans ce genre de situation, il a par contre d'autres soucis, assez complexes eux aussi à résoudre. Forte personnalité que celle de ce curé de campagne : ancien combattant de la Grande Guerre de 14-18, ayant récusé le statut d'aumônier pour pouvoir éventuellement prendre les armes, – ce qui ne l'empêcha nullement de dire la messe dans les tranchées et de confesser ses compagnons – il s'illustra à Verdun où le général Pétain lui serra la main !, à Montdidier et à Saint-Mihel. Pour avoir caracolé à cheval à la tête de son régiment lors du défilé de la Victoire à Caen, il fut sanctionné par sa hiérarchie catholique. Alors que ses dons d'orateur, sa vive intelligence et son sens de l'organisation auraient dû lui ouvrir les portes d'une cathédrale, il fut affecté dans différentes cures de campagne, pour aboutir, au début des années 1930, à celle de Bonnebosq, village de six cents âmes du pays d'Auge. La défaite de 1940, la demande d'armistice de Pétain qu'il vénérait jusqu'alors, puis l'invasion et l'Occupation furent durement ressenties par ce patriote intransigeant qui commença par se murer dans une attitude réprobative vis-à-vis du personnel politique et administratif relevant du régime de Vichy. Il en fut de même avec les autorités allemandes. Aux avances discrètes du Feldkommandant local, désireux ici comme ailleurs de se concilier les bonnes grâces du clergé, il opposa une attitude distante, allant même jusqu'à refuser l'offre d'un laissez-passer permanent pour se rendre la nuit au chevet des mourants. Ce comportement suscita une enquête de la Feldgendarmerie qui se conclut par un rapport mettant en évidence la bravoure de cet ancien combattant, ses sentiments patriotiques, l'attachement manifesté au Maréchal (avant l'armistice, mais plus après, ce que les Allemands ignorèrent toujours !) et... son originalité. Cela suffit aux autorités occupantes de 1941 pour en déduire qu'un ancien de Verdun dont les homélies enflammées demeuraient dans les mémoires, ne pouvait pas être un opposant bien dangereux. En réalité, l'abbé Balley vouait aux gémonies, depuis ce qu'il nommait « le honteux épisode de Montoire » Pétain, sa cour, et les tenants de la nouvelle politique de collaboration.

En mai-juin 1941, les retraites organisées dans le cadre des communions solennelles ont favorisé les rencontres entre les prêtres régionaux qui, le soir venu, dans la quiétude des presbytères, commencent à échanger leurs impressions sur la situation en France. C'est au cours de l'une de ces soirées que quatre d'entre eux, les abbés Delivet, Lanier, Paumier, et... Balley décident de créer un groupe qui sera d'abord de solidarité et d'aide envers les personnes recherchées par la police allemande, puis se transformera progressivement en embryon de résistance lorsque l'abbé Lanier se trouvera en contact avec la ligne Comète.

Mais cette mission de passeurs et de relayeurs ne suffit bientôt plus à l'abbé Balley qui, sûr du concours de deux notables de la commune, le notaire, capitaine de réserve, Benoît, et le quincaillier Gustave Carabeuf, entreprend de monter un véritable groupe de renseignements et d'action qui sera baptisé, en l'honneur de l'un des vainqueurs de 1918, Amicale Foch, pour devenir par la suite, lors de son homologation, le sous-réseau Foch, rattaché à la branche Action de la ligne Comète, qui se transforme peu à peu en réseau actif du M.I.-9 de l'I.S.

A l'été de 1942, alors que le groupe s'est renforcé avec le recrutement par le capitaine Benoît de l'institutrice de l'école des garçons, Mme Suzanne Marie, qui, malgré son laïcisme rigoureux, accepte de coopérer avec des curés !, d'un instituteur de Druval, Michel Josso ; du cultivateur Charles Conard, de Beaufour ; du maire du Torquesne, M. Touffet ; de M. Roger, de La Crouée, qui met son terroir de la Commanderie à la disposition du groupe ; du charcutier local Gaston Bréhan ; de l'agriculteur d'Auvillars, Alexandre Lecoq, et de la gouvernante du presbytère, Mlle Renouf, qui, grâce à ses relations avec plusieurs fermiers s'assurent d'éventuels refuges d'hébergement dans les exploitations agricoles (Bias, Hauvel, Boissière, Laîné, Miocque, Alain), un émissaire du M.I.-6 de l'I.S., branche différente du M.I.-9, prend contact, sous le pseudo de Bertrand [1] avec le capitaine Benoît pour planifier les codes à employer en vue des transmissions à Londres. Bertrand dispose en effet d'un

1. Nous avons évoqué cet agent du M.I.-6 dans *Les Lucioles de ma nuit* (Presses de la Cité, 1976) à propos d'un autre réseau britannique dont une antenne fonctionna également aux environs de Lisieux. Les archives de ce réseau étant classées centenaires, il est encore actuellement impossible d'en relater l'épopée. De leur côté, les Britanniques maintiennent par des arguties dilatoires le flou sur l'activité de ce réseau. Les seuls éléments que nous possédons provenaient de sources privées maintenant disparues. Les quelques documents et témoignages que nous avions rassemblés entre 1945 et 1975, répertoriés dans nos dossiers, seront remis après nous aux archives de l'organisme choisi pour recevoir notre fonds historique.

émetteur pour la formation à laquelle il a été affecté. Dès lors, le sous-réseau Foch va accumuler les informations sur le mouvement des troupes ennemies et sur les structures régionales de ses défenses à l'arrière des côtes [1].

Miraculeusement épargné, – l'abbé Balley attribuera cette survie à la « grâce divine » –, le Foch, comme on l'appellera en Angleterre, n'aura en effet à déplorer que quatre morts dans les derniers jours de l'Occupation. Mais l'abbé Lanier qui fut à la base du groupe sera arrêté en mars 1944 lors du démantèlement par la Gestapo de la ligne Comète. Sauvagement torturé malgré ses blessures de guerre, il ne parla jamais ; ses amis du pays d'Auge lui doivent beaucoup. Déporté, en dépit de son handicap et de sa maladie, sa grande foi le soutint puisqu'il revint des camps de Neungamme puis de Dachau, mais, épuisé par ce calvaire, il mourut dans son église du Pré-d'Auge (alors qu'il avait été nommé doyen de Cambremer), le 30 juin 1952.

Les missions Torture et Ronsard

En avril 1941, après le retour en Angleterre des membres de la mission Savannah qui indiqueront à l'I.S. l'accroissement de la popularité de la France libre, les dirigeants du S.O.E. vont décider de créer une nouvelle section dite R.F. qui travaillera en liaison avec le B.C.R.A., cependant que la section F demeurera totalement sous contrôle britannique. Nous trouvons là en somme l'application de ce qui s'est fait avec le réseau Saint-Jacques, sans qu'il y ait eu pour lui de plan préconçu. C'est dans le cadre de cette section R.F. que sont mises sur pied les deux missions Torture et Ronsard.

Dans la nuit du 8 au 9 juillet 1941, deux jeunes agents de la France libre, Henri Labit et Jean Cartigny, sautent dans la campagne caennaise d'un appareil préparé par le S.O.E. Parachutage *blind* réussi qui va permettre aux deux volontaires de s'adonner à leur mission, bizarrement codée Torture ! Certains y verraient un douteux présage, mais Labit et Cartigny n'ont pas d'états d'âme, aussi commencent-ils à

1. Il assurera également le recueil de nombreux parachutistes alliés, canadiens notamment, au moment du Débarquement et de la Bataille de Normandie.

effectuer les recherches dont ils sont chargés, lesquelles consistent à étudier les possibilités de sabotage de l'aérodrome de Carpiquet (mission S.O.E.), et à prospecter des terrains de parachutages (mission B.C.R.A.).

Malheureusement, les quelques contacts qui leur ont été recommandés par le service du colonel Passy se révèlent fantaisistes et même pour l'un carrément stupide, puisqu'il s'agit d'un cultivateur qui s'empresse de courir alerter les gendarmes ! De justesse, Labit parvint à s'enfuir, mais le pauvre Cartigny est remis avec son émetteur aux mains de la Gestapo.

Cette première expérience de la section R.F. s'affirme désastreuse.

La seconde, dite Ronsard, atterrit toujours *blind*, le 12 septembre 1941. Un seul agent la compose, le quartier-maître Richard, puisque au moment de l'embarquement dans l'avion, le compagnon de route prévu a été... introuvable ! Richard, à qui l'on a malgré tout remis l'émetteur dont devait se charger son équipier, saute dans la plaine entre Louviers et Evreux. Plus chanceux que ses prédécesseurs, il trouve le contact avec l'un des membres du groupe de Louviers qui lui a été indiqué par le S.O.E., Emile Savoye. Celui-ci le dirige vers le maire de Montaure, André Martin, chez lequel le poste émetteur va fonctionner durant quelque temps avant de voyager entre plusieurs localités de la région : Louviers, chez Adolphe Puissant, les Monts, La Haye-Malherbe, La Haye-le-Comte. Richard, qui sera connu dans la région sous le pseudo de Ronsard, fait homologuer cinq terrains de parachutages, mais seuls ceux de Saint-Lubin, du Pavillon, et des Houis, seront utilisés les 26 avril, 7 novembre, 23 novembre, 31 décembre 1943, et le 18 février 1944. Au total, vingt-huit tonnes d'armes et de munitions seront larguées au profit de l'équipe de Marcel Hue à Tourville-la-Campagne, du maquis des Diables Noirs, du corps franc de Castelain à La Haye-Saint-Sylvestre, et du groupe franc de Gisors, animé par l'ex-député Albert Forcinal.

Cette mise en place effectuée, le quartier-maître Richard quitte le secteur, désigné par le B.C.R.A., pour une autre mission en zone sud. On le retrouvera au printemps de 1944 dans la région Sarthe – Mayenne où il va organiser la structure du bloc de la centrale Prométhée, seconde formation avec la centrale Coligny à rassembler et transmettre à Londres tous les renseignements recueillis par différents réseaux.

Les centrales de renseignements : Centurie, Coligny, Prométhée

En mai 1942, l'abondance et la diversité des renseignements qui aboutissent au créateur de la Confrérie Notre-Dame imposent un contrôle plus strict ainsi qu'un cloisonnement plus étanche des informations recueillies.

Rémy, qui craint d'être débordé par son œuvre et conscient de la multiplication des risques encourus par ses hommes pour assurer une coordination entre formations différentes, décide alors, avec l'aval du B.C.R.A., de créer un service spécialisé dans la collation et la transmission des renseignements. Il le nomme Centurie. L'un de ses adjoints Jacques Piette et Berthelot (Lavoisier) de l'O.C.M. doivent en assurer conjointement la gestion.

Centurie couvre surtout les départements du Calvados et de la Manche, mais disposera, dans l'Eure et l'Orne, de délégués chargés de rassembler et de dispatcher rapidement les informations sur les « centralisateurs ». En mars 1943, ceux-ci sont : pour la Manche, Bertin de la Hautière qui, appelé en août à l'état-major régional, passera le relais à Yves Gresselin, un entrepreneur de Cherbourg ; pour le Calvados : René Duchez, artisan peintre, et, pour les liaisons avec la région parisienne, l'avocat Léonard Gille. Les deux délégués de l'Eure et de l'Orne sont respectivement Eugène Lefebvre (César), chauffeur de taxi à Pont-Audemer, et Robert Aubin (Chanteloup), de Fontenay-sur-Orne.

Cette planification donne d'excellents résultats et Centurie fournit à Londres des éléments informatifs de première grandeur, tels que le plan des défenses allemandes de Honfleur à Cherbourg. Comme dans le même temps plusieurs autres réseaux ont perdu tout contact avec le B.C.R.A. en raison des arrestations de radios, les responsables de la France libre parent au plus pressé en faisant graviter par Centurie les messages de ces formations démunies.

Cependant, ainsi qu'on l'aura noté, Centurie agit sous la double autorité de la C.N.D. du colonel Rémy et de l'O.C.M. dirigée par le colonel Touny. Or, il va rapidement apparaître que ce dernier songe à faire de Centurie une sorte de 2e bureau calqué sur celui des services secrets. Tel n'est pas l'avis de Rémy ni de Piette ; pour eux, la Centrale doit demeurer un organisme récepteur et transmetteur, à l'exclusion de toute autre tâche.

Cette divergence de points de vue amène Rémy à proposer au B.C.R.A. informé par ses soins une solution nouvelle qui va être soumise au colonel Passy, lequel, après en avoir modifié et élargi quelques aspects, décide son application. Ainsi aboutit-on à la création de deux centrales. La première dénommée Coligny reprend les structures de recension des renseignements de la C.N.D. La responsabilité en est confiée à deux adjoints de Rémy : Jean Tillier (Gaspard) et Olivier Courtaud (Jacot). La seconde prend le nom de Prométhée, elle doit être confiée à un officier du S.R., Dubois, assisté d'un ami de Brossolette, Jean Guyot (Gallois), issu du mouvement Combat. Pour la région ouest, Passy désigne notre vieille connaissance, le quartier-maître Richard (Ronsard), épaulé par Eric de Belloy et Henri Mille.

Chaque centrale reçoit la charge de rassembler et d'acheminer le courrier de plusieurs réseaux ou de sous-réseaux spécialisés dans le Renseignement. Pour Coligny : C.N.D., Centurie, Cohors, Fana, A.V. Pour Prométhée : Turma, Manipule, Vélites, Légio, Curie, Luth. Cette planification est assortie d'une précision voulue par Passy : l'O.C.M. conserve le contrôle « action » de Centurie, mais les transmissions demeurent l'affaire de la centrale Coligny. Carte blanche est donc donnée à l'O.C.M. pour que Centurie puisse être transformée, suivant ses souhaits, en une sorte de service de type S.R. Cela ne tarde pas avec la décision du colonel Touny de scinder le réseau en deux secteurs : Centurie A qui reprend une structure militaire en pleine formation et Centurie B dont l'activité demeure axée sur le renseignement. Mais, soit méfiance, soit prudence à l'égard des cadres militaires de l'O.C.M., Passy enjoint à Centurie A de passer par le canal Coligny tandis que Centurie B empruntera la filière Prométhée.

Ouf! rien n'est vraiment simple dans l'organisation du B.C.R.A. sans cesse aux prises avec des arrière-pensées de vile politique, et des sous-tensions de clans! Toutes ces trames machiavéliques sont à cent lieues des soucis et des préoccupations des hommes de terrain qui vivent sous l'épée de Damoclès brandie chaque jour au-dessus de leur tête par la Gestapo.

En Normandie, si la centrale Coligny reprend assez facilement la suite de Centurie et de ses sources informatives, Cohors, Fana, A.V., sa sœur jumelle, Prométhée, tâtonne beaucoup avant d'établir les relations voulues avec les six antennes qui doivent graviter par elle. Pour Manipule, surtout présent à la charnière du Calvados et de l'Eure, et pour Légio, le glissement s'effectue en douceur, mais Curie et, surtout, Fana, habituées aux filières de Centurie, posent quelques problèmes que Marcel Baudot (Breteuil), responsable des formations de l'Eure, et ses collègues des autres départements – Gresselin, Kaskoreff et Desmeulles – ne parviennent pas à résoudre tous.

En dépit de toutes les embûches et des complications... administratives, qui s'accumulent autour des groupes résistants, l'activité patriotique s'accroît pourtant avec l'arrivée de nouveaux volontaires. La machine bien lancée tourne maintenant à bon régime en cet été de 1943.

En matière de renseignements, des agents et des cadres des P.T.T. : Henri Leveillé à Caen, Valentin Pons et Fernand Chasseguet dans l'Orne, Petit et Yvon en Seine-Inférieure, René Crouzeau et Marcel Richer dans la Manche, Huvey dans l'Eure, bien que relevant tous de la formation nationale Action P.T.T., fournissent quantité d'informations précieuses et contrôlent de leur mieux les courriers de délation, hélas! nombreux [1].

Les cheminots, à la pointe de l'activité clandestine depuis 1940, et dans leur grande majorité toujours favorables aux actions de résistance, apportent un concours d'importance en facilitant l'échange et le passage des courriers dans les gares et dans les trains. Ceux de Sotteville, Serqueux, Evreux, Serquigny, Mézidon, Caen, Lison, Argentan, Flers, assument des transbordements et des correspondances dont

1. Voir *Résistance P.T.T.*, du même auteur. Presses de la Cité, 1983.

Les enfants découvrent les affiches de la mobilisation. *(E.C.P.A.)*

Soldats allemands et « Souris grises » devant la stèle de Jeanne d'Arc à Rouen. *(D.I.H.P.)*

Chapelle ardente à Rouen après les bombardements d'avril 44. *(B.M.)*

La gare de Montoire-sur-le-Loir où Pétain rencontra Hitler ; photo d'époque. *(Musée de l'Armée.)*

Le Neubourg, Eure : convois de militaires et de réfugiés. *(I.W.M.)*

Service funèbre à l'église de Sotteville-lès-Rouen après les bombardements de la Semaine Rouge. *(L'Illustration.)*

Victimes sur la route de l'exode après le passage des Stukas. *(Séruzier.)*

Convoi hippomobile mitraillé par les Stukas en juin 1940. *(D.I.H.P.)*

10 juin 1940 : Les Petites Dalles, Panzer III de l'Oberstleutnant Ilgen du 25 Rt de la 7e Panzer arrivant sur la plage. *(Bundesarchiv.)*

15 juin 1940 : Le Havre, véhicules britanniques abandonnés par les troupes réembarquées. *(Bundesarchiv.)*

12 juin 1940 : Saint-Valéry-en-Caux : le général Ihler, chef du 9e Corps français, capitule. *(Bundesarchiv.)*

12 juin 1940 : le général Ihler devant son vainqueur : Rommel.

12 juin 1940 : 11 h, le général Fortune, commandant des troupes britanniques encerclées, vient de signer sa reddition. *(Bundesarchiv.)*

11 juin 1940 :
Saint-Valéry-en-Caux,
Rommel affiche
sa satisfaction devant
l'afflux des prisonniers.
(Bundesarchiv.)

Cherbourg :
19 juin 1940,
Rommel reçoit
la reddition
des commandants
des forts.
(Bundesarchiv.)

Cherbourg : 19 juin 1940, le vice-amiral Le Bigot indique à ses officiers qu'il a dû capituler. *(Bundesarchiv.)*

16 juin 1940, Louviers en ruines, rue du maréchal Foch passage d'une unité de la 7e Panzer. *(Bundesarchiv.)*

Image poignante de la fidélité animale : sur les ruines de sa maison, le chien attend toujours ses maîtres… *(E.C.P.A.)*

… et le chat espère aussi le retour des siens ! *(E.C.P.A.)*

Rouen : maison des enfants dont les parents ont été requis. *(Viollet.)*

Rouen : M. Poissant, maire, avec à sa droite le préfet Bouffet et à sa gauche l'archevêque. Lourde charge pour ces édiles. *(B.M. Rouen.)*

Prisonniers canadiens dévêtus par les Allemands à Dieppe, le 19 août 1942. Le raid a échoué et les captifs sont humiliés. *(Bundesarchiv.)*

Interdictions sur la plage de Fécamp. *(Bundesarchiv.)*

Retour des prisonniers de guerre français libérés après le raid sur Dieppe. Remerciement allemand à la « neutralité de la population locale ». *(Musée de l'Armée.)*

Retour des prisonniers, suite. Harangue du Feldkommandant sur la place de la gare de Serqueux. *(L'Illustration.)*

Retour des prisonniers, suite. Le préfet Bouffet accueille les Dieppois libérés. *(L'Illustration.)*

Le train ramenant les prisonniers arrive en gare de Serqueux. *(L'Illustration.)*

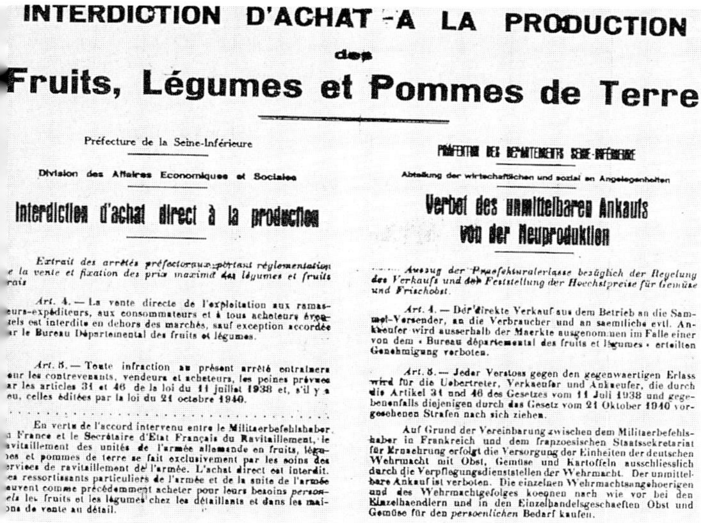

INTERDICTION D'ACHAT A LA PRODUCTION

des

Fruits, Légumes et Pommes de Terre

Préfecture de la Seine-Inférieure

Division des Affaires Economiques et Sociales

Interdiction d'achat direct à la production

Extrait des arrêtés préfectoraux portant réglementation de la vente et fixation des prix maxima des légumes et fruits frais

Art. 4. — La vente directe de l'exploitation aux ramasseurs-expéditeurs, aux consommateurs et à tous acheteurs éventuels est interdite en dehors des marchés, sauf exception accordée par le Bureau Départemental des fruits et légumes.

Art. 5. — Toute infraction au présent arrêté entraînera pour les contrevenants, vendeurs et acheteurs, les peines prévues par les articles 31 et 46 de la loi du 11 juillet 1938 et, s'il y a lieu, celles édictées par la loi du 21 octobre 1940.

En vertu de l'accord intervenu entre le Militaerbefehlshaber in France et le Secrétaire d'Etat Français du Ravitaillement, le ravitaillement des unités de l'armée allemande en fruits, légumes et pommes de terre se fait exclusivement par les soins des services de ravitaillement de l'armée. L'achat direct est interdit. Les ressortissants particuliers de l'armée et de la suite de l'armée peuvent comme précédemment acheter pour leurs besoins *personnels* les fruits et les légumes chez les détaillants et dans les maisons de vente au détail.

PRÄFEKTUR DES DEPARTEMENTS SEINE-INFÉRIEURE

Abteilung der wirtschaftlichen und sozialen Angelegenheiten

Verbot des unmittelbaren Ankaufs von der Neuproduktion

Auszug der Praefekturalerlasse bezüglich der Regelung des Verkaufs und der Feststellung der Hoechstpreise für Gemüse und Frischobst.

Art. 4. — Der direkte Verkauf aus dem Betrieb an die Sammel-Versender, an die Verbraucher und an saemtliche evtl. Ankaeufer wird ausserhalb der Maerkte ausgenommen im Falle einer von dem « Bureau départemental des fruits et légumes » erteilten Genehmigung verboten.

Art. 5. — Jeder Verstoss gegen den gegenwaertigen Erlass wird für die Uebertreter, Verkaeufer und Ankaeufer, die durch die Artikel 31 und 46 des Gesetzes vom 11 Juli 1938 und gegebenenfalls diejenigen durch das Gesetz vom 21 Oktober 1940 vorgesehenen Strafen nach sich ziehen.

Auf Grund der Vereinbarung zwischen dem Militaerbefehlshaber in Frankreich und dem franzoesischen Staatssekretariat für Ernaehrung erfolgt die Versorgung der Einheiten der deutschen Wehrmacht mit Obst, Gemüse und Kartoffeln ausschliesslich durch die Verpflegungsdienststellen der Wehrmacht. Der unmittelbare Ankauf ist verboten. Die einzelnen Wehrmachtsangehoerigen und des Wehrmachtsgefolges koennen nach wie vor bei den Einzelhaendlern und in den Einzelhandelsgeschaeften Obst und Gemüse für den *persoenlichen* Bedarf kaufen.

Interdiction de vente directe des produits en Seine-Inférieure. *(B.M.)*

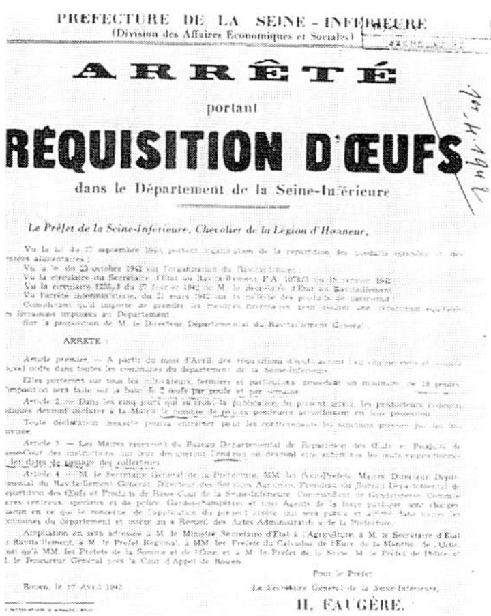

PRÉFECTURE DE LA SEINE-INFÉRIEURE

(Division des Affaires Economiques et Sociales)

ARRÊTÉ

portant

RÉQUISITION D'ŒUFS

dans le Département de la Seine-Inférieure

Le Préfet de la Seine-Inférieure, Chevalier de la Légion d'Honneur,

ARRÊTE :

Rouen, le 17 Avril 1942

Pour le Préfet

Le Secrétaire Général de la Seine-Inférieure,

H. FAUGÈRE.

PRÉFECTURE DE LA SEINE-INFÉRIEURE

Division des Affaires Economiques et Sociales

ARRÊTÉ

portant fixation des

PRIX des RUTABAGAS

et des TOPINAMBOURS

ARRÊTE

PROVENANCE	Mode de vente	Prix de vente à la production	Facturation (?)	Prix de vente en gros	Prix de vente au détail
Production locale	les 100 kg.	70 »	78 »	13 »	140 »
Autres provenances	»	45 »	53 »	13 »	140 »

J. BOURGEOIS.

Arrêtés préfectoraux de février et avril 1942. *(B.M. Dieppe.)*

Boulangerie de Saint-Lô en mars 1943. *(Documentation française.)*

VILLE DE VINCENNES

CARTE DE SAVON

ECOLE DU SUD

Les feuilles de tickets de savon seront remises en échange du COUPON n° 9 de NOVEMBRE. A la personne qui n'aura plus ce coupon en sa possession il lui sera remis une feuille de savon DONT LES COUPONS 1 et 2 DE NOVEMBRE SERONT ENLEVÉS.

Ces feuilles sont de 2 modèles : 1° Un modèle « général » pour TOUS les consommateurs, sans exception ; 2° Un modèle « spécial » destinés aux enfants de moins de 2 ans (nés après le 1er Novembre 1938) qui leur sera attribué en plus de la feuille générale.

Le coupon « 3 » de la feuille de savon (savon à barbe) sera enlevé à toutes les personnes du sexe féminin et aux garçonnets de moins de 17 ans (nés après le 1er Novembre 1923).

Cette distribution aura lieu à l'ECOLE DU SUD, Entrée : Rue du Moulin...

Entrée n° 1				Entrée n° 2			
A et de Ba à Be	Lundi	9	Décembre	L	Lundi	9	Décembre
de Bi à By	Mardi	10	—	M	Mardi	10	—
C	Mercredi	11	—	N - O - P	Mercredi	11	—
D	Jeudi	12	—	Q - R	Jeudi	12	—
E - F et de Ga à Go	Vendredi	13	—	S - T	Vendredi	13	—
de Gr à Gy H - I - J - K	Samedi	14	—	U - Z	Samedi	14	—

de 9 h. à 12 heures et de 14 heures à 17 heures 30.

Une seule personne devra se présenter, munie de toutes les cartes d'alimentation de la famille.

Pour les personnes ayant été dans l'impossibilité de retirer ou faire retirer leurs tickets, une dernière distribution aura lieu le Dimanche 15 Décembre, de 9 à 12 heures.

L. BONVOISIN

Carte de savon de l'auteur en décembre 1941. *(Collection Ruffin.)*

Ramassage du bois d'émondage des platanes par les enfants.
(E.C.P.A.)

Tableau dans la vitrine d'une épicerie du Havre en novembre 1943. *(E.C.P.A.)*

Réfectoire de l'école de l'auteur (7e à gauche de face). *(Coll. Ruffin.)*

Quelques secondes avant l'attentat de Paul Collette : Brinon à gauche, Déat et Laval à droite. *(Documentation française.)*

Pierre Laval : cravate blanche et mégot. *(Documentation française.)*

Quelques secondes après l'attentat : dégagement des blessés. *(Documentation française.)*

Paul Collette emmené blessé sous les injures des légionnaires. *(Documentation française.)*

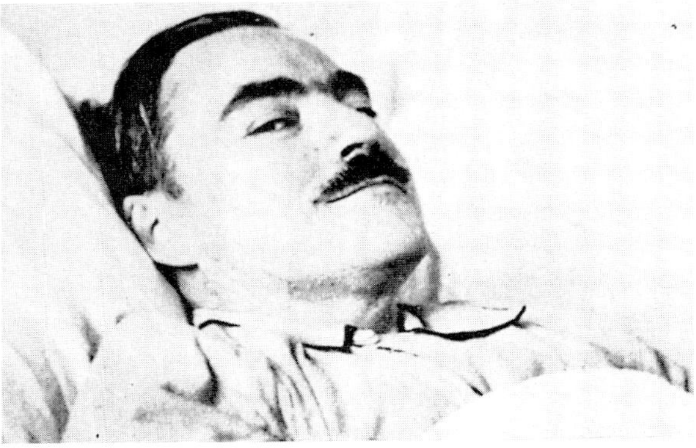

Marcel Déat à l'hôpital de Versailles. *(Bundesarchiv.)*

Laval blessé est dirigé vers sa voiture. Il va s'effondrer avant d'y parvenir. *(A.B.C.)*

Le Petit Normand

N° 370 --- UN FRANC 60, rue du Mail, ROUEN (Tél. 382-03) VENDREDI 2 JUIN 1944

Cinq cent treize ans, jour pour jour, après avoir supplicié Jeanne d'Arc

Les Anglais ont atrocement mutilé Rouen

Plusieurs dizaines d'hectares de maisons d'habitation ont été littéralement anéantis, en plein cœur de la ville

Depuis quatre jours de vastes incendies font rage

Dans la journée de jeudi, le feu a gagné la Cathédrale

Mardi 30 Mai, à 11 h. 30
LA PREMIÈRE AGRESSION

Mercredi, les Anglais
"traditionnalistes" reviennent

Fac-similé de la une du *Petit Normand* du 2 juin 1944. Sans commentaires ! *(B.M. Rouen.)*

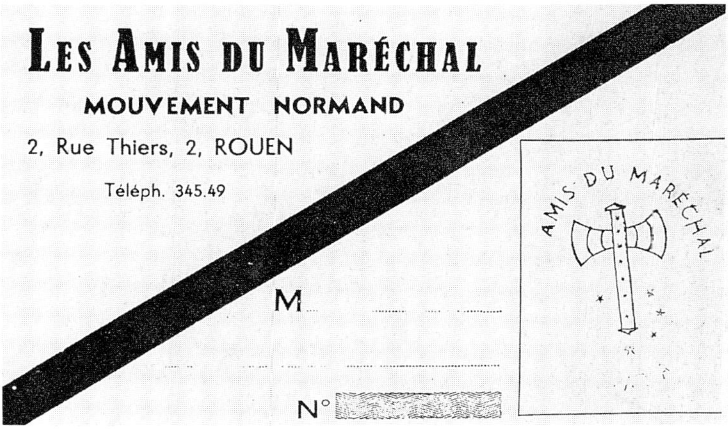

LES AMIS DU MARÉCHAL

MOUVEMENT NORMAND

2, Rue Thiers, 2, ROUEN

Téléph. 345.49

AMIS DU MARÉCHAL

M..

....

N°

Carte des « Amis du Maréchal », cercle de Rouen. *(B.M. Dieppe.)*

Carte des régions administratives de la Résistance établie par le B.O.A. à Londres, secteur Nord-Ouest. *(Musée de l'Armée.)*

Robert Guédon, pionnier de la Résistance dans la Manche. *(Coll. Ruffin.)*

Pierre Bouchard,
fondateur de C.D.I.R.
dans le Calvados.
(Coll. Ruffin.)

Edouard Paysant,
responsable du B.O.A.
région Nord-Ouest.
(Coll. Ruffin.)

Eugène Meslin,
Calvados, responsable
de l'O.C.M.
(Coll. Ruffin.)

Emile Louvel, Calvados-Eure,
responsable du groupe
d'Angerville et des F.T.P.F.
de Touques. *(Coll. Ruffin.)*

Entrée de la grotte de Barneville et stèle, lieu du combat
du 24 août 1943 qui décima le groupe « Lorraine ».
(Coll. Ruffin.)

Premier train de volontaires français de la L.V. F. *(Bundesarchiv.)*

Violette Morris en 1919,
après son retour du front.
(Coll. Ruffin.)

Violette Morris
à l'entraînement (boxe).
(La Vie au Grand Air.)

Violette Morris
sur la piste
du Vél' d'Hiv,
entraînement
en demi-fond
derrière son entraîneur
Asquer.
*(Coll. Ruffin, don
de Mme Chatelut.)*

Violette Morris de la Gestapo
de la rue des Saussaies. *(Viollet.)*

Lieu de l'exécution de Violette Morris
par une section du Surcouf le 26 avril 1944
au lieu-dit « la côte du Vert ».
*(Cliché de la reconstitution filmée pour FR3,
coll. Ruffin.)*

Rouen après la Semaine Rouge.
(Document de M. Truillé.)

Ponts à Rouen le 2 juin 1944.
(Photo Truillé.)

Le P.C. allemand souterrain d'Auberville entre Villers-sur-Mer et Houlgate. *(Bundesarchiv.)*

Intérieur du P.C. *(Bundesarchiv.)*

Salle de repos dans le P.C. *(Bundesarchiv.)*

bénéficieront principalement Turma et Fana. De plus, les éléments informatifs qu'ils fournissent sur les mouvements des convois et la nature de leurs chargements ainsi que sur leurs destinations, permettent aux réseaux de faire parvenir en Angleterre un relevé permanent du trafic ferroviaire entre la France et l'Allemagne.

Si, en France, on ne semble pas avoir pris la mesure de l'apport considérable des bénévoles du renseignement en Normandie, les Alliés par contre – il faut leur reconnaître ces témoignages de gratitude – n'ont jamais ménagé leurs éloges. Nous en avons été personnellement à différentes reprises les interlocuteurs attentifs [1].

Antennes et sous-réseaux

Un aspect particulier de la Résistance normande apparaît rapidement aux yeux des historiens, des archivistes et du public intéressé par cette fresque patriotique, celui de la multiplicité des formations et des groupes clandestins. Si, comme nous venons de le voir, les grands mouvements nationaux ont pu prendre pied sur le sol normand, il convient de ne pas négliger l'impact des nombreux blocs locaux qui s'inscriront dans la chronique historique sous des appellations diverses : antennes, sous-réseaux, groupements, sections, noyaux, maillons, voire équipes et cercles. Rarement présents dans les relations d'ordre général en raison des difficultés rencontrées pour restituer leur activité, souvent volontairement oubliés des récits-témoignages de « ténors » régionaux, parfois contestés par des mémorialistes craignant l'ombre projetée, et bien entendu inconnus des auteurs universitaires dont les recherches ne dépassent pas le cadre de leurs connaissances acquises dans les ouvrages répertoriés en bibliothèques qu'ils pillent d'ailleurs sans vergogne, tous ces groupes plus ou moins autonomes ont pourtant apporté leur pierre, parfois imposante, à l'édifice libertaire. Certains dont l'embryon naquit d'une initiative personnelle se développèrent grâce aux liens amicaux, pro-

1. Notamment en Angleterre, à Stanmore, en 1980, puis au Mémorial de Caen en 1994, lors du colloque pour le cinquantième anniversaire du Débarquement.

fessionnels, corporatifs ou intellectuels, et essaimèrent ainsi dans différentes zones géographiques. D'autres, soit par prudence ou par manque d'opportunité demeurèrent isolés, mais tous contribuèrent à déstabiliser les plans et les projets des forces d'occupation. Enfin, quelques-uns se fondirent dans les organisations rattachées ou homologuées au sein des mouvements hexagonaux, comme le groupe Marland de Granville déjà évoqué qui se raccordera au réseau Brutus.

L'Arche de Noé, autrement dit le réseau Alliance [1] créé en zone sud par Loustanau-Lacau, le commandant Faye, et Marie-Madeleine Médéric-Fourcade, apparaît en Normandie lorsque Jean Sainteny (Dragon) et Maurice Coustenoble (Tigre) recrutent à Cherbourg l'artisan menuisier Roger Tilloy (Tip 60), puis, à Carentan, Raymond Haugmard (Babouin). Une petite équipe se forme alors avec l'instituteur Coliboeuf de Formigny dans le Calvados, le secrétaire au ravitaillement de La Haye-du-Puits, Maurice Lefranc, et, plus tard, le sous-préfet de Cherbourg, Lionel Audiguier; enfin le sculpteur Robert Douin, directeur des Beaux-Arts de Caen, déjà engagé dans une autre formation, rejoint Alliance. Avec le patron-pêcheur de Port-en-Bessin, Georges Thomine [2] (Cachalot), il fournira les relevés précis des défenses allemandes entre Arromanches et la baie des Weys.

Dans l'Eure, et en Seine-Inférieure, l'élan d'Alliance a été donné par l'un des futurs piliers du réseau : Maurice de Mac-Mahon, duc de Magenta, de Beaumont-le-Roger, qui, appelé à d'autres responsabilités dans le réseau, passera le relais à M. Postel-Vinay. Le concours du lieutenant Lacombe, d'Ambenay, de Bertrand du Pouget et du commandant de gendarmerie de Rugles, Isidore Jean, permettra la création d'une équipe dotée d'un émetteur abrité chez M. Lebon, de Rugles. Mais l'arrestation de l'opérateur Arthur Bradley Pavies (Callison) qui passe aussitôt au service des Allemands aboutit à la destruction du noyau de l'Eure.

Créée par un membre du mouvement Combat de Lyon,

1. Rattaché aux F.F.C. (B.C.R.A.). Sous-réseau Navarre, rattaché à l'O.S.S.

2. Tous les deux arrêtés par la Gestapo, le 17 mars 1944. Assassinés à la prison de Caen le 6 juin 1944.

envoyé à cet effet en zone nord, Jean Roquigny, la filière d'informations Manipule s'enracine à Caen, Lisieux, Trouville, Evreux, Gaillon et Elbeuf. L'une de ses équipes la plus active rayonne dans le pays d'Auge sous la houlette du comte Xavier de Maistre, d'un jeune étudiant Roland Bloch, et de Georges Fromont. Elle possède à Trouville quelques affiliés qui obtiendront d'excellents résultats dans la recherche de renseignements d'ordre militaire, notamment Henri Dobert, Capron et Paul Besson [1].

Une interpénétration fatale : le groupe Hautechaud

La fin de l'année 1943 marque à la fois l'apogée et l'agonie de plusieurs formations résistantes en pays d'Auge, notamment parmi celles de Trouville-Touques, Lisieux et Fervaques. Au mois de septembre, alors que les équipes tournent efficacement, l'imprudente fatuité de l'un des pivots en matière de liaisons débouche sur une interpénétration dangereuse pour la sécurité des groupes. C'est ainsi que s'établit une sorte de dualité de commandement entre les têtes locales du réseau S.O.E. Donkeyman et des filières de Manipule, dont seront victimes plusieurs membres des deux formations régionales, ainsi que le groupe du docteur Hautechaud, à Fervaques, commune proche de Lisieux.

Le docteur Hautechaud possède une solide expérience de l'action clandestine. Dès le printemps de 1941, il a créé un groupe bien structuré pour le compte du réseau Interallié. Une boîte à lettres fonctionne à la librairie Delaunay, rue Pontmortain, à Lisieux ; une autre sera mise en place à Saint-Martin-de-Bienfaite. Le démantèlement de l'Interallié, que nous avons évoqué plus haut, interrompt les liaisons ; elles vont être reprises avec un autre groupe relié au réseau Donkeyman dit aussi parfois « Jean-Marie », travaillant pour le S.O.E. C'est encore un exemple des imbrications locales, inévitables dans les cantons ruraux. La relation s'effectue dans des conditions mal définies par ce jeune

1. Tous arrêtés en octobre 1943 et fusillés, à Rouen, le 13 novembre 1943.

responsable de la filière Manipule qui ne tient aucun compte des règles de sécurité en mettant en contact trois groupes rattachés à trois organisations différentes et n'ayant aucun lien entre elles à l'échelon supérieur. Malgré tout, dans sa volonté de poursuivre une activité patriotique, le docteur Hautechaud maintient et accentue même ses efforts avec l'aide de quelques amis tels que le pasteur Orange, le notaire Victor Cailliau, l'entrepreneur Fernand Nolent, un conseiller municipal de Lisieux, Olivier Cabioch, et son beau-frère, Jean Grignola.

Le 17 septembre, dénoncé par des voisins pour avoir soigné un pilote allié rescapé d'un appareil abattu, le docteur Hautechaud est arrêté par la Gestapo et transféré à Caen. Emprisonné, il est sur le point d'être relâché faute de preuves, lorsque le jeune responsable de Manipule, interpellé à la suite d'agissements imprudents, le désigne comme « le chef ». Dans la foulée, le veule personnage dénonce tous les membres de la Résistance locale qu'il connaît en raison de cette stupide interpénétration qu'il a provoquée. Le coup de filet décapite et décime les groupes. Xavier de Maistre, Maurice Fromont, Fernand Nolent, le professeur Manuel, de Honfleur (déjà aux mains des Allemands à la suite d'une dénonciation de deux élèves, deux frères appartenant à une famille collaboratrice de Beuzeville dans l'Eure), Olivier Cabioch, le pasteur Orange, Jean Grignola, et toute l'équipe de Trouville – MM. Martin, Capron, Dobert, Besson, Coudray –, sont successivement arrêtés. Le réseau Donkeyman est touché lui aussi, quatre de ses membres tombent le même jour, mais la razzia va s'interrompre là en ce qui le concerne, sur ordre du service du S.D. de Rouen qui ne désire pas « faire de vagues » dans le réseau en raison du double jeu de « Raoul de Normandie », le traître Kiffer.

Les rescapés du groupe Hautechaud reprennent témérairement la lutte sous la direction de Mme Andrée Hautechaud. Mais, le 10 août 1944, à quelques jours de la Libération du pays d'Auge, elle est emmenée par la Gestapo ainsi que trois compagnons [1]. Seul, l'un des membres de cette équipe put échapper aux Allemands, M. Emmanuel Des Georges.

1. On ne retrouva jamais sa trace.

Le comportement du dénonciateur ne lui sauva pas la vie. Ainsi que le déclara un gradé de la Gestapo à l'une des jeunes femmes torturée après sa tragique confrontation avec le délateur : « Si vous êtes une courageuse Française, lui c'est un lâche qui parle pour sauver sa tête, mais il paiera lorsqu'il nous aura tout dit [1]. »

1. Besson, Bloch, Capron, Dobert, Fromont, de Maistre, Manuel, Martin, ont été fusillés, à Rouen, le 13 novembre 1943. MM. Hautechaud, Cabioch, Grignola, Eichler, Mancel, Pion, Lebertre, Gogo, sont morts en déportation. M. Nolent est décédé dans sa cellule de Caen à la suite des tortures. MM. Moura, Poisson, Vergne ont été assassinés. Mlle Bouffay et M. Levillain sont rentrés des camps, ainsi que le pasteur Orange qui décédera peu après. MM. Pro, Drumare et Lasne sont disparus.

CHAPITRE IX

De l'opération Lion de Mer à l'opération Jubilee

L'opération « Seelöwe » et la Bataille d'Angleterre

... « Le but de cette opération est d'éliminer l'Angleterre comme base permettant la continuation de la guerre contre l'Allemagne, et, si cela s'avère nécessaire, de l'occuper complètement. »

Ainsi s'exprima Adolf Hitler, le 16 juillet 1940.

Déjà, depuis la fin juin, les Allemands ont entrepris les préparatifs de ce projet d'invasion. Différents plans élaborés par le Haut Etat-Major placé sous le commandement du général Halder et du général von Brauchitsch sont soumis aux chefs de la Luftwaffe et de la Kriegsmarine qui émettent des réserves quant à l'appui qu'ils pourront fournir. Le Führer s'impatiente de ces atermoiements. Le 17 juillet, la première mouture du projet fait l'objet d'une réunion de travail entre les représentants des trois armes. Sur la carte présentée par le général Halder, les zones d'embarquement et de débarquement figurent à l'aplomb de grosses flèches tracées entre ces secteurs délimités. D'Ostende à Cherbourg, il y a ainsi dix segments partant de Belgique, de Calais, de la baie d'Authie, de Dieppe, d'Etretat, du Havre, de Ouistreham, de Port-en-Bessin, et deux de la rade de Cherbourg. Bien que ce plan initial ait été modifié puis réduit en septembre à quatre bases de départ, entre Dunkerque et Le Havre, toute la bande côtière primitivement prévue va demeurer maintenue zone militaire, avec toutes les contraintes que cela entraîne pour la population.

Ces contraintes découlent de trois ordres : restrictions de déplacements totalement interdits sans laissez-passer, réquisitions de matériel, de chevaux, et de main-d'œuvre, blocage des bateaux de pêche et de plaisance. A ces mesures particulières il faut évidemment ajouter toutes celles édictées dès le début de l'Occupation et applicables partout, en ville comme dans les campagnes. La création de nouvelles pistes ou l'agrandissement des aérodromes aboutissent au saccage de centaines d'hectares de pâtures et de plaines céréalières éventrées à quelques semaines des récoltes. Et il n'est pas question de discuter! Pour avoir voulu s'opposer à l'écrasement de sa pièce de blé presque mûr, un cultivateur des Préaux dans l'Eure reçoit des coups de crosse avant d'être jeté en prison. Fait similaire à Tour-en-Bessin où Emile Dedonckère est appréhendé par les Feldgendarmes parce qu'il a levé son fouet sur le conducteur d'un engin de terrassement. Au Tréport, le patron-pêcheur Roger Le Goff qui a refusé de quitter son bateau réquisitionné se retrouve dans une cellule d'Amiens. Ce ne sont là que trois exemples relevés parmi une centaine cités dans les journaux locaux.

L'approvisionnement des troupes réparties sur tout le littoral normand nécessite la réquisition de véhicules aptes au transport, de même que le rassemblement de tous les wagons de marchandises qui s'alignent en rames sur les voies de garage des dépôts. Ils ne vont pas tarder à servir au transport des tonnes de matériaux les plus divers, ou à amener jusqu'aux quais les infrastructures de jetées mobiles sorties des usines Krupp. Les Britanniques reprendront d'ailleurs ce procédé pour la fabrication de leurs mulberrys à Arromanches, en 1944.

Au milieu de tous ces chantiers et de ces soldats affairés, la population de la côte normande s'efforce de reprendre une existence normale, encore que normale n'est sûrement pas le mot qui convient pour dépeindre des conditions de vie aussi précaires qu'aléatoires. Sur cela, se greffent des rapports parfois difficiles avec la troupe, car, si le temps est toujours celui des relations « correctes » envers les occupés, des frictions surgissent parfois lors de rencontres avec des militaires dont certains se montrent arrogants, voire brutaux. Il est évident que les chevauchées triomphales de leurs armées déclenchent chez quelques-uns des manifestations d'orgueil et de supériorité. Mais ce que les fiers officiers allemands ignorent encore en cet automne de 1940, c'est que, déjà, des regards furtifs mais vigilants suivent l'évolution de leurs préparatifs et de leurs travaux en vue de l'assaut des côtes britanniques. Comment imagineraient-ils que le résultat de ces minutieuses observations se trouvera rapidement entre les mains de leurs ennemis, dans cette capitale anglaise que leur aviation matraque journellement, car, depuis le 10 juillet, la Bataille d'Angleterre fait rage. Une bataille uniquement aérienne, mais dont le tragique bilan s'inscrit parmi les plus meurtriers et les plus dévastateurs de cette première année du conflit. Lorsque la fin du mois de janvier 1941 marquera également la fin des grands raids allemands sur les villes britanniques, le monde aura compris qu'en dépit de sa puissance le Reich n'est pas invulnérable puisque les pilotes de chasse de la R.A.F. ont tenu en échec la vaniteuse Luftwaffe du prétentieux Goering [1]. Une défaite qui va enterrer définitivement le plan Seelöwe, car Hitler ne dispose plus de moyens suffisants pour l'appliquer. Et puis... d'autres projets accaparent l'esprit du dictateur : dans six mois, (le 22 juin 1941), ce sera la brutale attaque contre l'U.R.S.S., l'alliée d'aujourd'hui. Le plan Barbarosa devient, lui, une réalité !

Le raid anglais sur Bruneval : opération « Biting »

Au début de l'année 1941, les Allemands aménagèrent sur la falaise de Bruneval, à 2 km du cap d'Antifer, un poste de radio-location, nom donné au centre radar Freya, l'un des plus grands en service en Europe. Ce radar à grande portée repérait et signalait tous les passages d'appareils se dirigeant vers le continent. Par leurs photos aériennes, les Britanniques connaissaient bien la structure du site de Bruneval, mais ils étaient fort intrigués par un rapport du réseau de résistance « Confrérie Notre-Dame » qui mentionnait la présence d'un second radar à distance du Freya. Or, le rapprochement fait entre l'information de la Résistance et la

1. La Luftwaffe a perdu 2 265 appareils, la R.A.F., 945. Churchill dira : « Jamais le destin de tant de personnes n'a résidé dans les mains de si peu d'hommes. »

détection soudaine de la chasse de nuit amena les spécialistes anglais à faire effectuer une nouvelle série de photographies plus précises. Leur développement montra une petite structure en forme de dôme qui, à l'agrandissement, se révéla être une sorte de parabole. La comparaison avec les différents systèmes allemands de repérage permit d'établir qu'il s'agissait d'un Würzburg W-110 qui, couplé avec le Freya, fournissait un balayage total des distances, des relèvements et des sites. Cet ensemble constituait une grave menace pour la R.A.F., tant sur le plan défensif qu'offensif. En décembre 1941, la décision fut prise de réaliser une opération de commandos pour détruire l'ensemble et, surtout, ramener en Angleterre les pièces maîtresses des deux radars. La première mesure arrêtée fut de demander à la Confrérie Notre-Dame une étude détaillée du plateau de Bruneval qui indiquerait tous les moyens de protection établis par les Allemands, et préciserait à l'aide de calques les différents accès au site.

Le 24 janvier 1942, un double message parvient au colonel Rémy, le premier d'ordre général insiste sur l'importance du second, lequel se présente sous la forme du questionnaire suivant :

« 24.01.1942 – A Raymond (code A) n° 50 – Répondre :
1) Position et nombre mitrailleuses défendant chemin Falaise à Theuville. Je dis Theuville sur la côte entre cap Antifer et Saint-Jouin, environ dix-sept kilomètres vol d'oiseau nord Le Havre.
2) Quelles autres défenses ?
3) Nombre et état préparation défenseurs. Sont-ils sur qui-vive ?
4) Où sont-ils logés ?
5) Existence et positions mines et barbelés ? Fin. »

A la réception de ces messages codés « Urgent », Rémy interroge Roger Dumont (Pol) officier pilote du cadre de réserve, auteur du rapport initial sur le second radar de Bruneval, rapport établi au vu de renseignements fournis par Roger Hérissé (Dutertre) [1]. Celui-ci confirme ses informations et contacte Charles Chauveau (Charlemagne), garagiste au Havre, et l'un des meilleurs agents de la C.N.D. en

1. Nous avons évoqué ces deux agents de la C.N.D. au chapitre VII.

Seine-Inférieure. Rendez-vous est pris avec « Pol » pour une reconnaissance des lieux. Grâce aux époux Vennier, aubergistes de Bruneval, grâce au culot de « Charlemagne » et aussi, disons-le, à pas mal de chance, Rémy va pouvoir transmettre à Londres en un temps record le questionnaire parfaitement rempli ainsi qu'une série de détails supplémentaires dont, notamment, le schéma des sentiers de cheminement dans les champs de mines, le plan intérieur du « Presbytère », poste principal de la défense allemande, le rythme des relèves, ainsi que les noms des gradés prenant leurs repas à l'hôtel des Vieux Plats, de Gonneville-la-Mallet, village proche de Bruneval.

Parvenus à Londres, ces renseignements sont comparés avec les photographies et permettent de relever sur celles-ci des éléments prouvant la véracité des messages de la C.N.D. Les Britanniques n'en croient pas leurs yeux ! Ils possèdent maintenant toutes les données pour le lancement d'un raid de commandos sur Bruneval. Aussitôt, méthodiquement, ils construisent une maquette rigoureusement établie à l'échelle, dans laquelle figurent le paysage et les infrastructures du site. Tout y est reproduit : la falaise, les chemins, les sentiers, les haies, les clôtures, les habitations, les champs de mines et leurs passages d'accès, les réseaux de barbelés, et jusqu'à la nature caillouteuse de la grève. Simultanément, les équipages des avions, les parachutistes, les commandants de la flottille, ceux du Royal Fusiliers et du South Wales Borderers dont les unités se trouveront en couverture, les sapeurs et les observateurs sont soumis à un entraînement d'enfer. Chacun doit pouvoir d'instinct accomplir sa mission. La sélection des paras est impitoyable, ils appartiennent tous à une tranche d'âge fixée de vingt à trente-deux ans. Aucune exception ne sera prise en compte. Trois baroudeurs les commanderont : le major Frost, un Ecossais issu des *Cameronians* ; le capitaine John Ross et le lieutenant Peter Young (Junior). La responsabilité de diriger l'escadrille échoit au wing-commander Charles Pickard [1] qui ne retiendra que des bombardiers légers Whitley, équipés spécialement pour le transport des *paratroopers*. Placée sous l'autorité de l'état-major des Combined Opera-

1. Le Group Captain Pickard trouvera la mort, le 18 février 1943, lors de l'attaque sur la prison d'Amiens.

tions constitué par Lord Moutbatten, l'opération « Biting » doit suivre le plan suivant :

– Transport et largage des parachutistes sur l'objectif.

– La section Frost attaque le « Presbytère » et en annihile les occupants.

– La section Young lance l'assaut sur la station-radar, en prend le contrôle et protège les sapeurs chargés de la détruire.

– Puis les deux sections se rejoignent pour nettoyer le chemin de repli jusqu'à la plage, laquelle est prise en charge par le groupe para Ross dont la mission est de faciliter le rembarquement des sections d'assaut.

– Celui-ci effectué, la flottille repart pour l'Angleterre tandis que trois vagues de fighters se livrent à des attaques de diversion sur différents points de la côte.

Le 27 février 1942, les conditions météorologiques étant satisfaisantes, l'opération Biting démarre à 22 heures.

Entre 0 h 20 et 0 h 30, le squadron Pickard largue les paratroopers avec une grande précision sur les points prévus.

A 0 h 40, le « Presbytère » est aux mains de la section Frost. Au même moment les paras de Young investissent la station-radar et protègent le Flyng-Sergeant Cox, spécialiste de ce type d'installation, qui prélève les instruments et les pièces vivement démontés.

A 0 h 56, les charges disposées par les sapeurs explosent tandis que les sections se replient vers la plage où les attendent les L.C.T. escortés par deux torpilleurs et quatre canonnières. Les troupes de réserve, massées dans des Landing-Crafts, n'ont pas eu à intervenir.

L'opération Biting a coûté aux Britanniques 1 mort, 7 blessés, 6 disparus (dont 5 en fait furent prisonniers) ; aux Allemands, 9 morts, 21 blessés, 18 disparus (probablement noyés). Son retentissement fut fabuleux. La presse américaine et les journaux soviétiques titrèrent ce succès sur plusieurs colonnes, quant aux quotidiens britanniques, s'ils célébrèrent ce raid, ils ne fournirent guère de détails sur sa réalisation. La prudence nécessitait d'autant plus cette discrétion qu'il n'était pas question d'en dévoiler les plans dus à la Résistance normande, et plus particulièrement, ainsi qu'on l'a vu, aux agents locaux de la C.N.D. du colonel Rémy.

Mais les Britanniques ne l'oublièrent jamais, à tel point que l'opération Biting est répertoriée comme le « résultat d'une coopération franco-anglaise » dans un certain nombre d'articles et d'ouvrages historiques. Le colonel Rémy reçut les félicitations de l'état-major des Combined Operations, félicitations qu'il s'empressa de transmettre par un message spécial à son équipe C.N.D. de Seine-Inférieure.

Indépendamment du retentissement médiatique, le raid sur Bruneval s'inscrit dans l'histoire de la Seconde Guerre mondiale comme un événement d'une portée considérable, et cela pour deux raisons principales :

Il montra au monde que les prétentions du Reich sur l'invulnérabilité de la forteresse Europe ne résistaient pas à une mise à l'épreuve. Si les défenses allemandes pouvaient être ébréchées, voire enfoncées en certains endroits – et cela se vérifia par la suite – cela signifiait que des opérations de très grande envergure possédaient beaucoup de chances de réussites. Et ce fut le cas avec les débarquements de Normandie et de Provence.

Secondement, l'expérience de l'opération Biting, comme plus tard celle de Dieppe, allait fournir des enseignements primordiaux : réactions des états-majors ennemis, rôle des parachutistes, nécessité d'un important soutien aérien, banc d'essai pour le matériel de débarquement, efficacité de la coopération marine-aviation-paras-commandos d'assaut, enfin importance capitale du renseignement préliminaire. A cet égard, l'expérience de Dieppe démontra que l'absence d'informations sur les systèmes défensifs et sur l'importance des troupes du secteur représentait une grave lacune pour des opérations de ce type.

Il en sera tenu compte pour Overlord dont plus de trois cents messages de la Résistance normande permirent la réussite [1].

Dieppe : une nécessité politique d'abord

S'il est un événement de la Seconde Guerre mondiale qui laisse perplexes les historiens et les politologues se penchant sur cette époque, c'est bien cette opération Jubilee. Car de

1. Voir *Résistance normande et « jour « J »*, op. cit.

toutes les explications qui ont été fournies pour la justifier, aucune n'apparaît vraiment crédible. Et même si on les additionne pour former un ensemble motivant, il n'en ressort pas de raisons suffisamment impérieuses pour la légitimer.

Sans nous attarder particulièrement sur ce sujet de débat, voyons quelles sont ces explications avancées par les promoteurs de cette expédition qui se termina par un fiasco total et, hélas, des centaines de morts. D'abord, notons qu'elles sont de deux natures : politique et technique.

Politique à l'échelon international parce qu'au printemps de 1942 la puissance militaire des forces de l'Axe paraît à son apogée. Le Reich contrôle toute l'Europe de l'Atlantique à la Volga et du cap Nord à Salonique. Dans le Pacifique et l'océan Indien, l'empire du Soleil-Levant domine partout. Et même en Afrique les unités italiennes et allemandes s'imposent de jour en jour en Egypte et en Libye. Face à cette marée noire, les Soviétiques résistent de leur mieux, mais ils ont dû abandonner toute la partie occidentale de l'U.R.S.S. Ils viennent de perdre trois armées lors de l'offensive Timochenko au début de mai. Sébastopol, menacé, va tomber le 3 juillet, Rostov-sur-le-Don le 27. Depuis plusieurs mois, Staline réclame à cor et à cri l'ouverture d'un second front en Europe qui dégarnirait les forces allemandes du front de l'Est. L'hypothèse restant possible qu'en cas de nouvelle déroute de leurs forces militaires les Soviétiques en viennent à signer une paix séparée avec le Reich, Churchill et Roosevelt doivent écarter cette épée de Damoclès à tout prix. Comme il n'est pas question pour le moment d'envisager un débarquement sur les côtes continentales, mais qu'il est nécessaire de faire un geste pour calmer les grognements de Staline, on en vient à envisager une opération de diversion qui aurait aussi le mérite de montrer au Kremlin la somme de difficultés à surmonter pour la création d'un second front. Ainsi se dessine la raison politique de l'opération Jubilee.

Sur le plan technico-militaire, une telle opération présenterait l'avantage de tester le système défensif en France, ses réactions et ses enchaînements, de vérifier les dispositions immédiates prises par la Kriegsmarine et la Luftwaffe, et de juger du comportement de l'O.K.W. sur les autres fronts.

Elle permettrait aussi d'étudier les types de matériel à développer ou à modifier, et notamment dans le domaine des péniches d'assaut, des chars amphibies et des engins du génie.

Telles sont les explications retenues pour justifier cette opération Jubilee dont personne n'ignore au sein des états-majors alliés qu'elle sacrifiera des milliers d'hommes et la destruction d'un potentiel militaire important.

La décision du raid étant acquise, restait à en déterminer le lieu. Différentes raisons, toutes valables, firent écarter les premiers ports envisagés : Saint-Malo, Cherbourg, Le Havre, Caen, Fécamp et Boulogne.

Un seul site, malgré son abord défavorable – plage de gros galets, falaises, défenses sévères –, pouvait convenir : Dieppe, en raison de sa proximité des bases de départ anglaises.

Le projet étant ainsi arrêté, il fallait définir les moyens de l'assaut et choisir quelles troupes seraient lancées dans cette aventure douteuse pleine de dangers. Ce choix se porta sur la 2e D.I. canadienne qu'accompagneraient plusieurs commandos anglais sous les ordres du lieutenant-colonel Lord Lovat [1].

Il serait trop long d'expliquer ici pourquoi ce furent les Canadiens qui formèrent l'essentiel du Corps expéditionnaire. Plusieurs raisons de haute stratégie politique déterminèrent leur désignation. Celle que les historiens britanniques ont retenue est simple : les Canadiens s'ennuyaient ! Depuis de longs mois qu'ils étaient arrivés en Angleterre, leur inactivité leur pesait ! On allait donc leur fournir un dérivatif ! Et quel dérivatif !

19 août 1942 : Dieppe, les Allemands sur leurs gardes

Depuis le mois d'avril 1941, la XVe armée allemande, dont le Q.G. se trouve à Tourcoing, s'est livrée à des exercices d'embarquement et de débarquement sur le littoral entre Le Havre et Calais. C'est donc une troupe parfaitement aguerrie aux opérations amphibies qui défend les côtes

1. On le retrouvera avec ses commandos, le 6 juin 1944, au pont de Bénouville.

Manche-Nord. Le secteur de Dieppe est tenu par la 302e D.I. du Generalmajor Conrad Haase [1] qui appartient au 81e corps d'armée du général Kunster dont le P.C. se situe à Canteleu près de Rouen. A droite de la 302e D.I., au nord-est, la 321e D.I. relève du 82e corps. A sa gauche, vers l'ouest, cantonne la 332e D.I. du général Kessel dont le Q.G. réside à Bolbec. Plus en arrière, les réserves du 81e corps s'échelonnent de Bacqueville à Doudeville et d'Yvetot à Barentin. Outre un sous-groupement de D.C.A. implanté sur le golf à l'ouest de Dieppe, l'artillerie défensive comprend : la batterie 813 à Varengeville, la batterie 2/770 à Berneval, la batterie 3/770 à Mesnilval, la batterie 265 au-dessus d'Arques-la-Bataille, la batterie 8/302 à Neuville-lès-Dieppe, et la batterie 7/302 dite batterie « Goering » aux Quatre-Vents à Pourville. Toutes ces batteries sont équipées de pièces de 105 et de 75, mais celle de Berneval possède en plus des canons de 170, elle dépend de la Luftwaffe qui dispose également d'un radar proche et d'un important centre de T.S.F., cependant que les casemates de Varengeville ont été dotées de 6 pièces de 150 reliées au phare de la pointe d'Ailly où se trouve un poste d'observation.

Bien que rien n'ait jamais laissé supposer que les Allemands eurent vent des projets Jubilee, on notera tout de même que la directive du Führer datée du 9 juillet attirait l'attention des états-majors de la XVe et de la VIIe armée sur des « possibilités de débarquements ennemis dans les secteurs du Pas-de-Calais, entre Dieppe et Le Havre, ainsi qu'en baie de Seine ». En fin de message, Hitler ordonnait un resserrement des relations entre la Luftwaffe et l'O.B.W. pour faire face à toute menace dans ces zones. Une note complémentaire de l'O.K.W. incitait le Q.G. de la XVe armée à déterminer un calendrier de la concordance des marées et des mouvements de lune favorables à une opération amphibie. Le résultat de ces comparaisons, envoyé à tous les P.C. divisionnaires, indiquait les dates suivantes : du 27 juillet au 3 août, du 10 au 19 août, du 25 août au 1er septembre.

En application de ces diverses informations, le général

1. A ne pas confondre avec le chef de la XVe armée, le colonel-général Curt Haase dont le Q.G. se trouvait à Tourcoing et auquel succéda, en juin 44, le général von Salmuth.

Conrad Haase mit sa 302e D.I. en état d'alerte pour les deux dernières périodes et en veille permanente pour toutes les nuits incluses dans ces fourchettes. Il réclama en urgence des renforts et obtint, le 12 août, ce complément de personnel avec l'arrivée de 1 200 hommes prélevés sur les réserves du 82e corps.

A ce moment, il devenait impossible de prendre la XVe armée allemande au dépourvu. Les Britanniques ignoraient toutes ces manœuvres défensives, mais l'auraient-ils su qu'on peut se demander si cela aurait modifié leur décision, car, après l'annulation de juillet, ils se trouvaient pratiquement au pied du mur vis-à-vis de leur allié russe.

« Jubilee », le sort en est jeté

Un mois et demi plus tôt, l'opération « Jubilee » s'appelait encore opération « Rutter ». Fixée au 4 juillet, elle dut être annulée en raison d'un temps peu favorable. Le lendemain, plusieurs appareils de la Luftwaffe survolèrent les zones d'embarquement, laissant craindre que les Allemands aient décelé les préparatifs d'un coup de main. Mais Churchill s'étant engagé envers Staline, il fallut bien reprendre l'affaire. « Rutter » devint « Jubilee », mais on comprend difficilement pourquoi, du point de vue stratégique, une modification entraîna la suppression de deux volets de l'opération qui paraissaient pourtant essentiels : le parachutage des commandos sur les côtés et à l'arrière de l'objectif, et l'abandon des bombardements préliminaires prévus. Une grossière erreur tactique qui ne sera, fort heureusement, pas renouvelée lors de l'opération Overlord du 6 juin 1944 en baie de Seine. Quoi qu'il en soit des raisons qui aboutirent à cette ineptie, même si l'on admet que le résultat n'en aurait pas été modifié, on peut dire avec le recul du temps et en examinant les différentes phases de l'assaut, que cette altération du plan initial allait considérablement en affaiblir la vigueur, et aggraver les pertes humaines.

Dans la nuit du 18 au 19 août, les flottilles, suivant les chenaux déminés par les dragueurs, s'approchèrent de la côte française. Sous les ordres du capitaine de vaisseau Hughes Hallet et du général Roberts commandant la 2e D.I.

canadienne, 191 bâtiments répartis en 13 groupes transportaient 6 000 hommes. Ils étaient escortés par 8 destroyers, 2 canonnières, 16 vedettes, 7 chasseurs de sous-marins français dont 4 armés par les Forces navales françaises libres, 20 chaloupes à moteur et 1 ravitailleur. L'heure H était fixée à 4 heures (heure d'été anglaise) et tout semblait bien se passer lorsque le groupe n° 5 chargé des plages 1 et 2 (Le Petit Berneval et Belleville) se heurta à un petit convoi allemand longeant la côte depuis Boulogne et attendu à Dieppe pour 5 heures. Ce heurt n'aurait jamais dû se produire car le puissant radar allemand Freya avait signalé à 2 h 35 des mouvements de navires à 35 km de la côte. Le P.C. des transmissions lui répondit qu'il s'agissait « probablement » du convoi de Boulogne attendu. De leur côté, les radars britanniques avaient capté la présence de bâtiments au large des zones de débarquement, mais des liaisons défectueuses empêchèrent la flotte d'Hughes Hallet d'être prévenue, de sorte que des navires britanniques et allemands suivaient une route qui devait fatalement se croiser. La surprise des uns n'eut d'égale que celle des autres et aboutit à une canonnade que personne, pas plus à terre que sur mer, ne parut entendre !

Tandis que le groupe n° 5 se démène avec les bateaux ennemis, les commandos de Lord Lovat prennent pied entre Vasterival et Quiberville où ils détruisent les 6 pièces de la batterie 813. Ceux du major Young, débarqués sous Belleville, parviennent à neutraliser la batterie 2/770 sans toutefois pouvoir en détruire totalement les canons. Pendant ce temps, les chalands mettent à terre, à Puys, 600 hommes du Royal Regiment of Canada sous le feu des mitrailleuses allemandes. 152 soldats sont tués, 465 faits prisonniers. Un désastre qui condamne toute l'opération puisque c'est en empruntant ce ravin du Puys que les Canadiens devaient maîtriser la batterie dite « Rommel » dont les canons balayent la plage de Dieppe. Un désastre qui « fut la principale cause de l'échec du plan militaire [1] ».

L'assaut du secteur de Pourville mené par le South Saskatchewan Regiment, bientôt secondé par les Cameron Highlanders, se présente sous de meilleurs auspices. La première vague subit des pertes mais réussit à accéder au poste-

1. Rapport Hughes Hallet. Amirauté britannique.

radar qu'elle détruit. La seconde remonte la rive gauche de la Scie sur une profondeur de deux bons kilomètres, mais elle doit stopper sa progression puisque les chars prévus ne sont pas là. Elle va maintenir sa tête de pont jusqu'à 11 h 30 avant d'être submergée par la contre-attaque allemande.

Les plans de l'opération Jubilee prévoyaient qu'à 5 h 20, au moment où la force principale arriverait sur la plage même de Dieppe, les deux batteries de Berneval et de Varengeville seraient maîtrisées et que les points de défense de chaque côté du port dits Bismarck et Hindenburg auraient été conquis. La catastrophe des Puys et le demi-échec de Pourville modifièrent l'application du projet. Un autre facteur intervint pour ajouter au désarroi des troupes canadiennes, ce fut la carence des chars. Certes débarqués dans de mauvaises conditions – 5 L.C.T. qui les transportaient coulèrent – les 28 chars amenés à terre ne purent être utilisés à bon escient. Plusieurs se déchenillèrent sur les galets, 7 franchirent le muret de digue, mais 4 seulement pénétrèrent en ville où ils furent immobilisés par les antichars ennemis. Tous les membres des équipages périrent ou tombèrent aux mains des Allemands, sauf un qui revint à Portsmouth.

Sur la plage et l'esplanade balayées par un feu d'enfer, les soldats du Royal Hamilton, de l'Essex Scottish, et les fusiliers du Mont Royal savent déjà qu'ils n'ont plus pratiquement aucune chance d'en revenir. Ils combattent malgré tout avec un héroïsme qui sera salué par leurs adversaires. Le sacrifice du commando britannique des Royal Marines – 370 hommes commandés par le lieutenant-colonel Philipps qui fut tué – n'y changera rien. A 9 h 35, Hughes Hallet doit ordonner le rembarquement.

Les Canadiens déplorent 907 morts, 568 blessés, et 1 306 prisonniers. Les Anglais ont perdu 152 des leurs. Sur les plages jonchées de cadavres, de débris, d'épaves, les Allemands font tirer des centaines de photos, et leurs journaux titreront sur « l'échec du débarquement anglais ». La presse servile de l'Etat français ne sera pas en reste, mais le déshonneur viendra du haut, de Vichy, lorsque Pétain adressera à Hitler son télégramme pour « *le succès remporté par les troupes allemandes qui, par leur défense, ont permis le nettoyage rapide du sol français* ». Cette phrase figure dans les attendus du jugement de Pétain prononcé le 15 août 1945 ; elle dissipe toute notion d'ambiguïté sur le comportement du Maréchal en cet été de 1942 [1].

Dieppe – Et les Normands ?

La population qui se trouva au cœur de ce raid, dans la ville et ses environs, n'a guère eu l'occasion de suivre le déroulement des combats. Ceux-ci ayant débuté avant la levée du couvre-feu bloquèrent les habitants chez eux. Très peu de personnes ont pu prendre connaissance des milliers de tracts lancés à l'aube par l'aviation britannique, invitant les gens à se tenir à l'écart des combattants et précisant qu'il ne s'agissait pas de « l'invasion », mais d'un coup de main. Manifestement, le commandement allié ne tenait pas à voir se répéter les incidents survenus lors du raid sur Saint-Nazaire le 27 mars 1942 où les civils, croyant au débarquement de libération, gênèrent les commandos et subirent des représailles. Mais de toute façon, les Allemands restés maîtres en ville ne tolérèrent aucun déplacement autre que celui des pompiers. La grande majorité des Dieppois demeure donc au moment de l'attaque confinée dans les habitations, pensant qu'il s'agit encore d'un bombardement plus massif sur les batteries côtières. Ce que confirme, à 6 h 30, le sous-préfet M. Sassier qui invite la population à ne pas quitter les abris. Sage précaution puisque les bombes touchent plusieurs immeubles de la ville, ainsi que ceux du faubourg de Janval. Une autre vague frappe les communes d'Arques-la-Bataille, de Berneval, et de Brequemont. Malgré tout, le secteur de Dieppe dénombrera 48 morts et 102 blessés. Mis à part les hôtels du littoral, la mairie, la manufacture des tabacs, il n'y a pas de gros dégâts.

1. S'il a été formellement établi que ce télégramme adressé au Führer par Pétain est exact, il n'en est pas de même avec celui expédié, le 21 août à 18 h 40 (Message n° 514), à Benoist-Méchin (Secrétaire d'Etat chargé des rapports franco-allemands) dans lequel le Maréchal aurait proposé « la participation de la France à sa propre défense pour la sauvegarde de l'Europe ». Il semble bien que ce texte ait été une manœuvre du pronazi de Brinon afin de « forcer la main » de Pétain dans un engagement à combattre les Anglo-Saxons aux côtés des Allemands. Il faut reconnaître que le Maréchal et ses amis proches les plus influents n'ont jamais envisagé d'entrer en guerre contre les Alliés...

La population étant restée à l'écart, soit en obéissant aux consignes de Londres, soit en obtempérant aux ordres allemands, soit par simple souci de conservation, va bénéficier d'un « geste » du Führer euphorique après ce succès. Par un télégramme daté du 29 août, le Haut Commandement indique au maire M. Levasseur que « la population ayant fait preuve de la plus grande correction en assistant les troupes allemandes, en soignant les blessés, et en assurant le ravitaillement, nous ordonnons qu'en reconnaissance de cette attitude les prisonniers de guerre français domiciliés dans les localités du secteur de combat de Dieppe soient libérés ».

En conséquence, près de 1 200 prisonniers quittent leurs stalags ou oflags en deux convois dont le premier arrivera à Dieppe, le 12 septembre. Si effectivement il y eut des gestes humanitaires à l'égard des soldats du Reich, il y en eut également beaucoup envers les malheureux Canadiens, notamment au camp de rassemblement de Saint-Nicolas où des vivres et des pièces d'habillement leur furent offerts, car les Allemands les avaient obligés à se dévêtir. D'impressionnantes gerbes de fleurs sont déposées sur les cercueils et les tombes d'aviateurs alliés, d'autres vont l'être dans le cimetière du bois des Vertus à Hautot-sur-Mer où sont regroupés les corps des combattants canadiens et britanniques.

Parmi les enseignements que l'état-major des opérations combinées tira de cette opération Jubilee, il faut souligner celui relevé par Sir William James : « Contrairement à ce qui se passa à Bruneval et à Saint-Nazaire, le coup de main sur Dieppe s'effectua sans la moindre concertation avec les réseaux de résistance. Aucune information ne fut demandée, aucun plan de défense ne fut réclamé, on se contenta des photos aériennes qui ne fournissaient que des clichés imprécis. A la veille du 19 août, on ignorait à peu près tout de l'adversaire, de ses forces exactes, de ses cantonnements et de ses réserves. Cette lacune nous a coûté cher [1] ! »

L'observation est juste, sa conclusion logique.

1. Rapport James, n° 453/8976. Amirauté britannique.

CHAPITRE X

Maquis de Normandie

Définition historique de l'appellation « maquis »

Avant de nous pencher sur chacun des maquis normands qui s'enracinèrent sur les terres de l'ancien duché, il nous semble nécessaire d'en ouvrir le chapitre en définissant ce que signifiait, entre 1940 et 1944, le terme de « maquis ».

Le Larousse illustré indique que l'expression « prendre le maquis » veut dire : « échapper aux lois de l'autorité établie en passant dans la vie clandestine ». Quant au dictionnaire de la Connaissance, édition 1996, il donne du mot maquis la définition suivante : « Région isolée et boisée où se réfugiaient et s'organisaient les résistants ; groupe de ces résistants ». L'addition de ces deux formules nous fournit l'explication exacte de ce qu'on appela des maquis pendant l'Occupation.

Ceux qui vécurent plusieurs mois, voire des années, dans le maquis n'acceptent pas – et ils ont raison – que le terme de « maquisard » désigne toutes les personnes autres que celles ayant partagé « une vie de reclus nomades au sein de la nature, n'en sortant seulement que pour se livrer à la guérilla à l'encontre des forces de l'oppresseur ».

Une déformation basée sur une simplification de langage aboutit bien souvent à nommer « maquis » les différentes formations impliquées dans la lutte clandestine, dont les trois principales étaient, rappelons-le, les corps francs, les groupes francs et les compagnies (celles-ci étant essentiel-

Résistance normande le 1er juin 1944

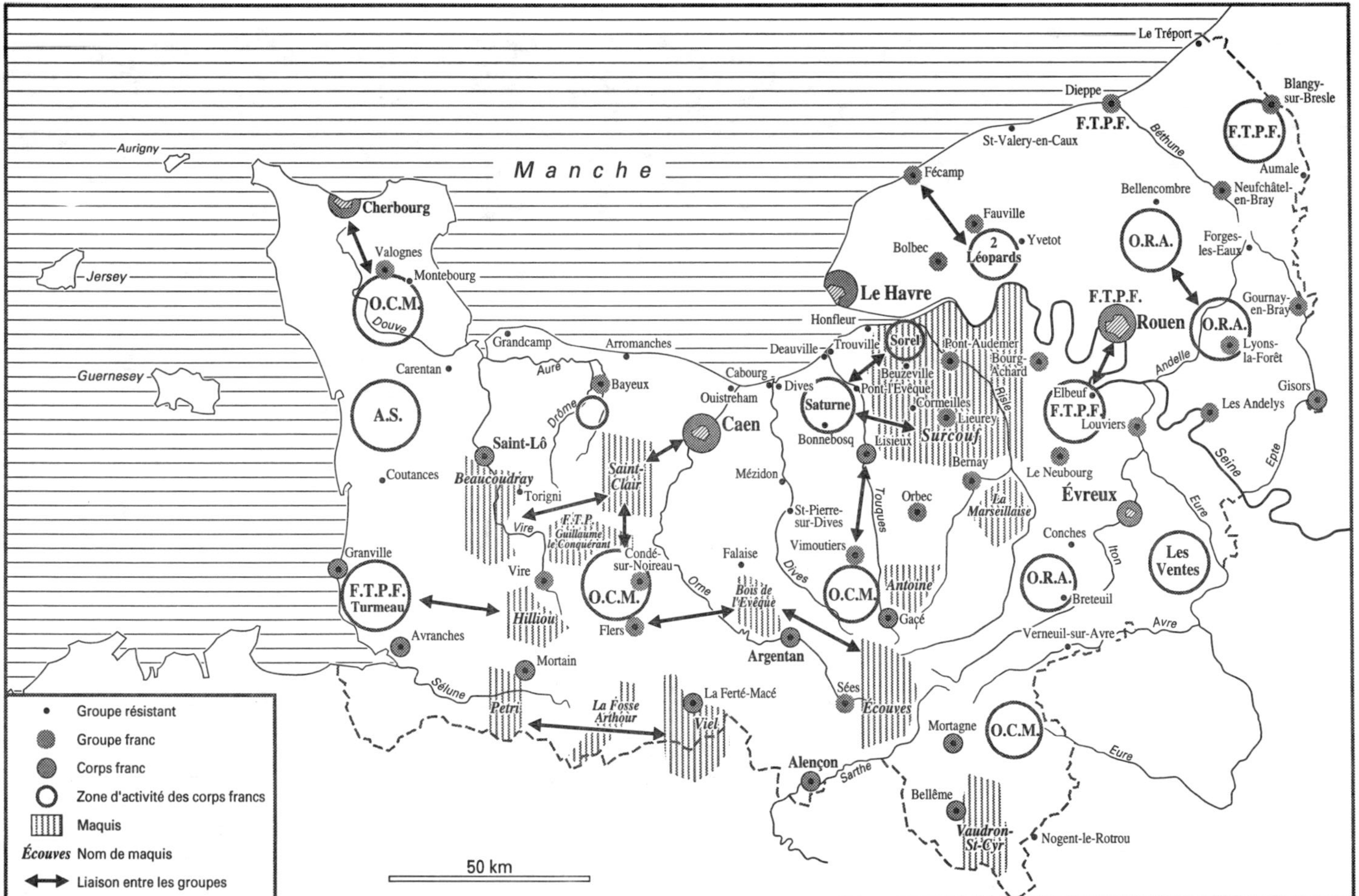

Cartographie : R. Ruffin. *Tous droits de reproduction réservés.*

lement dépendantes des F.T.P.F.) [1]. Et le mot « maquis » remplacera parfois dans les propos et les conversations populaires celui des « maquisards », ainsi que l'illustre le témoignage suivant recueilli en 1977 auprès d'une habitante de Martigny dans la Manche :

« Je partais " tirer " mes vaches, il faisait à peine jour, lorsque j'ai vu passer " les maquis " sur le chemin d'en bas. J'étais prête à rentrer, j'avais déjà mis mes channes sur le dos du bourri, quand ça s'est mis à péter sur la grand-route. Je m' suis aussitôt " muchie " dans le pied de la haie. J'y suis ben restée tout pendant qu' ça mitraillait. Quand ça s'est calmé, j' sus ben aco d'meurée eune heure accouflée d' crainte de r'cever un mauvais coup. Et pis, j'ai vu les " maquis " qui r'descendaient par le travers du bois ; j'ai pas attendu pour rattraper l' bourri et m' rentrer [2]. »

En fait, les « maquis » de cette brave femme étaient les membres du corps franc Blouet-Navier, de Saint-Hilaire-du-Harcouët, qui avaient attaqué un convoi léger allemand, sur la D 170, entre Martigny et Le Mesnillard.

Fréquemment, en recueillant des témoignages, nous entendrons cette expression « les maquis », employée pour désigner la moindre escouade de résistants en action. Elle n'est pas particulière à la Normandie puisque nous la retrouverons lors de nos recherches dans l'Yonne, la Nièvre, la Haute-Vienne, l'Ain et le Jura. On connaîtra même des amalgames insupportables lorsque des rapports de gendarmerie ou des articles de presse évoqueront ce nom de « maquis » à propos d'affaires de pillages et de vols effectués par des bandes de droits communs au nom de la Résistance. On peut citer, à titre d'exemple, cet extrait d'un compte rendu du brigadier M.C., de Pont-l'Evêque dans le Calvados, à propos du rançonnement de cultivateurs en mai 1944 :

« ... Il ne fait aucun doute que les individus étaient des " maquis " de la région déjà responsables de faits semblables, les mois précédents [3]... »

Notons, pour ce cas particulier, qu'en septembre 1944

1. On trouvera dans *Résistance normande et jour « J »* (op. cit.) les définitions exactes de ces formations, pages 67-68.
2. Témoignage de Mme Léonie Delorme (21.04.1977). Dossier n° 7.
3. Dossier n° 27 : 241680 (Fonds Marcel Baudot).

la gendarmerie de Blangy-le-Château arrêtera les coupables, de pâles voyous, auteurs de sept agressions similaires.

Il importe donc lorsqu'on parle de maquis de vérifier ou de faire préciser qu'il s'agit bien de formations patriotiques réparties en milieu naturel : forêts, landes, bois, campagnes, massifs montagneux, soumises à une autorité résistante supérieure : mouvements, réseaux, comités locaux, hiérarchies militaires ou civiles, et n'effectuant que des opérations spécifiquement ordonnées par le combat contre l'occupant ou ses féaux. Les grands maquis nationaux – Vercors, Glières, Mont-Mouchet, Aigoual, Saint-Marcel, Ain-Jura, Limousin, Oisans, etc. – bénéficièrent de liaisons directes avec la France libre de Londres puis d'Alger, dont ils ne reçurent d'ailleurs pas, pour différentes raisons (stratégiques, politiques, économiques, souvent nébuleuses), le soutien escompté. De plus, les grands rassemblements à point fixe ne pouvaient être ignorés des occupants qui décidèrent de les réduire, ainsi furent décimés le Vercors, les Glières, et le Mont-Mouchet, notamment. Seuls, en dépit des nombreuses attaques dont ils furent l'objet, les camps volants de l'Ain, du Jura, de la Savoie, de l'Oisans, du Limousin, de la Nièvre, du Morvan, de Bretagne, et des Landes, échappèrent à la destruction. Contre un ennemi disposant de la technique militaire, de l'aviation, et de l'armement lourd, un maquis statique n'avait aucune chance; pour avoir méconnu ou fait fi de cette donnée essentielle de la guérilla, les promoteurs des grandes concentrations maquisardes envoyèrent à la mort des milliers de patriotes. Après la guerre, on fit pudiquement l'impasse sur cette coupable erreur dont les pontes d'Alger, de Londres, ou de certains mouvements de résistance, se rejetèrent discrètement la responsabilité. Cinquante ans après, l'histoire reste déshonorée par les piédestaux sur lesquels on a hissé des hommes indignes, qui auraient dû rendre des comptes au pays sur tous les morts que leur incompétence, ou leur irresponsabilité, leur laxisme ou leurs combines, ont sacrifiés sur les plateaux et les massifs montagneux. L'ultime télégramme envoyé par les derniers combattants du Vercors, abandonnés à eux-mêmes après avoir été mobilisés par les beaux parleurs de salons, transmet bien le véritable message de cette épopée dramatique : *« ... Agissez très vite. Si aucune aide, population et nous jugerons Alger des criminels et des lâches, je dis CRIMINELS ET LACHES. Fin. »*

Il n'est pas dans notre propos d'ouvrir le dossier du Vercors, mais seulement de démontrer la stupidité d'une « stratégie » totalement incompatible avec cette forme particulière d'action qu'est la guérilla.

Un homme qui fut un expert en ce domaine, le colonel Romans-Petit, chef des maquis de l'Ain et du Haut-Jura, nous disait en 1979 : « Le propre des maquisards n'est pas de livrer bataille à un ennemi dont les moyens de locomotion, de transmission, d'armement et de couverture aérienne leur sont plus de cent fois supérieurs, mais de harceler ses déplacements, de tendre des embuscades aux convois, de miner ses accès, de saboter ses voies de communication, d'anéantir ses réserves par des interventions rapides, fulgurantes, en ne lui offrant pas la possibilité de combat en terrain découvert. » Cette stratégie qui a marqué de tout temps les luttes libératrices a été appliquée avec succès par les meilleurs chefs de maquis français : Romans-Petit, Guingouin, Coulandon (Gaspard), Champenier, Ravanel, Pétri, Dussarat, et Leblanc en Normandie, que nous évoquerons en fin de chapitre dans les pages consacrées au Surcouf.

Ceux disparus avant le jour « J » : 1) les Diables noirs

Deux raisons nous conduisent à commencer notre évocation des maquis normands par celui des Diables noirs : la première s'inscrit dans la chronologie, puisque cette formation fut créée au début de l'année 1942 ; la seconde tient à son aspect particulier, complètement original dans le domaine des organisations clandestines. C'est sans doute cette originalité qui nous incite à ouvrir cette rétrospective à la manière des récits d'autrefois :

Il était une fois dans un petit hameau de Haute-Normandie, nommé « Les Ventes » près du village de Saint-Denis-le-Thiboult à l'orée de la forêt de Lyons, deux frères qui exploitaient une modeste scierie. Ils étaient mariés et les deux couples vivaient en bonne harmonie dans leurs maisonnettes devant lesquelles s'étalait en permanence un chantier de billes de bois, de grumes, et de bûches. Au pays, on les appelait les Boulanger, d'abord parce que c'était leur nom mais aussi en raison de leur façon de vivre en autarcie. Ils avaient la réputation d'être malins, un peu « bracos », mais toujours aimables et serviables. Raoul, le bricoleur, s'occupait plus spécialement des ateliers et des machines, tandis qu'Henri surveillait et dirigeait aussi bien les coupes que la fabrication de planches, de madriers, de traverses et de chevrons. Les femmes de la maison, Lucienne et Augustine, aidées des grand-mères Duboc et Boulanger, assuraient les tâches ménagères, veillaient sur une basse-cour bien nécessaire en cette époque de restrictions, et entretenaient soigneusement un potager tout aussi vital pour les besoins alimentaires de la maisonnée. Une maisonnée qui va bientôt devenir une véritable pension de famille assez spéciale.

Volontaire en 1939 dans une unité de reconnaissance, Raoul Boulanger est fait prisonnier en juin 1940. Bien que sérieusement blessé à la jambe droite, il s'évade et, après un long périple, revient chez lui. En situation irrégulière, car il n'a pas été démobilisé, il craint d'être arrêté. Il pense donc à se ménager une sortie de secours pour le cas où on viendrait s'intéresser de trop près à sa personne. La porte de la retraite sera celle du placard de la cuisine derrière laquelle il creuse une cache. Avec son frère Henri, qu'un grave accident du travail avait fait réformer, il entreprend de forer ce qui ne sera d'abord qu'un boyau, puis une galerie étayée, avant de devenir un vaste souterrain. Chaque nuit, la terre de déblai est sortie seau par seau ; tout le monde participe à son évacuation et à sa dispersion. Mais voilà qu'un beau jour, un ami qui s'est entremis annonce à Raoul qu'il est parvenu à faire régulariser sa situation militaire. Le voici donc revenu à une existence légale, mais ce souterrain déjà bien aménagé ? Tant de travail pour rien ? Non ! car bientôt le gouvernement Pétain décrète le recensement des jeunes gens en vue de les envoyer travailler en Allemagne. Ce seront d'abord les spécialistes, puis les célibataires avant la publication de la loi imposant le Service du travail obligatoire (S.T.O.) qui aboutira à la création d'une nouvelle catégorie de Français; les réfractaires! Car beaucoup de requis refusent de partir et préfèrent aborder une vie clandestine.

Dans la famille des Boulanger, un certain nombre de cousins et de neveux sont concernés : Roland Pétrel, René Boulanger, Serge Lemoine, Jean Quédeville, Robert Papillon. Aucune hésitation dans le clan, les voilà pris en charge à la scierie, mais leurs nuits ne sont pas de tout repos car, sous la férule énergique de Raoul, ils vont s'échiner à jouer de la pioche et de la barre à mine, de la pelle et de l'égoïne. Les semaines, les mois passent, et telles des fourmis, les hommes besognent toujours pour agrandir sans cesse ce qui sera bientôt leur lieu de séjour car tous doivent plonger totalement dans la clandestinité pour se dérober aux recherches de la police aux ordres de l'occupant. Mais plus les travaux avancent, et plus les frères Boulanger voient grand! Deux salles ont été aménagées, une galerie dans laquelle il faut ramper communique avec un puits extérieur qui a été foré au milieu d'une sorte de tour en bois formée de madriers et érigée au fond du chantier. Un autre boyau débouche dans une marnière proche, ainsi la ventilation se trouve assurée puisque des bouches d'air dissimulées par des tas de fagots entretiennent une aération permanente.

Mais, tandis que le souterrain s'agrandit et s'équipe progressivement, Raoul Boulanger, qui n'a nullement l'intention de faire de la figuration dans la Résistance, est parvenu à entrer en contact avec un agent du réseau anglais Salesman, dirigé dans ce secteur par Philippe Liewer. Cet agent, Eric Gueugnier, ouvre une porte clandestine dans laquelle vont s'engouffrer les frères Boulanger.

Au printemps de 1943, l'équipe initiale se trouve fortement renforcée par l'arrivée de plusieurs réfractaires, plus ou moins parents des premiers arrivants. Devant cet afflux, il a fallu s'organiser; un véritable service d'intendance a vu le jour pour assurer l'existence de ces jeunes gens soumis à une vie de reclus. Des complicités extérieures assurent le ravitaillement grâce à un boulanger acquis à la cause, ainsi qu'à quelques cultivateurs sûrs, clients de la scierie. Le gîte et le couvert ne posent plus de problèmes, par contre Raoul et Henri craignent pour la sécurité de leur groupe. Déjà trop de gens soupçonnent les scieurs d'être à l'origine des

« pépins » qui frappent les Allemands dans leur matériel et leur parc auto. Ce n'est évidemment pas faux puisque Raoul rôde souvent la nuit avec trois ou quatre de ses « pensionnaires » à proximité des entrepôts et des hangars des occupants. La limaille est largement employée, tout comme la potée d'émeri, pour « lubrifier » les mécaniques et « décrasser » les réservoirs ! Cette épineuse question de la sécurité va se trouver partiellement résolue quand les deux frères décident de doter leurs hommes, lors des sorties nocturnes, de cagoules faites par la brave mère Duboc dans de vieux bas noirs dont elle semble posséder un stock appréciable. Ainsi va naître le surnom des Diables noirs. De plus, Raoul et Henri vont devenir pour l'extérieur clandestin Fantômas et Cartouche.

Au mois de septembre 1943, Philippe Liewer demande aux Diables noirs d'assurer et de couvrir les parachutages sur les terrains proches de la forêt de Lyons. Un instructeur est envoyé pour leur apprendre le maniement des Sten, des F.M., et des grenades qui forment l'essentiel de leur armement. Désormais, chaque nuit, par roulement, les reclus vont pouvoir s'oxygéner ! Ils sont maintenant 21 à se partager les lits de camp du souterrain que tout un système relie aux bâtiments annexes de la scierie.

Evidemment, toutes ces actions entreprises n'ont pas tardé à provoquer les réactions de la Gestapo rouennaise dont le fer de lance est la brigade antiterroriste du commissaire Louis Alie. Soit avec les Allemands, soit avec la Milice, plusieurs descentes sont effectuées à la scierie, mais les signaux d'alerte ont joué à chaque fois, et les policiers sont repartis bredouilles. Comment se seraient-ils doutés que ceux qu'ils recherchaient avec tant d'opiniâtreté se trouvaient... sous leurs pieds !

Cependant, la traque menée contre les résistants se fait de plus en plus pressante, et oblige les responsables de réseaux à se « décloisonner ». C'est ainsi que les parachutages destinés à des formations rattachées à d'autres antennes régionales sont, pour ce qui concerne celles relevant du S.O.E. ou de l'I.S., pris en charge par Salesman, dont la main-d'œuvre est assurée par les Diables noirs ! L'une des conséquences de ces pratiques va apparaître lorsque pour effectuer le transport des armes reçues, Fantômas devra avoir recours à des éléments, certes de confiance, mais extérieurs au maquis, et qu'il lui faudra, comme son frère, prendre le risque de convoyer les chargements en transit. Dans un camion conduit la plupart du temps par Robert Baron (Marquis), les stocks d'armes sont acheminés vers les caches des différents groupes. Le recours à des sédentaires nécessite une structure plus rigoureuse qui va donner naissance à des sections d'opérations, dont la responsabilité est assumée par des gens jugés sûrs par Raoul. Les principales seront : les liaisons, les transports, les interventions, les réceptions, les boîtes aux lettres, la sécurité, que dirigeront : Raymond Turquier (Terrain), André Trotel (Chevalier), Pierre Gillet (Charlot), Gustave Letout (Carnera), Roland Delamare (Grand Falu), Roger Choquet (Georgius). Quant aux missions de contacts, elles seront du ressort des femmes : Ernestine Blainville (Suzon), Cécile Boulanger (Madelon), Suzanne Dupuis (Marianne). Ce sont elles qui maintiendront de plus la liaison avec l'opérateur-radio Pionteck, suivant ses abris successifs.

Voici donc comment se présente au début de 1944 ce maquis original [1] dont le colonel Rémy dira, après en avoir visité le site après la guerre : « *Je ne pense pas qu'il ait existé en Europe occupée un cas aussi extraordinaire. Ce fut une prodigieuse aventure patriotique* [2]. »

Cette « prodigieuse aventure » va se terminer le 14 mars 1944 lorsque la Gestapo, menée par Alie, renseignée par un agent extérieur arrêté, surprendra les frères Boulanger dans une embuscade tendue au milieu de la côte de Ry. Ramenés chez Henri, les deux hommes subissent coups et tortures – ils seront frappés à l'aide de maillets trouvés dans la scierie – sans prononcer un seul mot. Dans le souterrain de l'autre habitation, celle de Raoul, les maquisards se tiennent aux aguets, seulement alertés par le va-et-vient des gestapistes et de leurs véhicules. Ils ne craignent rien, ni Fantômas ni Cartouche ne parleront malgré un supplice qui durera toute la nuit. Après une nouvelle fouille négative, les policiers quittent les lieux en emmenant les deux frères. A peine sont-ils partis que Lucienne Boulanger fait sortir les

1. On peut en suivre la démarche dans *La Résistance normande contre la Gestapo*, op. cit.
2. Colonel Rémy : *Alpha n° 8.*

hommes par la galerie de secours, car trois sentinelles demeurent dans la maison d'Henri. C'est une sage précaution, mais qui sera inutile puisque le mutisme des chefs bloquera l'enquête d'Alie. Par la filière du réseau Salesman, plusieurs anciens Diables noirs rejoindront d'autres groupes de partisans, quelques-uns s'engageront d'eux-mêmes dans des formations régionales.

Lucienne et Augustine Boulanger vont être arrêtées le lendemain ; elles seront déportées à Bergen-Belsen dont elles reviendront, mais seulement pour quelques mois en ce qui concerne Augustine qui mourra des suites de ces épreuves. Son mari, Henri, n'a pas survécu au bagne de Flossenburg. Quant à Raoul, l'homme de fer, il est rentré rescapé d'Auschwitz puis de Buchenwald. Et même si des larmes perlaient sous ses yeux lorsque nous l'avons rencontré en 1976 pour évoquer ces douloureux souvenirs, un accent de légitime fierté perçait dans sa voix lorsqu'il nous disait : « Aucun de nos hommes n'est tombé par notre faute, des chefs doivent pouvoir se taire ; nous nous sommes tus. »

Ceux disparus avant le jour « J » : 2) Les F.T.P.F. de la Compagnie « Lorraine »

Nous avons évoqué plus haut [1] la naissance de l'Organisation Front national, et indiqué que les actions militaires de ce mouvement relevaient de l'O.S. (Organisation spéciale) et des « Bataillons de la jeunesse ». Au début de l'année 1942, une refonte s'opère avec la création des Francs-Tireurs et Partisans Français qui regroupent alors tous les combattants Action. A leur tête, sur le plan national, a été constitué un Comité militaire, composé de Charles Tillon, qui, de fait, en assumera le commandement, d'Eugène Hénaff, d'Albert Ouzoulias (représentant les anciens Bataillons de la jeunesse) et de Raoul Vallet [2]. La structure des F.T.P.F. comprend la région, en principe deux ou trois départements, et l'interrégion qui contrôle entre deux et quatre de ces régions. Trois antennes internes du Comité militaire supervisent les sections : renseignement, santé,

1. Chapitre VI.
2. Il sera arrêté et fusillé.

armement. Les opérations sur le terrain sont effectuées par des « compagnies » toutes cloisonnées et indépendantes les unes des autres, commandées par un triangle de direction formé d'un responsable aux effectifs – le seul à disposer d'une liaison avec un régional ou un interrégional pour la transmission des ordres supérieurs –, un chef d'opérations, en fait le véritable dirigeant des actions à caractère militaire, et un commissaire technique chargé de l'intendance. En Haute-Normandie, les F.T.P.F. aligneront 11 compagnies [1] œuvrant toutes dans les centres urbains, sauf une, la compagnie n° 10 dite « Lorraine », qui est une formation volante d'intervention et de sabotages dont la singularité par rapport aux autres est de vivre en maquis.

Comme la majorité des unités F.T.P.F., elle doit toujours pourvoir elle-même à son armement en s'emparant de celui de l'ennemi, car les équipes du Front national ne bénéficient d'aucun parachutage. Britanniques comme Français libres du B.C.R.A. n'ayant pas la même conception de la lutte clandestine que les Francs-Tireurs et Partisans Français, refusent de procurer des armes à ceux qui les utilisent immédiatement pour frapper l'occupant. On sait que dans ce domaine l'option retenue outre-Manche demeure celle du stockage en vue du « Grand jour », exception faite pour quelques Corps francs chargés de missions ponctuelles. Même des maquis dépendant de la France libre, tels ceux de l'Orne, devront implorer leurs correspondants pour obtenir le parachutage de quelques containers lorsqu'ils seront reconnus comme combattants immédiats, y compris le grand Surcouf qui ne recevra, en deux ans, que trois dotations parcimonieuses. Pour les F.T.P.F., il n'existe aucune autre solution que de pratiquer des coups de main sur les entrepôts de l'ennemi ou sur ses troupes. Cependant il convient de préciser que, sur le terrain, on verra apparaître une certaine solidarité en ce domaine. C'est ainsi que des groupes, principalement de ceux relevant du S.O.E. britannique et assez abondamment équipés, n'hésiteront pas à fournir armes, munitions et plastic à leurs camarades F.T.P.F. en passant par le canal, soit de comités locaux, soit de responsables départementaux. Ce sera le cas dans l'Eure

1. Voir le tableau dans l'Annexe 1 de *Résistance normande et jour « J »*, op. cit.

lorsque le chef des F.F.I., Marcel Baudot (Breteuil), fera débloquer de l'armement au profit des patriotes du Front national. Certaines liaisons intergroupes amèneront même des Corps francs sous contrôle anglais à participer à des actions communes avec les F.T.P.F. en équipant tout le monde de mitraillettes Sten, de fusils Lee-Enfield et de grenades Gammon. On le verra lors d'une embuscade au mont Crespin près de Flers-de-l'Orne, où la compagnie F.N. du pont de Vère épaulera un groupe franc de Landisacq, en juin 1944.

Cette maladroite attitude des dirigeants de Londres qui privent d'armes les F.T.P.F aura deux conséquences néfastes. La première se manifeste surtout en 1943 lorsque des sizaines des Francs-tireurs s'emparent par la force de caches d'armes entreposées par les réceptionnaires de parachutages. Ceux-là ne comprennent pas que pour une même finalité – la Libération – certains stockent un armement qui ne sert à rien alors qu'eux doivent se battre quasiment à mains nues pour se le procurer. Ceux-ci se retranchent derrière les directives de leurs hiérarchies londoniennes. La seconde conséquence aboutira en juin 1944 à ce paradoxe : voir quantité de partisans peu ou mal armés mobilisés pour soutenir les forces du Débarquement, alors que des réserves ne seront pas utilisées, soit par manque d'ordre supérieur, soit parce que les responsables ne sont plus là pour en assurer la répartition. Ce sera le cas dans l'Orne à Rânes et aux Croix-Chemins ; en Seine-Inférieure à Rétonval ; dans l'Eure à Montaure, à Ambenay, et à Trie-Château, dans le Calvados aux Vignats. Alors que la lutte clandestine aurait dû susciter un rassemblement de tous les moyens pour la rendre plus opérationnelle, les bas calculs de futurs politiciens français et anglais, tirant les ficelles à Londres ou à Alger, allaient jeter les germes d'une division qui resta toujours ancrée dans les cœurs et dans les esprits. Des décennies après, on peut encore en déceler les traces dans les témoignages et dans les écrits.

La fin du maquis « Lorraine » de Barneville

Après avoir bivouaqué en différents endroits : dans les grottes de Caumont, en forêt de Roumare, au Grand bois de Bardouville, aux Roches d'Orival, aux Ecameaux, puis dans le massif de La Londe, la Compagnie F.T.P.F. n° 10 Lorraine s'établit, au mois de mai 1943, dans les bois de la Fromagerie au cœur des grottes dites de Barneville. Formation de pointe, elle est spécialisée dans les sabotages, particulièrement sur les voies ferrées. Le recensement qui en a été effectué à partir du mois de juillet 1942 les chiffre à 29 jusqu'au 23 août 1943. Le rapport officiel n° 9123 – PR/I.P. du préfet de région adressé aux services du gouvernement de Vichy et aux autorités allemandes, le 30 août 1943, en mentionne quant à lui 33. A ces sabotages, il convient d'ajouter quatre attaques de troupes allemandes : le 30 mars 1943, place Cauchoise à Rouen, le 21 du même mois à Bonsecours, le 1er mai au Petit-Quevilly, le 6 juillet à Grand-Couronne. Le 4 août, une sizaine de la compagnie tente d'abattre à Vieux-Rue l'inspecteur Louis Alie qui dirige la brigade antiterroriste régionale ; il ne sera que légèrement blessé.

Depuis le mois de novembre 1942, la Lorraine agit sous les ordres d'un jeune chef formé aux Bataillons de la jeunesse, Albert Lacour (Christian), cependant que le responsable aux effectifs, chargé des liaisons extérieures, est René Dumont (Fred). Au moment où elle s'installe à Barneville, la compagnie comprend 15 hommes dont un Autrichien déserteur de la Wehrmacht : Rudolf Pfandauher (Camarade) qui, grâce à son uniforme et à sa pratique de la langue allemande, jouera un grand rôle dans les dispositifs d'interventions. A partir du mois de mars 1943, le régional des F.T.P.F. demande à la n° 10 de procéder à des rafles de titres d'alimentation dans les mairies afin de doter les clandestins urbains de tickets de ravitaillement, condition vitale de survie pour des « hors-la-loi » et des réfractaires. Lacour et Dumont vont alors diriger des sizaines sur les centres de distribution de Sotteville-lès-Rouen, du Neubourg et d'Harcourt dans l'Eure, à l'école Thomas-Corneille de Rouen, au Grand-Quevilly, à Tourville-la-Rivière, à Grand-Couronne, à Bellencombre, à nouveau au Grand-Quevilly, le 24 août 1943. Ce sera la dernière opération des maquisards qui seront cernés le soir même dans leur retraite de Barneville par une imposante cohorte de soldats allemands, de policiers français menés par Alie et son collègue Bartoli, et de G.M.R.

Bien que coincés dans ces grottes qui ne disposent pas d'issue de secours, les F.T.P.F. se battent avec acharnement. Sous le jet des grenades allemandes, ils organisent leur défense, car les anfractuosités des galeries offrent des zones de sécurité. Néanmoins, ils sont conscients de l'inutilité de leur combat. En voulant renvoyer une grenade qui a roulé jusqu'à ses pieds, Camarade est grièvement blessé. Au dehors, des instants d'accalmie permettent à Alie d'exhorter les clandestins à se rendre. Deux fois déjà des rafales de mitraillettes lui ont répondu, mais les munitions vont commencer à faire défaut. Afin de tenter de laisser une chance de survie à ses hommes, Lacour ordonne la reddition. Ils sortent alors un à un, émergeant sous la clarté aveuglante des projecteurs. Aussitôt, ils sont ligotés et emmenés vers les camions garés à quelques centaines de mètres au bord du chemin d'accès. Seuls, Lacour, Dumont et Thébault restent dans la grotte résolus à mourir sur place. Les Allemands investissent prudemment les lieux, arrosant de tirs soudains tous les recoins. Camarade, déjà blessé, reçoit une balle en pleine tête. Albert Lacour tombe tué net. Dumont, blessé, et Thébault, miraculeusement indemne mais sans munitions, sont capturés et sortis à coups de crosse.

Le maquis de Barneville n'existe plus ; la compagnie Lorraine n° 10 non plus.

Le 8 novembre 1943, René Dumont, Maurice Compagnon, Robert Legros, Marcel Lechevallier, Maurice Mailleau, André et Jean Séhy, sont fusillés au Madrillet à Rouen.

Le 17 janvier 1944, Roger Cavel, Marius Thébault, Jean-Baptiste Lepront, Achille Guizier, et Christian Pivert arrivent au camp de Buchenwald dont Cavel ne reviendra pas. Il n'y a pas eu de jugement, et nul ne saura jamais pourquoi sept des francs-tireurs furent fusillés et les cinq autres déportés.

Le 27 octobre 1943, l'un des plus ardents combattants de Lorraine, Christian Sénard, réussit à s'évader de la prison Bonne-Nouvelle en compagnie du régional Albert Leroy, accomplissant là un véritable exploit ! Il s'illustrera, en août 1944, lors des combats pour la libération de Vernon.

La disparition de la Compagnie F.T.P.F. n° 10 va sérieusement affaiblir le Front national de Seine-Inférieure qui perd l'une de ses plus vaillantes formations, celle qui, par son caractère « volant », pouvait entreprendre des actions dans un rayon de cinquante kilomètres autour de Rouen. Celle à qui l'on confiait les missions de sabotages – sa spécialité – et de récupération de titres alimentaires en raison de sa connaissance du terrain.

Une remarque s'impose qu'il nous paraît intéressant de souligner : Parmi les maquisards arrêtés, seuls deux hommes se trouvaient en mesure de fournir des renseignements sur les structures départementales des F.T.P.F. : René Dumont et Christian Sénard. Le cloisonnement n'avait pas permis aux autres membres de la Lorraine d'en savoir davantage sur les liaisons extérieures. Or, Dumont, en dépit de ses blessures et des tortures qu'il subit du fait de son rôle de « chef » qu'il revendiqua, ne donna aucun de ses contacts, pas plus qu'il ne fournit des informations sur les caches, les boîtes aux lettres et autres relations des Résistants. Quant à Sénard, qui avait eu à connaître auparavant, en raison de ses anciennes responsabilités au F.N., bien des adresses et quelques lieux de réunions, il ne fut pas plus bavard. Son évasion, dans des conditions peu banales [1] fut encore un exemple de son comportement audacieux.

Dans une conversation qu'il eut en février 1944 avec l'inspecteur René Déterville [2], Louis Alie lui déclara : « Des types comme ceux de Barneville, heureusement que je n'en trouve pas souvent sur ma route ! » Quel plus bel éloge pouvait-on leur faire !

Ceux qui participèrent au jour « J » et à la Bataille

Dans les deux tomes qui suivent chronologiquement celui-ci [3], nous avons retracé la participation des maquisards normands aux préparatifs du débarquement, leur rôle dans l'opération Overlord, et leurs actions dans le contexte de la Bataille de Normandie. D'autre part, dans un autre

1. Voir *La résistance normande contre la Gestapo*, op. cit.
2. Témoignage René Déterville, ancien du réseau Ajax. Dossier n° 1854/10.09.1976.
3. *Résistance normande et jour « J »*, op. cit., *Le Prix de la Liberté*, op. cit.

ouvrage [1], nous nous sommes efforcés de montrer à la fois la virulence patriotique des combattants clandestins et l'acharnement mis par la Gestapo pour les anéantir. Nous n'allons donc pas revenir sur des événements et des personnages maintes fois cités dans ces précédentes évocations. Mais, pour éclairer un peu le lecteur qui découvrirait ici ce sujet, nous allons resituer chaque maquis dans son cadre géographique et historique.

Dans la Manche

Une pépinière de Corps francs et de Groupes francs, issus pour la plupart des réseaux de résistance, s'y adonne aux actions de sabotages et de guérillas. On dénombre deux formations maquisardes.

La première, recensée dès le printemps 1943, cantonne au gré de ses déplacements et de ses interventions dans le triangle : Saint-Michel-de-Montjoie – Gathémo – Chérencé. D'origine calvadosienne, elle opère surtout en coopération avec son équipe jumelle implantée de l'autre côté de la limite départementale à Champ-du-Boult. Rappelons que, si les administrations clandestines tenaient compte des séparations territoriales pour l'application de leurs directives, les hommes sur le terrain n'y attachaient aucune importance. Leurs objectifs pouvaient se trouver d'un côté ou l'autre des tracés cartographiques, peu leur importait, seule l'efficacité comptait. Ainsi, les partisans des zones voisines se déplaçaient-ils comme les habitants du secteur se rendant au marché le plus proche, sans tenir compte des limites départementales. Les exemples ne manquent pas : Orne – Mayenne, Orne – Eure-et-Loir, Orne et Eure, Orne – Calvados, Manche – Orne, Manche – Calvados, Manche – Ille-et-Vilaine, Calvados – Eure, Eure – Seine-et-Oise, Eure – Seine-Inférieure, Seine-Inférieure – Somme, Seine-Inférieure – Oise, ou encore Orne – Sarthe. La preuve nous en est encore apportée avec cette formation de la Manche qui dépend même du maquis F.T.P.F. Guillaume-le-Conquérant dont le rayon d'action s'étend de la Suisse nor-

1. *La Résistance normande face à la Gestapo*, op. cit. (1977, réédité en 1980, 82, 86).

mande au bocage virois, et qui a essaimé ses sections par souci de sécurité et d'activité ponctuelle, en leur laissant une grande autonomie.

Le groupe de la Manche est dirigé par les frères Marcel et Joseph Hilliou. Peu ou mal armé à ses débuts, il sera doté d'un équipement performant grâce à la relation établie avec le commandant Pétri (Loulou) qui coordonne les interventions des F.T.P.F. dans la Mayenne, la Sarthe, l'Ille-et-Vilaine, le sud de l'Orne et le Bas-Cotentin. Plus soucieux d'efficacité que de cloisonnement – ce qui lui attirera quelques tensions avec l'Interrégion –, Pétri a établi des contacts avec des formations locales dépendantes de la section F. du S.O.E. britannique (ce qui lui sera beaucoup reproché par la suite), mais va lui permettre de faire bénéficier ses sections de parachutages effectués sur le terrain « Panama » près de Fougerolles-du-Plessis. Il obtiendra même un indicatif radio personnel « La banque est fermée », lui annonçant l'envoi de containers. Ainsi vont être dotés d'un armement minimum les corps francs et les maquis régionaux dont celui de Saint-Michel-de-Montjoie.

La médaille a aussi son revers : Arrêté le 27 juillet 1944 dans le cadre de l'attaque menée par la Gestapo contre le groupe de Fougerolles-du-Plessis qui sera déclenchée le lendemain, Joseph Hilliou, sauvagement torturé pour qu'il indique où se trouve son maquis, se taira. Il sera fusillé près de Saint-Jean-du-Corail, à 4 km de Mortain, avec quatre résistants de Fougerolles, le 31 juillet. Sa disparition, qui porte un coup sévère au groupe maquisard, n'empêchera pas ses camarades de participer activement aux combats de la Libération.

Seconde formation maquisarde dans la Manche, celle de Beaucoudray est rattachée à la fois à l'O.C.M. et à Action P.T.T. dont le responsable pour la Basse-Normandie, Henri Leveillé, anime les antennes clandestines depuis l'automne 1941. Créé par le cultivateur Alphonse Fillâtre pour former des réfractaires aux combats de l'ombre, ce maquis regroupait également un certain nombre de personnes recherchées par la Gestapo, par exemple le chef national d'Action P.T.T., Ernest Pruvost. Cantonnée au lieu-dit « Le Village du Bois » dans le bocage entre Villebaudon et Tessy-sur-Vire, cette formation travaille essentiellement avec le Groupe des P.T.T. de Saint-Lô, fort d'une trentaine de membres et entré en Résistance sous l'impulsion de Marcel Richer dès le début de 1942. L'arrivée, quelques mois plus tard, de l'inspecteur René Crouzeau à la Direction des services techniques va offrir au groupe un champ d'action plus étendu. Répertoriés à Londres, les P.T.T. de Saint-Lô reçoivent des missions ponctuelles qu'ils exécutent consciencieusement.

En vue des combats de la Libération, ils doivent quitter leur poste et rejoindre « Le Village du Bois » afin de renforcer le maquis. Le 9 mai 1944, plusieurs containers d'armes leur sont parachutés sur un terrain de Sainte-Marie-Outre-l'Eau à la limite des départements Manche – Calvados. Désormais bien équipée et bien entraînée, la formation de Beaucoudray se tient prête, suivant les consignes du B.C.R.A à participer en liaison avec les autres groupes placés sous l'autorité du capitaine Jean (Renaud-Dandicolle) aux opérations prévues dans le cadre du Débarquement.

Malheureusement, le 14 juin, des détachements S.S. de la 17e Panzer Götz von Berlichingen, cernent le camp maquisard dont les sentinelles extérieures ont été maîtrisées. Un bref combat s'engage, mais les assaillants, guerriers expérimentés et supérieurement armés, l'emportent et capturent 11 hommes qui seront exécutés à l'aube suivante sur le lieu même où s'élève maintenant un monument. Six clandestins, dont Pruvost et Richer, ont pu passer à travers les mailles du filet. Ils reprendront leurs places de combattants dans d'autres groupes [1].

Dans le Calvados

Si la lutte armée se manifeste dès 1941, notamment dans le domaine des sabotages, l'apparition de maquis date seulement du mois de septembre 1943. Mis à part les secteurs boisés ou de bocages, la topographie du département ne se prête guère à ce type de résistance.

1. On peut suivre l'histoire détaillée du maquis de Beaucoudray dans les ouvrages :

Résistance P.T.T., du même auteur, Presses de la Cité, 1983 ; *Le Prix de la Liberté*, tome 3 de *Normandie 1939-1944*, op. cit. ; *La Résistance normande face à la Gestapo*, op. cit.

Le premier de ces maquis fut celui dit « Guillaume-le-Conquérant » relevant des F.T.P.F., et que nous venons d'évoquer plus haut. Il comprend dès sa création une majorité de réfractaires locaux rassemblés par Raymond Pierre. Un premier camp s'établit en Suisse normande, près de Clécy. Placé sous les ordres de « l'inter » Roger Foinaud (Isidore), il doit bientôt faire face à un afflux de jeunes préférant la clandestinité à l'exil.

Les responsables décident alors l'ouverture de deux autres cantonnements, l'un à Pontécoulant sous l'autorité de MM. Socha et Prosniewski, l'autre plus à l'ouest, aux limites de la forêt de Saint-Sever entre Champ-du-Boult et Saint-Manvieu, qui est pris en main par un combattant expérimenté, Henri Vandenbulcke. C'est ce groupe, tout proche de Saint-Michel-de-Montjoie et de Gathémo, qui procédera à des actions communes avec celui des frères Hilliou, mais qui travaillera également avec des unités de Vire commandées par le scieur Urbain. Entre les trois groupes, des liaisons maintiennent l'unité des interventions et permettront même l'envoi de renforts lorsque les camps de Vandenbulcke seront attaqués à Viessoix et à Chênedollé. Malgré ses implantations essaimées, le maquis Guillaume-le-Conquérant forme un ensemble cohérent dont le tableau d'actions est significatif de son mordant. Son bilan se monte à 62 interventions diverses rien qu'entre mai et août 1944, en dépit de la virulence des réactions allemandes qui ont amené un détachement à attaquer en avril le maquis de Pontécoulant, en juin celui de Champ-du-Boult, et en juillet celui de Clécy toujours sous les ordres de Raymond Pierre. A chacune de ces opérations de répression, les francs-tireurs utiliseront la tactique de guérilla : frapper très vite et disparaître. Mais cela n'a été possible que grâce aux concours extérieurs de tous les sédentaires sans lesquels aucune formation clandestine n'aurait pu survivre. Il est impossible – mais ils le mériteraient largement – de citer tous ces patriotes locaux qui, de l'abbé Sébir et du Dr Lemière de Condé-sur-Noireau au professeur Sauvage et au pharmacien Halbout de Vire, apportèrent aux francs-tireurs une aide et des refuges à de multiples reprises.

Seconde formation calvadosienne de ce type, le maquis dit de « Saint-Clair » naquit d'une fusion entre les groupes francs de l'O.C.M. de Bretteville-sur-Laize, Barbery, Pont-d'Ouilly, Argences, Troarn, Saint-Pierre-sur-Dives, et le Corps franc du garagiste André Le Nevez de Cesny-Bois-Halbout, lui aussi affilié à l'O.C.M. Ce Corps franc avait déjà reçu un parachutage d'armes, le 8 septembre 1943, (message BBC : « L'étang est sans rides ») qui servirent à équiper les formations de Caen et de Condé-sur-Noireau. Le relais entre le responsable régional de l'O.C.M.-C.D.L.R., Roland Spitzer (Lefrançois) et le groupe Le Nevez, se trouve à la maternité de Bénouville où la directrice, Mme Vion, admirable figure patriotique, se charge de diriger les liaisons et d'héberger des patients qui n'ont vraiment rien à faire dans un établissement de ce genre. C'est chez elle qu'arrive, le 2 février 1944, le capitaine Jean Renaud-Dandicolle, envoyé par la section F. du S.O.E. et parachuté avec son radio Maurice Larcher sur un terrain de Mayenne, en compagnie du chef du réseau Scientist, Claude de Baissac, le 12 janvier. La mission de Renaud-Dandicolle consiste à coordonner l'action de toutes les formations résistantes dans le quadrilatère Falaise – Villedieu – Saint-Lô – Caen, en vue de l'opération Overlord. En fait, il s'agissait de préparer le terrain au futur débarquement en contrôlant tous les axes pouvant amener des renforts aux troupes allemandes sous les plages américaines d'Omaha et d'Utah.

Dans cette perspective, le capitaine Jean crée deux maquis P.C., l'un sur la commune de Saint-Clair, près du massif boisé du même nom, à la ferme tenue par les époux Grosclaude, et servant déjà de base aux équipes résistantes locales ; l'autre à Ciral, au sud de l'Orne, près de son relais de Pré-en-Pail, en Mayenne. Le 18 mai, un important largage de containers (message BBC : « Le cerf-volant tire la ficelle ») procure cinq tonnes d'armes au maquis. Le 3 juin, un second parachutage sur le même terrain le dote de postes Ayala miniaturisés, et d'armement semi-lourd ainsi que de mines du type Crève-pneus, de plastic et de grenades Gammon.

Depuis le mois de mars, les interventions contre l'armée d'occupation n'ont cessé d'aller en s'amplifiant. Du 5 juin au 6 juillet, l'activité est pratiquement ininterrompue.

Le 8 juillet à l'aube, le maquis de Saint-Clair subit une

attaque allemande alors que le P.C. n'abrite plus que quatre hommes, les autres se trouvant déjà repliés à Ciral ou en opérations. Seul, Jean Foucu, qui fut à la base de la création de la Résistance dans ce secteur, parvint à s'échapper. Le radio Maurice Larcher, le pilote canadien Harry Cleary furent abattus. Quant au capitaine Jean et aux époux Grosclaude, propriétaires de la ferme, on ne retrouva jamais leur trace. Ils font partie de cette centaine de résistants normands disparus dans la tourmente de la Bataille de Normandie [1].

Deux autres maquis apparurent dans le Calvados : à La Folletière, sous Orbec, où le groupe commandé par M. Tocquard forma le maquis La Marseillaise qui devait prendre une part active aux combats, à la charnière des deux départements, et où le chef des F.F.I. de l'Eure, Marcel Baudot, (Breteuil), coupé de ses liaisons, établit son P.C. au début du mois d'août.

Dans le secteur voisin, entre les bois de la Motte, la forêt de Montpinçon et celle de Livarot, aux tailles de Meulles, le chef résistant, Gérard Antoine, monta le maquis qui porte son nom. Mais il se singularisa en organisant des Groupes francs extérieurs, complémentaires, qui agissent à Lisieux (Rebillard), à Saint-Martin-de-Mailloc (Rohard), au Mesnil-Durand (Lecor), à Courtonne (Francis), à Sainte-Marguerite-des-Loges (Levivier), à La Brévière (Stalhand), à Livarot (Bozec), à Notre-Dame-de-Courson (Etoc), au Pin (Arthur). Le talon d'Achille des formations de Gérard Antoine fut leurs relations avec le réseau Donkeyman, gangrené par Kiffer (Raoul de Normandie). Mais des hommes tels que Stalhand, Bozec et Gérard Antoine, lui-même, demeurèrent vigilants et purent déjouer un certain nombre d'embrouilles menées par ce « responsable » à qui, d'instinct, ils ne firent pas confiance. Cela leur permit de sauver quelques tonnes d'armes dont on sait qu'elles auraient été saisies par les Allemands peu après leur réception. Si le maquis de Gérard Antoine put finalement intervenir dans

1. L'histoire du maquis de Saint-Clair est retracée dans les ouvrages suivants : *Maquis de Saint-Clair*, d'Henri Lampérière (un survivant), édité par l'Amicale ; *La Résistance normande face à la Gestapo*, op. cit. ainsi que dans les deux tomes suivants de *Normandie 1939-1944 : Résistance normande et jour « J »*, et *Le Prix de la Liberté*, op. cit.

les combats de libération autour d'Orbec avec beaucoup d'efficacité, il l'a dû essentiellement à la détermination méfiante de ces quelques chefs locaux qui mirent ainsi en évidence à cette occasion leur ancestral esprit normand !

Dans l'Orne

Puisque nous allons trouver dans les deux ouvrages qui suivent chronologiquement celui-ci une présentation des maquis de l'Orne en marge de leur participation au jour « J » et à la Bataille, nous nous contenterons donc d'un bref recensement :

9 maquis ont émergé dans ce département entre 1943 et août 1944. Par manque d'armes, 3 d'entre eux ne purent mener d'actions sérieuses ; ils furent ou bien anéantis (Courcerault), ou utilisés comme réserves (Orgères et La Baroche-sous-Lucé). 6 ont donc participé aux combats d'avant et d'après débarquement, ce sont les maquis : d'Ecouves (Tanville, Francheville, bois de l'Evêque), de Lignières-la-Doucelle (La Gérarderie), de Courtomer-Moulins-la-Marche (La Trappe, Bonsmoulins), de Saint-Cyr-la-Rosière (Bellême, Préaux), de La Fosse-Arthour (La Lande Pourrie, Halouze), de Longny-au-Perche (Reno, Longny). Tous dépendaient des Forces françaises de l'intérieur (F.F.I.) sous les commandements suivants :

Ecouves : commandant André Mazeline, Maurice Vernimmen ; Lignières : capitaine Almire Viel, Louis Pétri ; Courtomer : Jean Lincker, Ledain ; Longny : lieutenant Lévêque, Voyer ; Saint-Cyr : Alphonse Vaudron, Lochon ; La Fosse-Arthour : Jean Fouquet, André Lefèvre.

Deux autres formations qui ne furent pas à proprement parler des maquis au sens étymologique du mot, doivent cependant figurer dans cet inventaire car leurs structures s'apparentèrent à celles instaurées par le Service national Maquis. La première est celle de la vallée de la Vère rattachée aux compagnies F.T.P.F. de Flers. Dirigée par Paul Valet, elle agissait en coopération avec les groupes de Ger, de Saint-Clair-de-Halouze et de Vrigny. Le P.C. se trouvait au Hamel-des-Bots. Utilisé comme détachement d'instruction et centre de transit, le groupe, créé en août 1942, déploya une intense activité. Ses interventions sur le parc automobile allemand de l'usine de la Martinique, contre les cantonnements du château de Bavière, contre les transformateurs du Tremblay, et ses attentats dirigés sur les trains ennemis à Bellou-en-Houlme, à Cerisi-Belle-Etoile, à La Lande-Patry, et à Flers, provoquèrent plusieurs raids de la Gestapo, mais l'organisation cloisonnée des F.T.P.F. les tint en échec. La dispersion des hommes au sein d'autres compagnies en avril et mai 1944 mit fin à la dynamique du maquis de la vallée de la Vère.

Le cas du maquis de Rânes ne mérite d'être signalé que parce qu'il montre l'absurdité et la coupable politique des services londoniens du B.C.R.A. On sait que, dans le cadre des préparatifs du Débarquement, cinq plans furent prévus dont la réalisation devait être du ressort de la Résistance : plan Vert : sabotage des voies ferrées ; plan Bleu : interruption de la distribution d'énergie ; plan Violet : coupure des transmissions téléphoniques ; plan Tortue : blocage ou paralysie des unités de renfort des Allemands ; plan Rouge : démarrage des actions de guérilla.

Le plan Tortue, dont on saisit bien l'importance dans les régions situées immédiatement à l'arrière des futures têtes de pont, a fait l'objet d'une attention particulière de la part des stratèges d'Overlord. Il a été demandé au B.C.R.A. de former des équipes spéciales pour appliquer ce volet essentiel à l'ancrage des troupes alliées. C'est ainsi que Jacques Foccart a été envoyé en région M pour planifier et organiser les opérations du plan Tortue. Sa zone d'activité concerne trois départements : la Mayenne, l'Orne et le Calvados. L'opportunité lui en ayant été offerte, il implante son P.C. à Rânes dans l'Orne qui se trouve de plus à peu près au centre de son secteur d'intervention.

Plusieurs parachutages lui fournissent des armes et des explosifs qui sont stockés dans différentes caches. Pour ce travail, il a recruté une vingtaine de résistants qui vivent plus ou moins dans la nature sous couverture de fabrication de charbon de bois. Seulement, ces semi-clandestins n'ont qu'une vague notion de la sécurité, et cette lacune provoque, les 9 et 10 mai 1944, une descente en force de la Gestapo. Le groupe est décimé ; Foccart échappe de justesse au coup de filet, mais les autres équipes, dont les membres appartiennent presque tous à l'O.R.A., subissent également l'assaut de la police allemande. L'arrestation de quelques-uns, la fuite des autres finissent de démanteler les formations chargées de l'application du plan Tortue. Le plus grave pour la réalisation de ce plan c'est que les armes et les explosifs destinés à son exécution dorment dans des planques inconnues du commandement départemental des F.F.I., et qu'ils y resteront jusqu'à l'hiver 1944, tandis que les Résistants ornais, chargés au dernier moment d'effectuer les missions de retardement des blindés et des convois allemands, devront le faire avec les moyens du bord! La stupide politique de défiance à l'égard des combattants clandestins trouve là sa démonstration par l'absurde. Si le général Allard, chef militaire de la région M 4, si les responsables départementaux des F.F.I. n'avaient pas été écartés par le B.C.R.A. de la mission Foccart, les combattants clandestins auraient disposé d'un armement à la hauteur de leur engagement, et un certain nombre d'entre eux n'auraient pas payé de leur vie leur affrontement à mains quasiment nues contre les unités ennemies.

Pour avoir souvent évoqué cet épisode avec eux [1], nous pouvons certifier que les anciens responsables résistants – même les plus gaullistes – n'ont jamais pardonné à ceux qu'ils nommaient « la clique Passy-Soustelle » cette « attitude infâme [2] ». C'est là une vérité de la Résistance normande dont on ne trouve guère de traces dans les écrits historiques la concernant.

S'il était encore nécessaire de souligner la profondeur du fossé séparant les « gens de Londres » des hommes de terrain, on pourrait beaucoup épiloguer sur cet épisode qui s'apparente, toutes proportions gardées, avec l'affaire du Vercors que nous avons évoquée plus haut.

Nous nous étions quelque peu offusqués lorsqu'en 1977 un ancien chef de maquis – ornais justement! – nous avait déclaré : « Ne nous confondez jamais avec les marionnettes de Londres qui n'ont jamais rien compris à notre vie de

1. Et notamment lors des entretiens et tables rondes d'avril et mai 1977, à Damigny et à Sées, sous la direction du colonel André Mazeline.

2. Propos enregistrés lors des entretiens précités.

hors-la-loi, eux couchaient tous les soirs dans leur lit et paradaient dans la journée devant les micros, nous, nous dormions dans nos loques, la mitraillette à portée de main, soit en pleine nature, soit dans un vieux bâtiment de ferme abandonnée. Notre résistance penchait du même côté que la leur, mais nous en étions la piétaille et eux les nantis en exil doré. »

Même si dans l'amertume de ce propos, se dissimule le ressentiment de la non-reconnaissance des sacrifices consentis par ceux qui affrontaient directement l'ennemi avec des moyens souvent dérisoires, on doit bien admettre la justesse du raisonnement. On vit bien après la guerre quelle modeste, pour ne pas dire ridicule, place fut réservée dans cette France libérée à ceux qui firent la preuve sur le terrain que l'âme française n'était pas disposée à mourir dans les fourgons du nazisme. On vit bien également que les « attentistes » n'hésitèrent pas à s'allier avec d'anciens « collabos » passés à travers les mailles d'une épuration caricaturale pour tenter de discréditer, voire d'abattre, quelques hautes figures de la Résistance intérieure [1]. Et sans une saine réaction unitaire ils y seraient sans doute parvenus, car les basses manœuvres politiciennes reprenaient du poil de la bête.

1. Voir *Ces chefs de maquis qui gênaient*, du même auteur, Presses de la Cité, 1980.

CHAPITRE XI

Le maquis Surcouf

De la fable calomniatrice à la diffamation

« ... *Robert Leblanc (dissident du Front national*[1]*) qui a fondé ce maquis aurait été arrêté par les Allemands en 1943 et exécuté par eux. Quel est l'homme qui l'aurait remplacé, reprenant non seulement son rôle mais aussi son pseudonyme? On l'ignore. Mais ce qu'on devine, c'est qu'à côté d'indéniables qualités militaires, ce nouveau Robert Leblanc se montra personnellement sans scrupules et sans pitié...* »

Cette citation est extraite du livre de Robert Aron : *Histoire de la Libération de la France* (Fayard, 1959). Nous sommes là dans le cadre de la fable calomniatrice. Trente-cinq ans plus tard, la fable se transforme en un pamphlet venimeux, carrément diffamatoire, sous la plume d'un certain Venner :

« ... *Leblanc était une sorte de capitaine Conan... Il aimait tuer, il y prenait goût avec les siens. Souvent, dans un bistrot de Bourneville ou de Beuzeville, avec ses hommes, il buvait, il trinquait et il rigolait ou jouait aux cartes avec les gens qu'il allait capturer et abattre une heure plus tard. Ce jeu le faisait jouir. Ensuite, il faisait disparaître les corps dans les marnières de Corneville ou de Fatouville...* »

1. Robert Leblanc n'a jamais appartenu au Front national, mais au mouvement Résistance.

Cette seconde citation est relevée dans *Histoire critique de la Résistance*, livre paru chez Pygmalion, en 1995.

N'importe quel historien, n'importe quel survivant, n'importe quel témoin ayant connu Robert Leblanc durant et après l'Occupation, croira rêver en lisant ces lignes ! Elles sont tellement grotesques qu'il est évident que personne ne songera à en déterminer les raisons. Personne, sauf ceux qui partagent une idéologie nostalgique de l'Etat français du Maréchal, et pour qui les maquisards n'étaient que des « bandits terroristes » tels que les décrivaient si joliment les plumitifs de la Révolution nationale, les Combelle ou les Rebatet dans *Je suis partout* ou dans *Révolution nationale*, torchons de la collaboration et de la délation.

Ne nous attardons pas sur les élucubrations partisanes de M. Venner qui ne méritent que la poubelle de l'histoire, pour en revenir à celles de Robert Aron, dont le grand historien Henri Noguères disait « *qu'il ne semblait s'être voulu " historien de la Libération de la France " que pour mieux calomnier certains de ceux qui en ont été les meilleurs artisans* » et qui « *ajoutait l'odieux au ridicule en écrivant ces lignes* [1] » (citées en début de chapitre).

Lors de sa parution, le livre de Robert Aron provoqua de violentes réactions des anciens cadres du maquis Surcouf, ainsi que de différentes personnalités qui avaient bien connu Robert Leblanc, à commencer par le général de Gaulle lui-même qui avait épinglé la rosette de la Légion d'honneur sur la vareuse du chef du Surcouf, le 18 avril 1945, à Coutances. Ces réactions amenèrent l'auteur à modifier et expurger son texte pour les éditions suivantes. Pour sa défense, il argua avoir fait confiance à « un chef de la Résistance du Calvados ». Notre enquête personnelle nous permit de découvrir plus tard de qui il s'agissait. Nous n'en fûmes pas surpris, car le personnage « brassa beaucoup de vent après la Libération » suivant l'expression d'un ancien responsable de la Résistance en Normandie. Il avait des vues politiques ambitieuses et il se démenait toujours pour attirer l'attention sur lui car, comme tous ceux qui se montrèrent médiocres dans le combat clandestin, il ne supportait pas que les plus valeureux – et moins bien nés – puissent lui faire de l'ombre.

1. *Histoire de la Résistance française*, Laffont.

Si Robert Aron, comme le lui reprochèrent quelques-uns de ses confrères, s'était penché lui-même sur l'épopée du maquis Surcouf, il aurait rencontré alors – ainsi que nous fûmes plusieurs à le faire – autant de témoins et participants qu'il l'aurait souhaité. Mais ce n'est pas en restant acagnardé dans le douillet confort de son bureau que l'on peut faire ce genre de rencontres. Il ne faut pas craindre de chausser des bottes et de crapahuter sur le terrain. Comme le dit souvent notre ami André Castelot, qui mit toujours un point d'honneur à parcourir tous les lieux, aussi éloignés furent-ils, évoqués dans ses ouvrages : « On ne peut bien écrire sur un sujet historique que si l'on a humé l'air sur place et photographié mentalement le décor naturel où vécurent nos héros. »

Ce qui est grave, lorsqu'on publie des livres destinés à la connaissance, c'est de déformer, de caricaturer, les personnages ou les événements, car, même si des rectificatifs ont rétabli par la suite la vérité, il y aura toujours un bouquin frelaté qui traînera quelque part et c'est sur celui-là que tomberont les regards avides des générations futures.

En 1964, un hebdomadaire rouennais commença une série d'articles à sensation à propos de l'exécution de l'espionne Violette Morris par une section du Surcouf, sur ordre câblé de l'E.M. de Londres. On put lire un fatras de contre-vérités, de faux témoignages, de ragots, de bobards, recueillis auprès de prétendus témoins qui en fait, ainsi que le démontra une enquête sérieuse en 1974, n'avaient strictement rien vu (dans le contexte de l'affaire cela aurait d'ailleurs été étonnant !), mais... entendu dire que... Il s'avéra même que deux d'entre eux n'habitaient pas la région au moment des événements ! La relation minutieuse de ce drame [1] –, textes, documents, câbles et véritables témoignages à l'appui –, mit fin à cette campagne médiatique qui avait tendance, tout comme le monstre du Loch Ness à ressortir aux dates anniversaires. L'auteur de ces papiers reconnut d'ailleurs, lors d'un débat sur une T.V. régionale, qu'il avait été abusé, et il s'en excusa publiquement.

Ce n'était pas la première fois que des journalistes, indignes de ce nom, s'en prenaient à Robert Leblanc et à son maquis. En 1946, une magistrale provocation, élaborée

1. *Les Lucioles de ma nuit*, op. cit.

dans le but de discréditer les maquisards et leur chef, déclencha un tumulte médiatique qui dépassa largement la Normandie. Cette affabulation qui fut connue sous le nom de « l'affaire de la Queue du Renard » (déjà le titre avait une réminiscence de celle du « Courrier de Lyon ») fut l'œuvre d'un commissaire de police muté de Bretagne à Rouen par mesure disciplinaire pour son zèle déployé dans la répression « antiterroriste ». Un juge d'instruction aigri par un blocage dans son avancement, dont il rendait responsables les anciens résistants, et deux inspecteurs de police de Rouen à la botte de leur commissaire, prêtèrent leur concours à cette mascarade. Quelques journaux nationaux dont les plus ardents à traîner le Surcouf dans la boue furent *L'Epoque* et *Franc-Tireur*; deux quotidiens normands, notamment l'organe départemental communiste *L'Avenir du Havre*, dépêchèrent des « reporters » dont les « découvertes » laissèrent pantois les habitants de la région. Des titres dithyrambiques présentèrent le maquis Surcouf comme un « gang » dont les victimes s'entassaient par dizaines dans les marnières de la vallée de la Risle. (C'est probablement leur lecture qui inspira le sieur Venner!) Leurs articles outrageants et diffamatoires soulevèrent d'indignation les journalistes locaux qui se déclarèrent « écœurés » par ce débordement « aussi répugnant que celui de la curée [1] ». Les pétitions et les protestations virulentes d'une majorité de personnalités de tous bords, gaullistes, radicaux, socialistes, chrétiens, et même communistes de l'Eure qui avaient côtoyé les hommes du Surcouf dans la lutte clandestine, parvinrent jusqu'à la Chancellerie qui désigna d'autres enquêteurs et d'autres magistrats pour reprendre les investigations. Trois mois plus tard, la vérité éclatait : tout ceci n'avait été qu'un complot pour « empêcher Robert Leblanc, figure charismatique du patriotisme normand, de se présenter aux élections »! Or, le chef du Surcouf avait la politique en horreur – il n'eut jamais le moindre engagement à cet égard –, c'est dire qu'il ne nourrissait aucune intention en ce domaine! Les auteurs de cette cabale qui coûta quand même plusieurs mois d'incarcération à trois anciens maquisards et le retour de Robert Leblanc à la vie de traqué, furent sanctionnés, mais ils conservèrent leurs postes et

1. *Le Courrier de la Risle*, 8 février 1947.

leurs fonctions. La justice n'est jamais très rigoureuse avec les siens !

Les hommes du Surcouf, dont beaucoup avaient prolongé leur engagement patriotique en s'engageant dans le 1er bataillon de marche de Normandie, purent retrouver leur sérénité. Mais, mis à part la presse locale, les journaux diffamatoires, accaparés par d'autres sujets juteux, n'y consacrèrent aucun écho ! Seul, acculé à une procédure, *L'Avenir du Havre* publia, le 7 mars 1947, sur deux colonnes à la une en mêmes caractères que ceux utilisés pour ses calomnies, un article d'excuses publiques [1].

Robert Leblanc a trouvé la mort dans un accident de la route, le 13 avril 1956. S'il vivait encore, sans doute remettrait-il à leur place – modeste, telle qu'elle fut lors des combats – deux ou trois comparses de son 1er bataillon de marche qui, pour des motifs de basse politique actuelle, ont cru bon de s'arroger des faits d'armes imaginaires. Il n'y a qu'un seul de ces faits d'armes sur lequel l'un des vantards se montre bien discret, et on le comprend, bien qu'il y ait prescription, c'est celui du 17 février 1945 [2] ! Petite précision : à cette date, Robert Leblanc et ses maquisards se trouvaient sur une base proche de Cherbourg en pleine restructuration de leur bataillon, soit à plus de 300 km du lieu en question.

... Et de l'appréciation des plus grands chefs à celle des frères d'armes

« Je n'oublie pas le maquis Surcouf... »

Général de Gaulle, 15 avril 1956.
(Télégramme de condoléances,
après le décès de R. Leblanc.)

« J'ai médité sur ces 120 Français du Surcouf que rien n'obligeait à aller à la mort, qui auraient pu – comme l'immense majorité des nôtres – ne rien faire, qui se sont mis dans le mauvais cas de se faire tuer, et qui ont effective-

1. Voir dans *Ces chefs de maquis qui gênaient*, op. cit., la relation complète de « l'affaire de la Queue du Renard ».
2. Affaire criminelle de droit commun.

ment été tués. Je ne peux pas rester insensible, vous le sentez bien, à de tels arguments... »

Général Kœnig, 18 novembre 1948.

« ... Au milieu des gars de Robert Leblanc, je me souvenais que la France, dans les heures difficiles, avait toujours vu jaillir de son peuple les hommes et les femmes qui l'ont sauvée... »

Général Legentilhomme, 3e R.M.

« ... Robert Leblanc et son maquis ont réussi l'exploit de faire un excellent travail dans un contexte ingrat et dangereux. Je n'en suis pas surpris car je les avais jugés lors de mon inspection du 19 février 1944... »

Colonel Brozen-Favereau, chef du S.N.M.

« ... Ce que Robert Leblanc a fait avec ses gars du Surcouf, dans un environnement ennemi aussi dense, demeurera pour la Résistance normande l'un de ses plus hauts faits d'armes... »

Colonel André Mazeline, chef des F.F.I. de l'Orne.
(Lettre à l'auteur du 18.5.1977.)

« ... Robert Leblanc et ses hommes furent bien nos frères d'armes, ce qu'ils ont fait est formidable, car ils ne disposaient pas comme nous d'un terrain favorable. Chapeau ! »

Colonel Romans-Petit,
chef des maquis de l'Ain et du Jura
(Lettre à l'auteur du 17.10.80.)

« ... L'épopée du maquis Surcouf a valeur d'exemple... Son chef est entré vivant dans la légende... »

Commandant Baudot, chef des F.F.I. de l'Eure.
(in *Libération de la Normandie*, Hachette, 1974.)

« ... Le plus beau fleuron de ces forces (Les F.F.I. de l'Eure), c'est la présence dans la région du Vièvre du maquis Surcouf... »

Henri Noguères
(*Histoire de la Résistance en France*, tome 5, Laffont.)

En feuilletant tous nos dossiers sur la résistance normande, nous pourrions encore relever bien d'autres citations émanant des personnalités les plus diverses. On aura compris que cela n'ajouterait rien à notre propos qui est de souligner ce que fut l'impact du maquis Surcouf dans la lutte clandestine en Normandie. Nous aurions pu également faire état des témoignages recueillis auprès de chefs allemands qui trouvèrent les sections de Robert Leblanc sur leur chemin : le colonel Georg Ertlé, l'Obersturmführer Paul Digler, l'Oberleutnant Gustav Schranz, ou, puisés dans les documents du lieutenant-colonel von Zamory de l'antenne Abwehr de Rouen, et rassemblés en octobre 1944 par l'inspecteur de police René Déterville, résistant du réseau Ajax. Nous pourrions aussi faire état, si le classement centenaire en archives n'y faisait pas obstacle, du véritable mémoire rédigé par le chef des Brigades antiterroristes de Rouen dans la cellule de sa prison quelques jours avant d'être fusillé. Un « testament explosif [1] » dans lequel Louis Alie révèle un certain nombre de choses sur ses « indicateurs » en Normandie, en en fournissant une cinquantaine de noms ! Si un jour – après 2 044 seulement ! – ces noms apparaissent au grand jour, il y a pas mal de familles de notables et de personnalités politiques de l'époque qui se sentiront quelque peu « gênées » ! Ouvrons une parenthèse pour dire que cette clause du « secret centenaire » a été, et demeure encore, gravement dommageable car elle a permis de maintenir des suspicions illégitimes et, surtout, d'épargner à d'ignobles délateurs un châtiment correspondant à la hauteur de leurs crimes, car beaucoup de patriotes sont morts sous les balles des pelotons d'exécution ou dans l'enfer concentrationnaire nazi à la suite de dénonciations ou de trahisons de leur fait. Une autre conséquence de ce « classement centenaire » est de laisser dans l'ombre dif-

1. Nous avons pu, en 1977, dans des conditions que nous ne pouvons citer, prendre connaissance de ce « testament », et en obtenir des extraits en copies. Les lois nous interdisent d'en publier ces extraits. Nous le regrettons d'autant plus que cela entraîne pour nous une « discrétion historique » que nous estimons préjudiciable à la relation de la vérité, surtout lorsque nous entendons ou lisons des récits fantaisistes, ou tendancieux, ou tout bonnement faux ! Grâce à cette obligation légale, des légendes se sont créées, et des baudruches ont démesurément pris de l'embonpoint ! Elle nous oblige également à taire un certain nombre de faits qui devraient être connus.

férentes énigmes à propos d'arrestations peu compréhensibles et de disparitions inexpliquées. Avec l'esprit rigoureux qui le caractérisait, Louis Alie fournit dans ce mémoire de plusieurs feuillets tous les éléments souhaitables, et, après en avoir pris connaissance, nous avons parfaitement compris les raisons de sa très rapide exécution, alors que quantité de coupables des mêmes délits demeurèrent des mois, voire des années en prison après leur condamnation, certains furent d'ailleurs graciés!

Louis Alie qui fut un adversaire redoutable du maquis Surcouf, et qui s'affronta aussi par voie d'affiches et de presse avec Robert Leblanc, avait souhaité rencontrer celui-ci avant d'être fusillé pour lui dire « d'homme à homme » que « si leur vision de la France différait sur la forme, elle était identique sur le fond ». Cette rencontre eut bien lieu, mais dans des circonstances telles, et en présence d'un « accompagnement » si intransigeant, qu'elle ne permit pas le dialogue espéré entre les deux ennemis d'hier. Il est vrai que Robert Leblanc qui avait perdu plusieurs de ses maquisards dans les combats contre les mercenaires d'Alie, n'était guère disposé à épiloguer. Il quitta d'ailleurs son interlocuteur en lui déclarant : « Jamais les douze balles d'un peloton d'exécution n'auront été autant méritées. » Et Alie eut cette crâne réponse : « J'en suis conscient! »

A la rencontre du maquis Surcouf

Lorsque, dans le cours de l'année 1971, nous commencions à sillonner la Normandie pour tenter de démêler les fils d'un réseau de l'I.S. britannique dont la discrétion de ses anciens affiliés était à la hauteur du mutisme de ses responsables, tant français qu'anglais, nos interlocuteurs évoquaient invariablement, comme l'exemple de la Résistance normande, le maquis Surcouf, et le nom de Robert Leblanc revenait toujours dans la conversation. Ce leitmotiv finit par attiser notre désir d'en savoir davantage sur cette formation qui, si elle ne nous était pas inconnue grâce aux écrits, n'en demeurait pas moins assez mystérieuse pour le grand public, et ce, d'autant plus qu'un certain nombre d'événements étaient rapportés de façons fort différentes, suivant l'esprit et les motifs personnels des uns ou des autres. Ainsi, une affaire comme l'exécution de l'espionne Violette Morris, sur laquelle nous allions travailler pendant des mois en allant en chercher les tenants et aboutissants dans les archives militaires, les documents officiels, et jusque dans les services britanniques et allemands, nous fut relatée de cinquante manières différentes par de prétendus témoins ou même... « participants »! L'exposé que nous en fîmes en 1976 dans le livre *Les Lucioles de ma nuit* [1] suffit pour rétablir la vérité et faire taire tous les affabulateurs. Mais on a vu au début de ce chapitre que les légendes malveillantes peuvent encore tenter de dévier le cours intangible de l'histoire, pour peu que leurs auteurs lui préfèrent une version idéologique conforme à leurs penchants pour la ligne politique des zélateurs d'un certain « Ordre nouveau ».

En engageant nos pas dans ce qui ne nous apparaissait alors que comme une voie facile de recherches, nous étions loin de nous douter que nous allions aborder un chantier d'investigations qui serait encore ouvert vingt-cinq ans plus tard!

Au fil du temps, nous allions rencontrer et questionner toutes les personnalités survivantes des combats de l'ombre. Nous allions rechercher, parfois fort loin de nos frontières, d'anciens participants aux combats menés par le Surcouf. Nous allions déployer des ruses de Sioux et des trésors de diplomatique patience pour nous procurer une note, un câble, un rapport, un fichier, une adresse, qui nous permettraient de progresser dans notre quête et de débusquer chaque parcelle de vérité historique, rapprochant sans cesse les témoignages entre eux, puis les comparant avec les dates, les documents existants et les événements.

Après des débuts difficiles au cours desquels nous eûmes maintes fois à démontrer notre seul but de travail pour la connaissance et notre... impartialité, nous réussîmes à faire s'ouvrir les portes et à susciter les récits, les confidences et les réflexions sur cette époque tourmentée. C'est en nous livrant sur le terrain à ce travail de fourmis, loin des salons feutrés des Archives départementales et des salles de lecture des bibliothèques – bien que nous ne les avons jamais négligés – que nous avons pris conscience de la dure réalité des

1. *Les Lucioles de ma nuit*, op. cit., Presses de la Cité, 1976.

engagements de tous ces humbles résistants. Ce monde patriotique, populaire, que nous découvrions, c'était celui d'une solidarité sans failles dans la perspective d'un idéal commun : la reconquête de la Liberté et de la dignité pour les Français.

Le paysan qui nous offrait « la goutte » sur le bout de sa table; l'ouvrier qui nous versait d'autorité un verre de cidre ou de vin; le cultivateur qui nous emmenait « boire une bolée à la cave »; le curé qui, dans son presbytère, nous disait devant un cassis qu'il « n'avait fait que son devoir de pasteur »; le maître d'école qui se souvenait tandis que nous arpentions la cour de récréation; le communiste qui nous organisait « un tour de table avec d'anciens camarades des F.T.P.F. »; l'ex-corps franc devenu maire de sa commune qui réunissait de « vieux copains » dans la salle du Conseil pour « vérifier les souvenirs »; l'ex-gendarme résistant qui nous pilota jusqu'en Grande-Bretagne, nous ouvrit vingt portes que, sans lui, nous aurions toujours trouvées closes, et qui nous retrouva et prépara quantité de rapports et de procès-verbaux; le jeune engagé dans les F.F.I. maintenant haut fonctionnaire qui nous invita chaleureusement aux meilleures tables de sa ville pour pouvoir « bavarder librement de ce passé douloureux »; l'ancien chef de section maquisarde qui ne rechigna jamais devant le temps et les kilomètres à parcourir à travers champs et bois pour que nous retrouvions la nature dans laquelle il crapahutait pour aller tendre l'embuscade ou réceptionner un parachutage avec ses compagnons de clandestinité, et qui nous fit connaître tous les anciens postes de P.C., et tous les lieux marqués d'une stèle où tombèrent tant de ses camarades; le commerçant qui profitait de sa journée de fermeture pour nous emmener reconstituer un sabotage; l'ancien cheminot qui nous a souvent fait souffrir en déambulant sur les traverses de chemin de fer pour nous faire une démonstration « comment on pouvait faire dérailler un train en avril 1943 »; la jeune et jolie infirmière cycliste, devenue une gracieuse mamie, qui nous baladait trente ans après dans les quartiers de sa ville pour nous montrer où se trouvaient les « boîtes à lettres » qu'elle visitait pour son groupe, et le toubib bourru qui, devant un « doigt de porto » nous égrenait après ses consultations ses souvenirs de « mauvais chirurgien » extrayant des balles, opérant des maquisards blessés sur une table de ferme avec des « bistouris de fortune et le litre de calva comme anesthésiant et désinfectant ».

Chez chacun d'entre eux, nous retrouvions la même foi dans les propos et cette même flamme qui illuminait leurs regards en évoquant aussi bien les heures les plus exaltantes de leur vie de clandestins que les moments les plus douloureux passés dans des cellules ou dans les bagnes nazis. Et cette émotion qui sourdait du fond d'eux-mêmes lorsqu'ils se remémoraient « le camarade blessé ou désarmé partant avec les sbires de la Gestapo vers le chemin des tortures, ou quand, près de soi, un autre s'effondrait mortellement atteint au beau milieu du combat ».

L'abondance et la valeur historique de ces centaines de témoignages nous amenèrent à visiter tous les sites marquants de l'épopée résistante de Normandie, mais lorsque au mois de mars 1973, nous arrivâmes à Pont-Audemer pour frapper à la première porte qu'on nous avait recommandée, nous n'imaginions pas, malgré ce qu'on nous avait dit, que son ouverture allait nous faire découvrir la formation la plus redoutée de l'occupant, celle qui allait l'obliger à dérouter ses convois de renforts en juin 1944 : le maquis Surcouf [1].

Les origines du maquis Surcouf

Tant en Normandie qu'ailleurs, la question nous a été cent fois posée : « Comment un maquis a-t-il pu naître et se développer dans une région qui ne se prête pas particulièrement à un tel regroupement de francs-tireurs ? Et pourquoi ce nom de Surcouf ? »

En effet, en sillonnant les axes de circulation de cette région – surtout de nos jours où les infrastructures routières ont bouleversé les paysages – on imagine mal la présence, de

1. Le maquis Surcouf a fait l'objet de nombreux ouvrages relatant surtout son activité lors des combats de la Libération, notamment dans : *Opération Paddle*, *La Rückmarsch*, *Montgomery franchit la Seine*, d'Eddy Florentin (Presses de la Cité) ; *Libération de la Normandie*, de Marcel Baudot (Hachette, 1974) ; *Histoire de la Résistance en France*, d'Henri Noguères, tome 5 (Laffont) ; *L'Opinion publique sous l'Occupation*, Marcel Baudot (P.U.F., 1960).

1942 à 1944, de camps maquisards rassemblant au total plus de 300 hommes. Pour comprendre cette réalité de l'époque, il faut résolument s'écarter des voies d'accès ou de passages, et s'enfoncer dans le dédale des sentiers forestiers et des chemins de terre de la campagne du Vièvre. On découvre alors une nature faite de collines boisées, de terres en ravins, de taillis broussailleux, de pâtures escarpées qu'on appelle « picanes » dans le pays d'Auge voisin, de marais à l'est, au fur et à mesure qu'on approche des rives de la Seine. Les nombreux ruisseaux qui se gonflent dès l'automne, la rivière la Risle qui serpente en s'évasant au gré de ses humeurs vagabondes, les sources qui déboulent parfois dans les creux des layons, laissent encore actuellement – malgré les aménagements de voirie et les constructions – le cheminement aléatoire. Si l'on tient compte que le sous-sol, durement exploité aux XVIIIe et XIXe siècles pour en extraire pierre, sable, marne, chaux et craie, renferme en certains secteurs de nombreuses galeries et puits (désignés sous le nom de marnières), on juge assez facilement des possibilités offertes à des « hors-la-loi » ; des possibilités que ne manqueront pas d'utiliser les maquisards.

La volonté d'un homme, et des circonstances spécifiques vont aboutir à la formation d'un groupe de résistance en fin d'année 1941, lorsqu'un modeste commerçant du village de Saint-Etienne-l'Allier, Robert Leblanc, s'allie avec le curé, l'abbé Meulan, et un ami, le charpentier Robert Samson, pour organiser une chaîne d'évasion de prisonniers de guerre enfuis des camps de rassemblement allemands. Ce groupe qui va prendre de l'ampleur amènera la constitution d'une formation plus élaborée qui entreprend déjà des actions contre les forces d'occupation : graffiti pro-gaullistes, papillons rédigés à la main et collés sur les murs, détournement des poteaux de direction des troupes. C'est peu, mais cela suscite quelques réactions de la part de la population – surtout rurale – qui se plaint amèrement des contraintes et des réquisitions. En peu de temps, Robert Leblanc se trouve investi de responsabilités clandestines, et il doit faire face à ses premiers problèmes. Il lui faut déjà battre la campagne pour trouver des fermes acceptant de recevoir, soit des prisonniers en transit, soit les premiers jeunes gens touchés par les ordres de départ en Allemagne au titre de spécialistes. Dans la région, le « bouche à oreille » transmet plus vite les nouvelles que les moyens traditionnels de communication, et, bientôt, se trouvent dirigés sur Saint-Etienne-l'Allier quelques réfractaires au départ vers le Reich. Il faut de plus en plus improviser pour faire face à cet afflux, et les trois fondateurs du groupe local comprennent qu'ils doivent trouver d'autres solutions pour poursuivre leur tâche ou... abandonner! Ce n'est ni dans leurs caractères, ni dans leur esprit dirigé vers la résistance à l'occupant. Un soir, dans la petite salle de son commerce, Robert Leblanc, faisant le point avec ses deux compères, lance cette phrase qui va peser lourd dans le destin de beaucoup : « ... Ou alors il nous faut former un maquis. »

Les dés sont jetés, l'abbé et le charpentier se rangent à cet avis. Tout va désormais être entrepris pour passer aux actes.

Deux jours plus tard, Robert Leblanc et son ami Robert Samson, qui connaît toute la campagne dans un rayon de cinquante kilomètres en raison de son travail, commencent à arpenter le terroir environnant. Grâce au concours de plusieurs fermiers, ils découvrent un certain nombre de possibles refuges clandestins : bâtiments isolés dans des herbages difficiles d'accès, masures abandonnées, anciennes exploitations en ruine, granges et hangars devenus inutilisables pour leurs propriétaires, entrepôts désaffectés, etc. Mais la trouvaille la plus importante sera celle des grottes de Fourmetot, dont les imposantes galeries s'étendent sur des kilomètres sous le plateau de la Bérenguerie jusqu'au moulin Perrey, et qu'un souterrain prolongeait même autrefois jusqu'à la Seine dans le bois du Vieux Port. Ces galeries possèdent encore des puits d'aération, souvent obstrués par des détritus, que les premiers maquisards déblaieront pour en faire des issues de secours. Robert Leblanc et son ami Samson vont en dresser des relevés sommaires et noter les aménagements à effectuer. Le gros avantage de ces grottes réside dans le fait que la température de douze à quinze degrés y demeure constante. Les vastes dégagements voûtés qui servaient dans le temps à garer les charrois au moment des croisements, deviendront, suivant le cas, des dortoirs, des lieux de rassemblement ou des salles d'entraînement et de tir. Détail supplémentaire particulièrement intéressant pour des clandestins : ces grottes ne figurent sur aucune carte d'état-major!

Au printemps de 1942, les responsables vont pouvoir récupérer les volontaires planqués dans les fermes pour les transformer en véritables maquisards. L'ossature a déjà établi une organisation embryonnaire, formée de quelques jeunes gens du pays passionnés par cette aventure patriotique. Ainsi vivent déjà dans la nature : Roger Montier (Le Lorrain), Edmond Floquet (Grand Jules), Robert Vigier (Le Chat), André Hardelle (Serpent), Jean Debrée (Jeannette), Gaston Simon (Petit Gaston). Ce sont eux qui vont essuyer les plâtres en effectuant le gros du travail.

En août 1942, l'arrivée de nouveaux réfractaires nécessite une refonte, car ces arrivants ne sont pas tous disposés à prendre les armes ; il faut donc que Robert Leblanc négocie avec plusieurs cultivateurs pour les faire mettre en réserve. Pratiquement, tous par la suite rejoindront les sections de combat.

Cependant une telle entreprise ne peut passer inaperçue des locaux, et la rumeur se répand bientôt que Leblanc, au demeurant assez connu dans la région en qualité de commerçant, « fait de la résistance ». En peu de temps, le chef du futur maquis est contacté par des gens de différentes origines qui, soit ont déjà réuni quelques compagnons autour d'eux dans le même but, soit brûlent d'envie de le faire. C'est ainsi que Robert Leblanc va se trouver en rapport avec un cultivateur de Noards, Marcel Vesque, qui a formé une équipe solide, avec le médecin-colonel Hochart, de Bourgtheroulde, déjà lancé dans l'action clandestine, avec Nicolas à Quillebeuf, Poper à Routot, Hucher à Brionne, Hourdet à Montfort-sur-Risle, Sorel à Beuzeville, Lefebvre à Pont-Audemer [1], et Pesqueux à Saint-Georges-du-Vièvre qui va amener avec lui les gendarmes de la commune : le brigadier Grivillers, et ses hommes, Demaison, Darieutort et Bédart [2] qui vont être les premiers instructeurs du maquis. Mais l'apport le plus important sur le plan formation patriotique sera, à la fin de cette année 1942, la relation établie avec un représentant du mouvement Résistance, Gaétan Lesage, industriel fromager de la vallée de la Calonne qui va faire homologuer le maquis à

1. Déjà affilié à Centurie (voir plus haut chapitre VII).

2. Tous les quatre, arrêtés le 8 juin 1944, seront déportés. Ils ne reviendront pas des camps nazis.

Londres. Dès lors, Robert Leblanc et son ami Samson, qui va prendre le pseudo de La Torpille plongent totalement dans la vie clandestine en partageant celle de leurs hommes.

C'est au moment de cette homologation officielle que se pose le problème de fournir, tant au Service national maquis qu'aux bureaux de la France libre, un nom de code pour la formation de Robert Leblanc. Celui-ci, qui ne veut absolument pas prendre de pseudonyme, n'oublie pas que, même si on l'a réformé pour cause d'affection pulmonaire, il reste toujours le matelot qui effectua son service militaire dans la marine à Bizerte. C'est donc en souvenir de cette époque, et en hommage à son arme mobilisatrice, qu'il décide de doter le maquis du nom de Surcouf. Mais il ne pourra empêcher que, dans différentes sphères de la Résistance, et surtout au sein des services de police allemands, il soit lui-même désigné sous le patronyme de Robert Surcouf. C'est ainsi que la Gestapo se saisissant sur la N 13 près de Duranville d'un agent de liaison appartenant à un autre réseau le soumettra à un interrogatoire sévère pour qu'il indique où se trouve Robert Surcouf [1], ce à quoi le malheureux qui vient de Paris est évidemment incapable de répondre.

Au printemps de 1943, le maquis fonctionne bien en tant que formation clandestine, mais pas encore en unité combattante pour la simple raison qu'il ne dispose pas d'un armement minimum. Mais l'immobilisme et l'oisiveté ne sont pas pour autant en vigueur car, d'une part, chaque jour à tour de rôle, les gendarmes de Saint-Georges viennent dispenser une instruction sur le maniement des quelques armes récupérées, et, de l'autre, toutes les nuits par tous les temps, les sections crapahutent dans la nature effectuant de longs parcours en guise d'entraînement et d'endurcissement. Et puis, comme le dit si justement Robert Samson, une bonne fatigue est salutaire pour le corps et dérivative pour l'esprit. Alors les longues et pénibles marches dans les labours, les pâtures, les bosquets, les taillis, les marais, le franchissement à la nage ou à gué des rivières, l'escalade des falaises, parfois au clair de lune mais souvent dans la nuit sombre, ne laissent guère le temps aux maquisards de se poser des questions. Quand, au petit jour, ils retrouvent leur cantonnement, ils n'ont plus qu'une seule aspiration :

1. Voir *Les Lucioles de ma nuit*, op. cit., où cet événement est relaté.

récupérer et dormir ! Certains, surtout ceux de la ville, ne se feront pas à cette vie rude et exténuante ; Robert Leblanc en est conscient et il doit bientôt pratiquer une sélection. Quelques-uns repartent pour les fermes où ils ont déjà séjourné, préférant les travaux des champs aux conditions d'existence au maquis, d'autres sont pris en charge par le Service national maquis pour une affectation plus... calme, mais ceux qui restent vont devenir de rudes et hardis combattants.

Bien d'autres problèmes sont à résoudre pour Leblanc et ses adjoints : assurer chaque jour un ravitaillement suffisant, trouver des médecins et des infirmières pour soigner les malades et les blessés, disposer de caches et de boîtes à lettres pour les navettes de liaisons, imposer une discipline stricte afin d'éviter toute manifestation d'insubordination ou d'initiatives malencontreuses, filtrer soigneusement les nouveaux postulants. Chacun de ces problèmes sera résolu. Un important maillage de cultivateurs acquis à la cause patriotique permettra de fournir nourriture et cidre. Le médecin-colonel Hochart trouvera les assistances médicales nécessaires, et obtiendra même qu'un hôpital de campagne fonctionne au manoir du Buisson, chez Mme Archambault, à Saint-Christophe-sur-Condé ; une filière de relais maintiendra les contacts avec les groupes annexes. Les gendarmes de Saint-Georges-du-Vièvre effectueront de discrètes mais efficaces enquêtes sur chaque nouveau candidat au maquis. Enfin, l'éclatement en 11 sections réparties en différents lieux recensés en 1942, placées sous l'autorité de chefs de dizaines triés sur le volet, maintiendra une discipline qui ne se relâchera jamais.

A l'automne 1943, des chargements d'armes provenant de l'Orne et de l'Eure-et-Loir rendront le Surcouf opérationnel. En septembre, les premières opérations s'effectuent avec des attaques d'installations ennemies et la destruction de l'observatoire allemand du mont Rôti. L'élan est donné.

Les « terroristes » du maquis Surcouf en action

Le 13 août 1944, sur la N 810, au lieu-dit « Beaulieu » entre Lieurey et Cormeilles, la section de Marcel Vesque attaque des véhicules allemands. Dans l'une des voitures, se trouve le chef de bataillon de la Wehrmacht Georg Ertlé, aide de camp du maréchal von Kluge. Les maquisards ramènent leurs prisonniers au cantonnement et découvrent dans la serviette de l'officier une carte d'état-major concernant la région Rouen – Caen. Sur cette carte, toute une zone s'étendant de la Basse-Seine à Bernay et d'Elbeuf à Pont-l'Evêque est hachurée en rouge et porte en travers cette mention « *Achtung terrorist-Surcouf* ». Cette indication est parfaitement exacte, car le territoire délimité correspond bien en effet à la zone d'activité du maquis Surcouf.

Nous n'allons pas revenir en détail sur toutes les interventions des sections de Robert Leblanc entre septembre 1943 et août 1944, puisque nous les avons longuement évoquées dans de précédents ouvrages [1], disons simplement qu'elles motivèrent des incursions fréquentes des détachements allemands de Bernay, Evreux, et Du Pin dans le Vièvre et le Lieuvin, ainsi qu'une mobilisation des services de la Gestapo de Rouen et des Brigades antiterroristes de l'inspecteur Alie. Ces manifestations ennemies affectèrent peu le Surcouf dont le chef, toujours parfaitement renseigné sur les allées et venues de ces troupes par les gendarmes de Saint-Georges, utilisait à fond la tactique du vide devant l'adversaire, tactique de base de la guérilla.

L'activité du maquis, et son implantation dans un secteur particulièrement sensible des plans alliés amenèrent le Service national maquis à envoyer deux cadres à Robert Leblanc, un normalien, Honegger, et un aspirant saint-cyrien, Bouvatier (Picq), et la France libre à parachuter un instructeur des commandos franco-britanniques, le lieutenant Gaston Le Braz.

Les menées répressives qui obligent le maquis à demeurer sans cesse aux aguets vont connaître, en avril 1944, une vigueur décuplée après l'exécution de l'espionne Violette Morris, appartenant au S.D. nazi de la rue des Saussaies à Paris. Jugée à Londres extrêmement dangereuse par les infiltrations d'agents qu'elle parvenait à glisser dans les formations résistantes, et, en raison de ses voyages hebdomadaires chez certains de ces agents dans l'Eure, il fut décidé de char-

1. *Les Lucioles de ma nuit*, op. cit. *La Résistance normande face à la Gestapo*, op. cit. *Résistance normande et jour « J »*, op. cit.

ger le maquis Surcouf de son élimination puisqu'elle traversait chaque semaine son secteur d'intervention.

Le 26 avril 1944, une section du Surcouf tendait une embuscade sur la route d'Epaignes à Lieurey empruntée par l'espionne. Peu après 18 h 30, la traction qu'elle pilotait vint s'enferrer dans le barrage. Les rafales de cinq mitraillettes mirent fin à l'existence de ce personnage hors du commun dont nous avons établi la biographie dans un ouvrage paru en 1989 [1]. En dépit de toutes leurs enquêtes qui durèrent plusieurs semaines dans la région, ni la Gestapo ni les policiers d'Alie, ne parvinrent à retrouver trace de cette disparition. Violette Morris et ses compagnons de route avaient été inhumés dans une cour de ferme, et ne furent exhumés qu'après la guerre lorsque le Surcouf indiqua le lieu de leur sépulture provisoire.

Le 1er juin 1944, le maquis, fort de ses 11 sections combattantes et de ses groupes annexes, entama la Bataille de la Libération. Pour lui, la guerre ne se termina qu'en 1946 lorsque le 1er bataillon de marche qu'il avait formé à l'automne 1944 fut démobilisé [2]. (Voir en annexes.)

Effectifs homologués du maquis Surcouf :

NOMS	PSEUDOS	DATE HOMOLOGATION
Leblanc Robert		Août 1942
Samson Robert	La Torpille	–
Floquet Edmond	Grand Jules	–
Montier Roger	Le Lorrain	–
Vigier Robert	Le Chat	–
Hardelle André	Serpent	–
Simon Gaston	Petit Gaston	–
Debrée Jean	Jeannette	–
Grouet Roger	La Cuisine	–
Suter Rodolphe	Roro	avril 1943
Gillon Claude	Caïd	mai
Ambroise André	Dédé le Parisien	–
Edet Léon	Cartouche	–

1. Voir *La Diablesse.*
2. On peut suivre l'épopée du Surcouf dans nos ouvrages : *Les Lucioles de ma nuit*, *Ces Chefs de maquis qui gênaient*, *Résistance normande et jour « J »*, *Le Prix de la Liberté*, et dans le *Guide des maquis de Normandie*, tous op. cit.

Leroy Pierre	Pierrette	–
Leroy Charles	Charlot	–
Belliard Claude	Morpion	–
Laurens René	Barbouille	juin
Melet Louis	P'tit Louis	–
Perier Jean	Zazou	–
Platel Jean	Coiffeur	–
Sorieul Bernard	Clown	–
Sortemboc René	Pélican	–
Lecasble Marcel	Bouboule	–
Benaou Aouda	Béna	juillet
Bersig Ahmed	Emir	–
Acrouf Medhi	Acre	–
Steger Armand	l'Alsacien	août
Verdure Marcel	Pot au Feu	–
Teyer Pierre	Pierrot	–
Teyer Paul	La mère Poule	–
Van de Kerkove André	Beso	–
Valere Paul	La Musique	–
Duclos Daniel	Dany	–
Mercier Kléber	Raspail	septembre
Tauvel André	Fil de fer	–
Saillard Léon	Roudoudou	octobre
Lelong Eugène	Mousse	–
Rollet Maurice	Filochard	–
Vaguet Henri	Henri le Cuir	–
Hauton Louis	Cran d'arrêt	–
Amant Roger	Bougnat	–
Lecoq Raymond	Ti-Coq	–
Ribault Jean	Jean l'Abbé	–
Feuillye Flavien	La Feuille	novembre
Reinert André	Tintin	–
Gosselin Bernard	Nanar	–
Madeleine Michel	Pingouin	décembre
Bertho Jean	Secrétaire	janvier 1944
D'Hoignes Georges	George VII	–
Vargiu Antonio	Le Marseillais	–
Blondel Jacques	Pompier	–
Germain Jacques	Cuisinier	–
Coquelet René	Coco	–
Cauvin	L'Herbager	février
Bouy Maurice	La Fourmi	–
Levacher Noël	Nono	mars
Van Der Loo Louis	La Tulipe	avril
Michaux Paul	La Miche	juin
Bruneau Edouard	Ed	–
Desbats Louis	Lerat	–
Sellier François	Athos	–

SECTION ETRANGERE

Russes	9	Staline, Oural, Boris, chefs de sizaines	hiver 43-44
Polonais	3	Louis, Michel, Gustav	–
Luxembourgeois	3		–
Autrichiens	2		–
Allemands	2	déserteurs	–
Belges	2		–
Espagnols	2		–
Hollandais	3		–
Américains	4	(refusèrent de combattre)	mars 1944
Britanniques	9	(repartis par les filières via Espagne)	
Nord-Africains	3		

INSTRUCTEURS :

Le Braz Gaston	Commandos franco-britanniques
Bouvatier Raymond	Service national maquis
Honegger Louis	– –
Grivillers Charles	Maréchal des logis – Gendarmerie de Saint-Georges
Demaison Jean	Gendarme –
Darieutort Jean	– –
Bedart Maurice	– –

AUXILIAIRES FEMININES

Leroy Antoinette
Guillot Mireille
Hébert Francine
Hébert Marguerite
Mulet Raymonde
Jeoffrette (puce 2)

INFIRMIERES

Mme Jacqueline
Mme Archambault

DOCTEURS

Médecin-colonel Hochart
Doctoresse Duclos, de Saint-Georges – Dr Maricot, de Pont-Audemer
Dr Etcheverry de Montfort-sur-Risle

LIAISONS

Avec section Sorel : Berthe Polin (La Berthe) ; Jules Graindorge ;
: Yvonne Grégoire (Maryvonne).
Avec section Vesque : Mireille Guillot ; Francine Hébert.
Avec groupe César : Jeanne Longuet.
Inter-sections : Jean Ribault ; Flavien Feuillye ; Jean Debrée.

HIERARCHIE DANS LES F.F.I.

Chef départemental :	Commandant Marcel Baudot (Breteuil)
Chef d'arrondissement :	Commandant Gaétan Lesage (Max)
Chef du maquis Surcouf :	Commandant Robert Leblanc
Chef-adjoint du maquis Surcouf :	Capitaine Robert Samson (La Torpille)
Chef d'opérations :	Lieutenant Gaston Le Braz
Chefs de section :	n° 1 : René Sortemboc (Pélican)
	n° 2 : André Hardelle (Serpent)
	n° 3 : Roger Montier (Le Lorrain)
	n° 4 : Henri Vaguet (Henri le Cuir)
	n° 5 : Léon Edet (Cartouche)
	n° 6 : Edmond Floquet (Grand Jules)
	n° 7 : Georges d'Hoignes (George VII)
	n° 8 : Raymond Bouvatier (Picq)
	n° 9 : François Sellier (Athos)
	n° 10 : Louis Honegger (Gégé)
	n° 11 : + réserves : Gaston Le Braz

SECTIONS EXTERIEURES RATTACHEES MILITAIREMENT AU SURCOUF
ET AYANT COMBATTU AVEC LUI

Fatouville – Beuzeville (F.T.P.F.)	Chef : Henri Sorel ; chefs de dizaines : Bernard Feutelais ; Pierre Vallée ; organisation : René Grégoire.
Bouquelon – Quillebeuf	Chef : Maurice Jouen ; adjoint : Claude Gillon.
Morainville – Lieurey	Chef : capitaine Marcel Vesque ; adjoint : Jean Brissonneau (Gueule d'acier).
Saint-Georges-du-Vièvre	Chef : René Pesqueux (Bayard) ; adjoint : Robert Mustel (Le Tigre).

SECTIONS RATTACHEES MILITAIREMENT
MAIS INDEPENDANTES :

Pont-Audemer	Chef : Eugène Lefebvre (César)
Routot	Chef : Paul Poper
Corneville	Chef : Jacques Valmont (Rivière)
Montfort	Chef : René Hourdet
Brionne	Chef : Roger Hucher (Arthur)
Cormeilles	Chef : Lieutenant Potot
Angerville	Chef : André Thorel, Jean-Marie Ahrente

CHAPITRE XII

Collaboration et collaborations

D'abord, le culte du Maréchal

Comme partout en France, les germes de la collaboration avec l'Ordre nazi se sont développés sur le terrain politique défriché par le gouvernement du maréchal Pétain. En juillet 1940, la majorité des Français ne ressentaient pas le pouvoir siégeant à Vichy comme une usurpation, mais au contraire se félicitaient de ce que les rênes du pays soient prises en main par un homme qui avait fait la preuve de son patriotisme en 1916. Dans le chaos qui régnait encore, le Maréchal apparaissait comme la seule personnalité capable de rétablir une organisation rationnelle, un retour à une discipline de société, et, en même temps, de sauvegarder les intérêts de la France en « dialoguant » avec le vainqueur fatalement impressionné par le grand soldat de Verdun.

On peut admettre cette façon de confier son sort à celui qui est alors considéré comme l'un des héros de la Grande Guerre, même si beaucoup d'anciens poilus regimbent en disant que ce n'était pas à lui de s'abaisser à quémander un armistice, et qu'il aurait dû laisser cela aux « politicards ». La poignée de main de Montoire, puis les déclarations sur l'entrée « dans la voie de la collaboration » sont encore à venir et, assez lâchement, chacun se réjouit plutôt de la cessation des hostilités. D'autre part, le Maréchal se porte garant du retour proche des prisonniers – alors que les trois quarts d'entre eux demeurent encore rassemblés en France –, et use volontiers du trémolo pour s'apitoyer sur le sort des « familles dispersées » des « victimes des mitraillages et des bombardements ». Et lorsqu'il commence à vilipender les « responsables de nos malheurs », les « mensonges qui nous ont fait tant de mal », « l'esprit de jouissance », « l'abandon des valeurs chrétiennes », « le mépris de la terre (qui elle ne ment pas) », « le rejet du travail par des lois ineptes (les congés payés) », « l'accaparement des richesses passées aux mains d'une minorité (les Juifs) », « la dégradation de l'amour pour la patrie », bien des Français culpabilisent en leur for intérieur, et décident de se racheter en suivant ce maréchal de France qui leur parle le « langage du père et du chef, celui du Bon papa familial ». Ainsi vont ressentir le désir de se rassembler autour de lui bien des gens de diverses tendances qui, jusqu'alors, n'avaient pas éprouvé le besoin de s'inclure dans une chapelle. C'est sous ce manteau jugé protecteur que va naître la première organisation qui basculera rapidement dans la collaboration : Les Amis du Maréchal.

En Normandie, le phénomène sera identique à celui qui commence à proliférer dans le pays. Certains, la majorité, ne jurent que par Pétain, les autres se divisent entre ceux qui demeurent dubitatifs et ceux qui protestent (au fond d'eux-mêmes pour le moment) contre son acceptation de l'asservissement. Mais des majoritaires enthousiastes veulent faire plus, et ils fondent un peu partout des cercles des Amis du Maréchal. Les premiers apparaissent à Rouen en novembre 1940, mais, faute de moyens, ne connaissent qu'un rayonnement éphémère. Il faut attendre le 6 janvier 1941 pour qu'un groupement créé par l'industriel Richard Waddington réunisse une poignée d'affiliés. Grâce au quotidien *Le Journal de Rouen*, reparu dès le 15 septembre 1940 sous la férule de MM. Jean et Pierre Lafond, qui publie de délirants encarts de propagande, le nombre d'adhérents passe à plus de 1 200 en janvier 1941, puis à 4 500, le 20 février, pour atteindre le chiffre de 7 350 en avril. Mais l'afflux de ces adhérents inquiète le Feldkommandant qui craint vraisemblablement la manipulation de la foule, et il suspend le mouvement dès la fin avril. Six mois plus tard, après la démission de M. Richard Waddington, une résurgence reprend l'appellation des Amis du Maréchal qui ne repartira qu'après une certaine « épuration » en s'appuyant surtout sur les associations corporatives dont quelques dirigeants pensent que cette affiliation leur vaudra le regard bienveillant du Maréchal pour des facilités dans leurs professions.

Au cours de l'été 1941, le mouvement tente de s'implanter dans d'autres villes normandes, mais sans grand succès. Si des cercles font une timide apparition au Havre, à Evreux, à Louviers, à Vernon, à Trouville et à Caen, les effectifs du plus étoffé ne dépassent pas 60 personnes (à Evreux). Dans le Calvados, le mouvement se trouve discrédité par le tintamarre que font les ténors des partis politiques collaborationnistes : R.N.P. et P.P.F. surtout. C'est le cas à Caen, à Vire, à Trouville, et à Bayeux. Dans la Manche, il faudra encore attendre deux ans pour voir surgir, à Cherbourg et à Saint-Lô, deux cercles qui, à eux deux, n'aligneront que 27 membres ! Dans l'Orne, à Alençon, à Sées, à L'Aigle et à Argentan, après un départ prometteur pour leurs créateurs, les groupements ne parviennent pas à maintenir plus de cent vingt affiliés, et encore en faisant appel aux notables peu emballés mais tenus par la crainte de représailles commerciales.

Cependant, en novembre 1941, l'approche de l'hiver provoque, sous le couvert du secours à apporter aux prisonniers de guerre et à leurs familles, la création d'organismes prônant à la fois solidarité et charité en conformité avec « la pensée du Maréchal ». Tous vont se fondre dans la mouvance du « Secours national », institué par les instances de Vichy, et qui, tout en se consacrant beaucoup à des œuvres bienfaisantes, sera en fait un formidable service de recrutement pour la propagande pétainiste. De grands noms de la société normande figurent dans les comités de parrainage, et certaines personnalités telles que l'écrivain Jean de La Varende ; l'évêque d'Evreux, Mgr Gaudron ; le général Keller ; le journaliste de Rouen, Alain Baron ; le conseiller général de l'Eure, Maurice Duramé ; l'industriel M. de La Condamine ; le président du Conseil général du Calvados, M. Boivin-Champeaux ; le professeur à la faculté des sciences de Caen, Louis Mercier, animent des réunions organisées dans un but caritatif, mais qui tournent invariablement à une apologie idolâtre du chef de l'Etat [1].

En mai 1941, des groupuscules sont apparus ici ou là pour apporter leur pierre à l'édifice de la Révolution nationale. Leur démarche est quelque peu anarchique, mais que ce soit le Front Franc, le Réveil du peuple, la Nouvelle Phalange, Famille et Patrie, la Volonté française, le Sursaut national, etc., surgis à Evreux, Louviers, Dieppe, Cherbourg, Le Havre, Rouen, et Alençon, tous finiront par se fondre dans le mouvement Collaboration dont l'implantation normande démarre simultanément à Caen et à Rouen dès le mois de janvier 1941.

La mouvance Collaboration, un parti pronazi

En décembre 1940, le rédacteur en chef du journal *La Gerbe*, l'écrivain Alphonse de Châteaubriant, fonde, avec quelques-uns de ses comparses du comité France-Allemagne dont les démarches pronazies avant la guerre avaient attiré l'attention des services du contre-espionnage français, le groupe Collaboration. On va d'ailleurs redécouvrir dans ce groupe quelques-uns des membres les plus influents du comité France-Allemagne : Fernand de Brinon, Georges Scapini, Jacques Benoist-Méchin, Pierre Drieu La Rochelle, Darquier de Pellepoix, Mgr Mayol de Luppé, le professeur Fourneau, et quelques autres dont on retrouvera les noms dans les sphères pétainistes.

En janvier 1941, à Rouen, l'un des proches de cette équipe, le journaliste rédacteur en chef de *La Tribune Libre*, Paul Mérat, crée un cercle régional affilié au groupe Collaboration. En mars, il enrôle au Havre deux notables, Donatien Pellerin qui dirige un bureau du port, et le mareyeur Emile Lavoine. Une trentaine de membres des Amis du Maréchal rejoignent cette antenne du groupe Collaboration ; on en reverra quelques-uns un peu plus tard dans la Légion des combattants.

1. A noter que l'archevêque de Rouen, Mgr Petit de Julleville, appuya l'œuvre de charité que fut le Secours national, qu'il se montra souvent à l'écoute des mots d'ordre de Vichy, mais que son attitude assez ambiguë par la suite fut l'objet d'ardentes polémiques au sein de la communauté catholique.

A Caen, c'est l'un des adjoints de la municipalité, Julien Lenoir, qui forme une bande similaire avec l'appui d'un médecin, le docteur Honorat Collette, du directeur de la Caisse d'assurances sociales, Robert Poret ; d'un comptable, Marc Devaud, bientôt assurés du concours du professeur de faculté Louis Mercier, déjà engagé dans Les Amis du Maréchal [1].

Dans l'Eure, où les occupants surveillent étroitement les associations qui fleurissent dans le sillage de la propagande vichyssoise, un comité apparaît sous l'égide des plus farouches tenants d'une politique favorable au rapprochement franco-allemand : Maurice Duramé, M. de La Condamine, le général Keller, déjà cités ; le directeur du *Journal d'Evreux*, M. Vavasseur ; celui de *La Normandie*, Guichard, auxquels se joignent quelques maires soucieux de faire figurer leur ville dans la panoplie maréchaliste.

Malgré quelques tentatives isolées, les départements de l'Orne et de la Manche ne donneront pas lieu à des manifestations significatives avant le milieu de l'année 1943, époque où les tournées de « conférenciers » sont imposées aux municipalités des grandes agglomérations.

La première de ces tournées aborde à Caen avec une causerie du savant Georges Claude, membre de l'Institut, qui, devant un parterre de notables, présents soit par conviction, soit par obligation professionnelle, fait l'apologie de la grande « espérance de paix provoquée par la rencontre de Montoire ». Il reprendra ce thème lors d'une réunion à Rouen quelque temps plus tard. Mais auparavant, le 1er mars 1941, les Rouennais sont invités à assister à la première conférence en Normandie du professeur allemand Friedrich Grimm, venu apporter au groupe Collaboration la caution de la Propagandastaffel et célébrer la « réconciliation franco-allemande ». Ces causeries vont proliférer dans tous les grands centres normands. Elles ont pour but essentiel de populariser le groupe Collaboration et de contrecarrer l'audience des « traîtres de Londres ». Les intervenants se succèdent : Rasch, Zapp, Fried, Grimm, Dessort, Georges Claude à nouveau, le professeur Bauer, puis Alphonse de Châteaubriant lui-même. Mais, en dépit des ramassages par

1. On lira avec intérêt l'excellent ouvrage de Yves Lecouturier : *La Collaboration dans le Calvados* (Horvath, 1988).

autocars, le public ne tarde pas à se clairsemer, l'une des dernières réunions à Saint-Lô ne rassemblera que vingt-trois personnes, en dehors de la poignée d'affiliés tenus à être présents.

Le fiasco des partis pronazis en Normandie

Pour les fanatiques fascistes, la collaboration pétainiste ne représente qu'un ersatz de la politique qu'ils veulent voir émerger en France. Leur presse se livre de temps à autre à de virulentes attaques contre l'entourage du Maréchal suspecté par eux de « tiédeur » dans l'élan de l'Ordre nouveau. Vichy leur semble un siège indigne pour le gouvernement de l'Etat français, et, à défaut de pouvoir obtenir son transfert à Paris, ils réclament une représentation de leur courant au sein même du régime. Parmi les ministres de Pétain, seul Laval leur semble « fiable »! Alors les chefs des partis pronazis, dont certains militent depuis des années pour un pouvoir calqué sur celui d'Hitler ou de Mussolini, se livrent à une surenchère propagandiste qui ne s'embarrasse pas de fioritures pour recruter des adhérents. C'est pourquoi on trouvera dans leurs rangs les pires éléments de la lie sociale.

Au cours de l'année 1942, on va voir se dessiner une fracture idéologique entre les « maréchalistes » et les fascistes, même s'ils retrouvent par moments une unité d'action au gré des événements. Et cela sera très apparent en Normandie.

Sans entrer dans le détail des structures de ces partis, ce qui nous éloignerait considérablement de notre propos, nous allons devoir malgré tout en dresser un bref inventaire, car l'activité des collaborateurs actifs en terre normande repose essentiellement sur leurs supports. Nous n'irons pas rechercher les racines de ces partis dans les années de l'avant-guerre, bien que ce soit fort intéressant pour comprendre leur démarche, nous contentant de les situer à partir de 1940, de même que nous ne développerons pas leurs querelles intestines qui aboutirent parfois à des scissions, presque toujours pour des raisons de personnalités aussi ambitieuses les unes que les autres.

Trois partis politiques pronazis dominent les groupuscules présents en Normandie en raison de leurs moyens nationaux :

Le P.P.F. (Parti populaire français) fondé, en 1936, par un transfuge du parti communiste ne partageant plus les options du P.C. au moment du Front populaire, Jacques Doriot, qui donne à sa formation une orientation populiste de type national-socialiste-fasciste. Son programme repose sur quelques principes de base : « Un Etat fort, un pouvoir exécutif stable, une indépendance de l'économie et de la société, la défense des classes moyennes, essence de la nation, une politique antijuive et antimaçonnique. » Dès sa création, le P.P.F. reçoit le soutien des milieux de la finance et de l'industrie qui voient en lui un « rempart contre le Front populaire ». Dès lors, ses moyens d'existence sont assurés et il peut instaurer une presse spécifique à son parti. Cette presse bénéficie de signatures renommées : Bertrand de Jouvenel, Pierre Drieu La Rochelle, Camille Fégy, Claude Jantet, Fabre-Luce, Georges Suarez, Georges Blond, Jean Fayard, Simon Sabiani, tous auteurs d'éditoriaux favorables aux théories de Doriot dans *L'Emancipation nationale*, *Jeunesse de France*, *Marseille libre*, puis, plus tard, *Le Cri du peuple*, auquel collaboreront également par la suite : Abel Bonnard, Jean de La Varende, Alphonse de Châteaubriant, Bernard Grasset, et Benoist-Méchin. Tout ce beau monde va plonger dans la collaboration avec plus ou moins de résolution, mais sa présence dans les sphères du P.P.F. va faire beaucoup pour son audience dans le pays, même en Normandie, province pourtant connue pour son instinctive méfiance à l'égard des « beaux parleurs de Paris ».

Dès le mois de juillet 1940, le *Journal de Normandie* publie un article signé Pierre Vilette, membre régional du P.P.F., qui se réjouit de ce que « la défaite balaie la conjuration socialo-communiste ». Le ton est donné.

Les ténors doriotistes normands – Alain Baron, André Perrault, Adolphe Villain, Roger Neveu, Fernand Margueritte, J.L. Digonnet, Duquay, Stéphane Salza –, malgré tous leurs efforts et le concours omniprésent des chefs parisiens, ne rassembleront qu'environ cent trente membres dans les cinq départements. Mais leur emprise sera mortelle pour beaucoup de résistants lorsque le militantisme se transformera en auxiliariat de la Gestapo. Nous en donnerons quelques aperçus individuels un peu plus loin.

Second parti pronazi à se faire connaître en terre normande, le R.N.P. (Rassemblement national populaire), a été créé en février 1941 par un ancien responsable du Parti socialiste dissident : Marcel Déat. Né en 1894 à Guérigny dans la Nièvre (ce que les Nivernais ne considèrent pas comme un honneur !), cet agrégé de philosophie, ancien combattant de 14-18, ministre de l'Air en 1936 dans un cabinet de transition, est déjà un vieux routier de la politique lorsqu'il prend résolument position en septembre 1938 (le 30) pour les accords de Munich qui livrent la Tchécoslovaquie au Reich. Cette position ne varie pas quand il publie dans le quotidien *L'Œuvre*, quelques mois plus tard, un article retentissant intitulé : *Faut-il mourir pour Dantzig?* Dès la déclaration de la guerre, il fait partie de ceux qui se rangent derrière Pierre Laval pour réclamer une « paix blanche ». Après la création de l'Etat français, en juillet 1940, il prend en main la direction de *L'Œuvre* dont il va faire l'un des journaux de la Collaboration. En février 1941, mécontent de ne pas avoir pu imposer au gouvernement Pétain son projet de grand parti unique à l'exemple du parti nazi allemand, il fonde le R.N.P., grâce à des subsides de l'ambassadeur Otto Abetz. A défaut d'un succès populaire, son mouvement reçoit l'adhésion d'une grande partie de la bourgeoisie, désireuse de contrebalancer l'audience du P.P.F. de Doriot à l'égard duquel elle reste méfiante en raison de ses volte-face idéologiques. Le programme de Déat repose sur deux supports simples : Faire triompher la politique de collaboration et instaurer la « Révolution nationale ». Bien que blessé lors de l'attentat de Paul Collette contre Laval [1] en août 1941, il sera l'un des derniers pivots du gouvernement fantoche de Sigmaringen, d'où il parviendra à fuir au cours de l'écroulement du régime hitlérien pour aller tranquillement finir ses jours dans un couvent italien près de Turin en 1955.

L'implantation du R.N.P. en Normandie suit d'environ deux mois la création nationale du parti, soit aux alentours de mars-avril 1941. Sa première apparition s'effectue au

1. Nous l'évoquerons un peu plus loin.

Havre sous la houlette d'un certain Guénot, dont la véritable motivation demeurera toujours nébuleuse puisqu'il fut arrêté par la Gestapo et fusillé pour : « Détention d'armes et aide aux Anglo-Saxons » ! Dans l'Eure, le R.N.P. se développe, surtout à Vernon, à Evreux, et Louviers, dès le mois de juin 1941, sur les initiatives d'un instituteur, Marcel Lucas, de Jacquet de Verneuil, d'André Thouré et d'Henri Guignard. Le nombre des adhérents dans le département ne dépassa pas quarante personnes, et l'activité principale se borna à l'organisation de conférences (8 entre 1941 et 1943), et à une intense propagande pour un Ordre nouveau inspiré par une Révolution nationale.

C'est toutefois dans le Calvados que le R.N.P. se montrera le plus actif, peut-être en raison d'une surenchère avec le P.P.F. Même si, là encore, le nombre d'affiliés reste minime – entre 80 et 85 dans tout le département –, les dirigeants locaux : Marceau Degardin, Ludo Zoretti, Marie Langlois, Chaulanges, Laplanche, hôtelier à Trouville, (qui sera exécuté par la Résistance près de son domicile de Touques), et Madeleine Béranger, commerçante de Pont-l'Evêque, mobilisent tous les moyens pour faire parler de leur parti. Cette dernière, après la mort de Laplanche, se livrera en compagnie de l'épouse de celui-ci, Marguerite, à des agissements délateurs, ce qui leur vaudra d'être condamnées à mort après la guerre (peine commuée en travaux forcés à perpétuité). Elles ne seront pas les seules à subir les rigueurs des lois d'épuration, puisque quelques autres comparses du R.N.P. seront jugés pour dénonciations ou collaboration active.

On ne peut séparer du R.N.P. le parti créé, en octobre 1940, par un agitateur permanent de la politique française de droite, Eugène Deloncle. Le M.S.R. (Mouvement social révolutionnaire) est en fait l'aile activiste du parti de Déat, formée d'anciens membres de la Cagoule qui, de 1936 à novembre 1937, multiplia les actions terroristes contre les antifascistes de France ou réfugiés en France. (Elle assassina notamment, sur ordre de Mussolini, les frères Rosselli, le 9 juin 1937, dans une forêt proche de Bagnoles-de-l'Orne.) Sur l'injonction d'Otto Abetz, Deloncle doit donc fusionner son M.S.R. avec le R.N.P., mais le choc de deux fortes personnalités telles que celles de ces chefs de clans provoque une scission qui ne surprend personne. Deloncle reprend sous le manteau la direction de son ex-Cagoule, en même temps que ses vieilles habitudes de « carbonaro » dynamiteur. Dans la nuit du 2 au 3 octobre 1941, il fait sauter 7 synagogues à Paris « à titre d'avertissement à la juiverie ». Mais, s'il reçoit la bénédiction du S.D. allemand, il est violemment pris à partie par le *Militärbefehlshaber in Frankreich*, responsable de l'ordre en France qui lui signifie sa mise en surveillance permanente. Ecœuré, il saisit l'occasion de l'invasion de la zone libre en novembre 1942 pour s'élever contre l'Occupation. La Gestapo vient alors pour l'arrêter, des coups de feu sont échangés, et le fondateur de la Cagoule et du M.S.R. s'effondre mortellement atteint.

En Normandie, le M.S.R., malgré une implantation squelettique, va disposer de quelques éléments dans l'Eure où un adjoint au maire de Vatteville, René Buffet, monte une section dans l'arrondissement des Andelys, et, à Louviers, sous les ordres d'un nommé Crouzet qui fait paraître un bulletin, *Le Paysan normand*. L'audience de ces groupuscules étant nulle, ils disparaîtront assez vite. En Seine-Inférieure, où le M.S.R. bénéficie de l'appui du délégué régional à la Propagande, Paul Creyssel, ce sont surtout les Jeunesses populaires qui s'agitent au Havre, à Rouen et à Elbeuf, en distribuant papillons et tracts, et en couvrant les murs de graffiti. Suscitée par l'espionne Violette Morris de la Gestapo de la rue des Saussaies à Paris, une tentative d'infiltration de ces jeunes éléments dans le réseau de résistance Vengeance puis, un peu après, dans une compagnie des Francs-tireurs et partisans français, échoue lamentablement et se termine par l'exécution à Oissel de deux affiliés du M.S.R.

Dans le Calvados, c'est en novembre 1941 qu'un groupe se constitue à Caen à l'initiative d'un préparateur en pharmacie, Georges Daragon, et d'Emile Labous qui ouvrent une permanence rue Hamon. Mais le parti de Deloncle ne parviendra pas à essaimer dans les autres villes du département où le P.P.F et le R.N.P. ont déjà ratissé toute la « crème » de la collaboration. Faute d'affiliés, le M.S.R. disparaît bientôt au début de 1943.

Troisième parti à représenter l'Ordre nouveau en Normandie avec plus ou moins de réussite, le Francisme fondé en septembre 1933 par Marcel Bucard, prône un « fascisme français » qui serait le « fer de lance de la Révolution nationale ». Diminué par une grave opération subie au début de 1943, Bucard doit laisser son adjoint Paul Guiraud diriger son mouvement dont il ne sera plus que le chef porte-drapeau. Ceci ne l'empêche nullement de proposer aux Allemands de participer à leurs côtés à la répression contre les maquis. C'est ce qui va se passer en Normandie lorsqu'en juillet 1943 des formations paramilitaires, issues des groupes francistes, sont casernées à Vernon pour y subir un entraînement de style commando. Il en sera de même un peu après dans l'Orne, à Carrouges et à Exmes. En février 1944, les Allemands organisent à Flers un camp d'instruction pour des volontaires recrutés dans les rangs du Francisme et du P.P.F. Mais l'un des plus ardents chefs régionaux du parti de Bucard, le Dr Zaepfel, de Briouze, est abattu par la Résistance ornaise, un autre à Argentan, le directeur de laiterie Audierne, subit le même sort, et cela douche l'enthousiasme des jeunes postulants au combat contre les partisans. De plus, le commandement de l'O.B.W. ne se montre pas très empressé d'utiliser ces mercenaires dont il juge – avec quelque raison – qu'ils manquent singulièrement d'expérience pour de tels affrontements, et il préconise leur incorporation dans la L.V.F. qui dispose de structures d'entraînement... en Allemagne. C'est ce qui se passera. D'autre part, un accord Bucard – Darnand, qui a créé la Milice, aboutit à faire enrôler dans cette sinistre phalange un maximum des éléments francistes. Tout cela fait qu'on ne verra pas en Normandie les commandos de Bucard intervenir dans les opérations contre les maquisards. Ceux qui y participeront le feront sous l'uniforme milicien.

A côté de ces trois partis que nous venons d'évoquer, on recense un certain nombre de groupuscules zélateurs de la Collaboration, mais dont l'impact restera plus que limité. Citons : La Rose des Vents et La Tour de Garde, dans l'Eure ; La Légion tricolore et le Comité ouvrier de secours, en Seine-Inférieure ; Le Front de la jeunesse et le Front franc, dans l'Orne. Dans la Manche, où la collaboration politique n'apparaît guère, se forment en 1943 (septembre) des « équipes nationales » qui, sous les directives du délégué à l'Information, Delacour, propagent des affiches et des calicots portant la devise maréchaliste : « Travail-Famille-Patrie » en s'efforçant de recruter des travailleurs pour l'Allemagne. Le peu de succès de leur entreprise les rejette bientôt dans l'ombre. Dans le Calvados, le mouvement Le Feu, créé par le député de Falaise, Delaunay, s'éteint de lui-même faute de souffle populaire. Plus sérieuse, la Ligue française contre le bolchevisme parvient à regrouper une vingtaine de membres, mais elle va se fondre dans la Légion des volontaires français contre le bolchevisme qui dispose des fonds de l'ambassade du Reich pour déployer un tapage médiatique qui ne donnera pas les résultats escomptés par ses novateurs. Enfin, un nouveau parti tente une percée à la fin de l'année 1943, il s'agit du P.F.N.C. (Parti français national-collectiviste) dont la poignée d'adhérents, alléchés par des promesses « d'affectés spéciaux » non astreints au S.T.O., déchante vite en constatant la fantaisie des propos, et préfère rejoindre le P.P.F. qui lui semble plus fiable ! Le chef national de ce parti, Pierre Clémenti, louvoie entre Déat et Doriot pour parvenir à « unir dans une force combattante tous ceux qui souhaitent voir la France participer les armes à la main à l'écrasement des hordes rouges ». Son vœu va être réalisé avec la création de la Légion des volontaires français contre le bolchevisme (L.V.F.).

La Légion des volontaires français contre le bolchevisme.

En Normandie comme ailleurs dans le pays, l'implantation de bureaux d'enrôlement a donné lieu à une intense propagande en faveur de cette « croisade », suivant le mot de Doriot. Toutes les villes de la province auront le leur, et la presse locale devra publier de grands encarts pour fournir un maximum de renseignements sur la façon de s'engager. Le thème qui revient comme un leitmotiv est celui de « défendre notre civilisation menacée par l'hégémonie bolchevique ». On y ajoute souvent « la nécessité de sauvegarder notre foi chrétienne ». Des slogans accompagnent cette campagne médiatique, tels que « Ne laissons pas le soldat allemand seul devant le péril commun », ou « C'est l'avenir de nos enfants qui est en jeu sur le front de l'Est ».

Les promoteurs de cette phalange, officiellement créée le 5 août 1941, sont bien entendu les chefs des partis néonazis : Déat, Doriot, Deloncle, Clémenti, et Bucard. Un comité de patronage se met en place dont font partie les plus ardents propagandistes de la lutte antibolchevique avec, à leur tête, le délégué général du gouvernement français dans les territoires occupés, Fernand de Brinon, et Mgr Baudrillart, recteur de l'Institut catholique. Le Centre national de recrutement est fixé à la caserne Borgnis-Desbordes de Versailles ; c'est là que, le 27 août 1941, le Normand Paul Collette tire sur Pierre Laval, venu pour l'inauguration. Nous allons y revenir un peu plus loin.

En Normandie, le premier bureau d'enrôlement ouvre à Rouen le 11 juillet 1941, puis successivement Le Havre, Vernon, Caen, Saint-Lô, Alençon, Fécamp, Domfront, Coutances, et Cherbourg, voient apparaître des centres semblables dans des boutiques fermées ou d'anciens magasins juifs. C'est dans le Calvados que la L.V.F. se démène le plus, probablement en raison d'une implantation plus touffue des partis pronazis. Ainsi la presse communique les adresses des sièges locaux : 140, rue Saint-Jean à Caen, rue de la Pelleterie à Falaise, rue Pont-Mortain à Lisieux, rue du Calvados à Vire, rue Saint-Jean à Bayeux, rue Désiré-Le-Hoc à Deauville, et place de la Halle à Orbec.

Les premiers engagements apparaissent prometteurs pour l'avenir puisque la Seine-Inférieure envoie 186 volontaires, de juillet à novembre ; l'Eure : 84, le Calvados 192, la Manche 21, et l'Orne 16. Il est vrai que beaucoup de ces postulants sont attirés par une solde mensuelle qui dépasse largement les émoluments d'un agent de maîtrise : plus de 2 300 F (le triple du salaire d'un ouvrier agricole ou d'un manœuvre) pour un simple soldat célibataire, jusqu'à 10 200 F pour un officier. Les engagés sont dirigés sur la caserne de Versailles pour y être équipés, puis expédiés au camp de Demba, en Pologne, afin d'y suivre le rude entraînement allemand. Le premier convoi part le 5 septembre, il comprend 54 Normands ; deux autres suivent entre le 9 et le 16 septembre. Le 5 octobre, en présence du général allemand Halm, ils prêtent tous serment au Führer, et sont désormais intégrés dans l'armée du Reich dont ils portent l'uniforme avec, comme signe distinctif, un écusson tricolore au bras droit.

Commandés par un vieux militaire, ancien attaché à Ankara, le colonel Labonne, les volontaires de la L.V.F. forment le 638e R.I. de la Wehrmacht, fort de 181 officiers et 2 270 sous-officiers et hommes de troupe. Ils reçoivent, le 5 novembre 1941, un message du maréchal Pétain qui leur déclare notamment : *« Vous détenez une part de notre honneur militaire... En participant à cette croisade dont l'Allemagne a pris la tête, acquérant ainsi de justes titres à la reconnaissance du monde, vous contribuerez à écarter de nous le péril bolchevique. »* Engagés dans le secteur du lac de Djukovo, par un froid de – 40° C sans équipement d'hiver, les 1 et 2/638 Reg. perdent 42 hommes en deux jours, et déplorent 356 blessés et 458 gelés. Ils sont retirés du front en février 1942 pour être reformés au camp de Kruzina, près de Radom en Pologne. Jacques Doriot, promu Oberleutnant sur le front, revient en France, triomphalement accueilli par ses comparses restés douillettement au chaud; il préside à Rouen, puis à Caen, deux grands meetings d'information et de recrutement. La L.V.F. a en effet bien besoin de se remplumer car, en sus des pertes subies, elle s'est vue dégarnie de 1 500 légionnaires taxés de « manque de mordant devant l'ennemi » par le commandement allemand. Malgré « l'héroïsme » de Doriot, les chefs de partis s'estiment déshonorés par ce renvoi de « vaillants soldats » et Jacques Benoist-Méchin, chargé des relations franco-allemandes, décide de transformer la L.V.F. en Légion tricolore. Mais les dirigeants de l'O.K.W. ne veulent pas entendre parler de cette nouvelle appellation, et, pour eux, la L.V.F. restera la L.V.F., régiment 638 de la Wehrmacht. Trois bataillons, soit 2 700 hommes, repartent pour la Russie, mais, cette fois-ci, ils ne tiendront pas une position du front. Ils sont affectés à la lutte contre les partisans soviétiques qui pullulent dans les forêts à l'arrière des lignes. Après bien des pérégrinations et de terribles combats, les survivants de la L.V.F. seront intégrés, en août 1944, à la brigade de la Waffen SS qui formera une division – la division Charlemagne – en février 1945. Quant à la Légion tricolore, son rôle sera purement civil, encore qu'un centre de mobilisation a été créé à la caserne des Augustins de Guéret, dans la Creuse, dans l'optique d'en faire une « organisation de combat contre les terroristes ». La naissance du S.O.L., Service d'ordre légionnaire, fondé à l'initiative de Joseph Darnand et de Bassompierre, et qui débouchera sur la formation de la Milice, va contribuer à l'effacement de la Légion tricolore dont, néanmoins, subsisteront en Normandie quelques pivots de rassemblement des partis pronazis.

27 août 1941 : Paul Collette tire sur Pierre Laval et Marcel Déat

« *Votre engagement a été accepté en principe. Veuillez vous présenter le mercredi 27 août entre 14 et 17 heures, caserne Borgnis-Desbordes, à Versailles. Les formalités indispensables à la régularisation de votre engagement seront accomplies dès votre arrivée. Signé : Deloncle.* »

En cet après-midi d'avril 1977, lorsque Paul Collette nous reçoit dans sa maison de Bonsecours où le Commissaire honoraire René Déterville (ancien du réseau Ajax) vient de nous amener, c'est le premier document qu'il tire d'un volumineux dossier pour nous le présenter.

– Ce papier-là, je l'ai attendu fébrilement pendant des semaines. Il a été le sésame qui m'a permis de « passer aux actes ». Car, pour l'accomplissement de mon projet, il me fallait absolument approcher d'assez près la clique des chefs collabos.

– Vous aviez donc déjà décidé d'abattre Pierre Laval?

– Laval, non, il a été « la cerise sur le gâteau ». Ce que je voulais, c'était faire un carton sur tous ces « cheffaillons » des partis politiques proallemands qui souillaient l'honneur et la dignité de la France. J'avais lu quelques semaines plus tôt dans les journaux que l'inauguration des locaux de la L.V.F. rassemblerait la fine fleur des tenants de la Collaboration, les Déat, Deloncle, Clémenti, Constantini, Bucard, de Brinon, Benoist-Méchin et consorts. Alors l'occasion était trop belle. J'ai aussitôt écrit pour solliciter un engagement dans la Légion, et voilà la réponse que j'attendais sans trop y croire.

– Vous saviez que vous n'aviez aucune chance d'en réchapper ?

– Bien sûr que je le savais, mais ma décision était prise depuis longtemps, depuis que des avions boches nous avaient tiré comme des canards dans nos canots de sauvetage, en mai 1940, au large des côtes norvégiennes. Onze de nos camarades de bordée furent tués et quatre ont péri noyés, dont mon meilleur ami Pierre Verger. Ce jour-là, je me suis juré que je n'aurais de cesse de rendre la monnaie de leur pièce à ces salauds ; et comme je ne pourrais jamais rien faire d'efficace contre eux à moi tout seul, je me vengerais sur leurs larbins ; ça a été mon but durant tous ces premiers mois de l'Occupation.

– Donc, contrairement à ce qu'on a dit et écrit, vous avez agi seul, sans ordre de qui que ce soit ?

– Je sais à quoi vous faites allusion. On a prétendu en effet que j'avais été manipulé par Deloncle, que j'avais appartenu à la Cagoule, et que l'on m'avait chargé d'éliminer ses adversaires. Tout cela est archifaux, des conneries, parce que les politicards voient des complots partout ! J'ai agi seul, de ma propre initiative, et je le revendique hautement.

Paul Collette reste songeur un instant ; nous regardons, respectant sa méditation, cet homme taillé en athlète dont le visage carré, buriné par l'air marin et les épreuves des bagnes nazis, auquel une tignasse blond-roux aux courtes boucles indisciplinées conserve un air de jeunesse, feuilleter maintenant machinalement les pages de son imposant dossier qu'il referme avec un soupir :

– Oui, on m'en a prêté des appartenances ! même avec les communistes contre lesquels j'ai fait le coup de poing dans ma jeunesse avant-guerre. J'ai été successivement : camelot du roi, cagoulard, anarchiste, doriotiste, franciste, royaliste, et j'en oublie ! En fait, j'ai été rien du tout, seulement un individualiste désabusé, un patriote – ça, oui, je le proclame – qui ne supportait pas la défaite, tout comme le Grand de Londres, mais à ma manière. Mais ce que j'ai fait, c'est peu, très peu, par rapport à ce qu'ont réalisé tant de mes camarades de déportation, et tous ceux qui ont fait face aux pelotons d'exécution. Je ne tiens plus trop à en parler, alors, tenez, voilà le dossier de l'affaire tel qu'il figure en original au ministère. Allez en faire des photocopies ; pendant ce temps-là je vais bavarder avec mon ami René (Déterville) qui fut lui aussi un pur.

Paul Collette est né le 2 août 1920 (sous le signe du Lion) à Mondeville dans le Calvados, à l'ombre des hauts fourneaux de la S.M.N. Après des études secondaires à Caen il travaille à la Cartoucherie de Mondeville en qualité d'ajusteur-mécanicien. En 1939, à la déclaration de la guerre, il a donc dix-neuf ans ; il signe un engagement dans la marine et fait ses classes à Cherbourg. Première affectation sur le *Niger*, un pétrolier ravitailleur de sous-marins. Mai 1940, une torpille coule le navire, et des avions allemands mitraillent les canots de sauvetage. Pour Paul Collette qui perd là quelques-uns de ses meilleurs camarades de bord, cette transgression des conventions de Genève est ressentie comme une insupportable atteinte à l'honneur. A dater de ce jour, une haine farouche, impitoyable, l'anime contre tout ce qui est allemand, et, conséquemment contre tous ceux qui s'allient à eux. Les rescapés arrivent en Angleterre d'où ils sont rapatriés vers la France et démobilisés. En mars 1941, l'inaction lui pèse d'autant plus qu'il sait maintenant qu'une poignée de braves refusent la défaite, alors il décide de les rejoindre. Non sans difficulté, il passe la ligne de démarcation au prix d'un plongeon dans l'Allier et arrive à Marseille. Il parvient à embarquer sur le *Massilia* (dont on a beaucoup parlé au moment de la demande d'armistice), puis, revenu à Sète, il se retrouve sur le *Senneville* qu'il quitte à Bône en Algérie. Mais déjà dans son esprit rôde la pensée de « réveiller la conscience des Français » en accomplissant une action d'éclat. Il réalise très bien qu'il y laissera probablement sa vie, mais qu'importe.

Paul Collette possède un caractère intransigeant soumis à des pulsions de vives exaltations, mais tenace, pour ne pas dire têtu, dès lors qu'une forte idée domine. C'est le cas en ce printemps de 1941 où il s'est mis dans la tête de « faire un exemple ». Il commence par faire l'acquisition d'un pistolet 6/35 avant de rentrer en France où il revient chez ses parents à Mondeville. Chaque soir, l'oreille collée au poste de T.S.F. familial, il entend les commentateurs de la B.B.C. vitupérer à l'encontre des « traîtres » et des « valets du nazisme ». Alors sa décision est prise : c'est eux qu'il faut frapper. Nous sommes à la fin du mois de juillet, Paul Collette a établi son plan; il s'engagera dans la L.V.F. pour approcher les chefs de partis pronazis. Il rédige sa demande, et, le 26 août, il reçoit la réponse reproduite en début de chapitre. Les dés sont jetés. Le 27 au matin, Paul Collette monte dans le premier train pour Paris. A 16 heures, il entre à la caserne Borgnis-Desbordes de Versailles où règne une certaine effervescence en raison de l'inauguration des locaux prévue à 17 heures. On lui affecte rapidement une place de dortoir; ses papiers seront régularisés après la cérémonie. En attendant, il est convié à assister au lever des couleurs lorsque les officiels seront arrivés. Voilà qui ravit le « nouveau légionnaire »; il se trouvera aux meilleures loges pour voir ces messieurs.

Vers 16 h 50, les premières voitures entrent dans la caserne. D'abord celle de Deloncle, puis voici celle de Doriot en compagnie de Clémenti, bientôt suivie par celles de Déat, du préfet de Seine-et-Oise, Marc Chevalier, du triste de Brinon qui escorte... Pierre Laval! Celui-là n'était pas prévu au programme, mais quelle aubaine pour Collette! Voilà la cible rêvée!

Une compagnie de la Légion et un groupe de membres du P.P.F. sont formés en carré, cependant qu'un peloton de gardes mobiles, musique en tête, se tient derrière le mât central, où montent bientôt les couleurs tandis que la fanfare joue *Au Drapeau*. La cérémonie va se poursuivre par la visite des locaux. Paul Collette se tient au milieu des autres recrues sous le porche, là où doivent passer obligatoirement les personnalités. Quelques minutes s'écoulent, puis les officiels s'avancent, de Brinon en tête aux côtés du préfet. Un peu en retrait, Laval s'approche en conversant avec Déat suivis du lieutenant-colonel Doury, commandant la Légion; derrière eux marchent trois officiers allemands. Collette repousse légèrement sur le côté le légionnaire placé à sa gauche qui le gêne pour ajuster son tir. Il sort son arme et, à la volée, sans viser, il vide son chargeur. A la première détonation, les rangs se sont ouverts; Laval, Déat, le lieutenant-colonel Doury chancellent, les officiers allemands détalent prestement vers la sortie, de Brinon, juste devant, s'est jeté à terre, tandis que le préfet, qui ne semble pas avoir conscience des événements, se laisse emmener par les gendarmes de son escorte. L'un des légionnaires placés sur l'autre côté du passage s'effondre également, il s'appelle Louis Besset et n'est que légèrement atteint. La panique s'est emparée de la suite des personnalités, seul Deloncle fait face, cherchant manifestement à comprendre ce qui vient de se passer. Puis deux gardes mobiles se fraient un chemin dans la cohue pour dégager les blessés. Un gendarme traverse le porche en courant vers Collette ; celui-ci, très calme, lui tend son pistolet, alors policiers, légionnaires, se ruent sur « le terroriste » qui subit un passage à tabac en règle. Les coups et les crachats pleuvent tandis que les gardes le poussent vers une voiture qui démarre aussitôt vers la gendarmerie de Versailles.

Menotté, adossé au mur, Paul Collette voit arriver de Brinon : « C'est moi que tu visais, hein, salaud ? »

Par la suite, tous les autres chefs de partis lui poseront la même question. Le grotesque le dispute au drame avec tous ces dirigeants qui veulent avoir été la cible visée afin de jouer le premier rôle dans la pièce tragique, et faire ainsi figure de héros dans leur clan.

A l'hôpital de Versailles où il a été transporté, Laval est aussitôt opéré, mais les chirurgiens renonceront à extraire la balle qui s'est logée au-dessous du cœur. Cela ne l'empêchera pas de poursuivre sa néfaste carrière. Lorsqu'il sera fusillé à la prison de Fresnes, le 15 octobre 1945, un journaliste écrira : « *Pierre Laval est mort, treize balles dans le corps, douze du peloton d'exécution, plus celle de Paul Collette.* »

Marcel Déat, touché à l'estomac et à l'intestin, s'en remettra aussi, de même que les autres blessés. Personne n'est mort du fait de Paul Collette, mais le retentissement sera énorme, tant en France qu'en Angleterre. Son geste va être considéré comme un symbole : celui du refus de la collaboration.

Quant à lui, après avoir été transféré à la prison de la Santé, il fut condamné à mort le 1er octobre 1941. Mais, curieusement, il ne fut pas exécuté mais ballotté de centrale en centrale : Caen, Fontevrault, Blois, avant d'être remis aux Allemands qui le déporteront au camp d'extermination de Neubren.

CHAPITRE XIII

Les mercenaires de la Gestapo

La Gestapo en France

Sous le nom de Gestapo, on a pris l'habitude de désigner tout le système policier nazi, ce qui permet une simplification des organismes de répression allemands. En réalité, la Gestapo, dont la véritable appellation est : *Geheime Staatspolizei*, n'est que la branche n° 4 (AMT IV) du R.S.H.A. : *Reichssicherheitshauptamt*, la police secrète d'Etat. Elle est le bras séculier qui recherche et arrête tous les adversaires du Reich. Sa puissance n'a cessé de se développer depuis sa création en 1936. Elle a droit de vie ou de mort sur les personnages dont elle se saisit, et, à partir de novembre 1941, elle applique ou fait appliquer l'arrêté *Nacht und Nebel* (Nuit et Brouillard) qui lui donne la haute main sur la police frontalière, la douane ainsi que sur la police de sûreté aux armées (*Geheime Feldpolizei*) dans tous les territoires occupés, et sur les camps de concentration, bien qu'elle n'en ait pas la responsabilité administrative.

A côté de la Gestapo se trouve le S.D. (*Sicherheitsdienst-Inland*), (AMT III) qui est lui, à l'origine, le service de sûreté « intérieure » du Reich ; mais, lors de la réorganisation du R.S.H.A., il devient également le service de renseignements et de défense du parti nazi, puis de l'Etat. En 1940, son emprise s'étend à tout ce qui concerne l'Allemagne à l'extérieur du Reich et dans les pays occupés. En fait, c'est surtout l'appareil de la S.S. (*Schutzstaffel*) et la cellule motrice de la sécurité du parti et de l'Etat. Il travaille en coopération avec la Gestapo à laquelle il fournit tous les renseignements utiles pour ses investigations.

Cependant, les deux branches : AMT III et AMT IV, (S.D. et Gestapo) s'imbriquent tellement qu'il sera difficile, pour le commun des mortels, d'en faire la distinction. En tout cas, leurs victimes ne la feront pas.

Les autres volets du R.S.H.A. : l'AMT V (*Kripo*) plus spécifiquement chargée de la police criminelle pour la répression des délits de droit commun, et l'AMT VI (*S.D. Ausland*) axée sur la recherche de renseignements à l'étranger et qui finira par absorber les services de l'Abwehr de l'amiral Canaris, auront un impact beaucoup plus réduit sur le plan répressif, envers les organisations de résistance en Europe occupée.

Mais comme rien n'est simple dans les organigrammes allemands, un ensemble comprenant des éléments de la Kripo et de la Gestapo forme un service dit « police de sécurité », placé sous les ordres d'Heydrich, qui prendra le nom de *Sipo* et dont l'activité sera redoutable pour les patriotes des territoires occupés.

Dès l'entrée des troupes allemandes à Paris, un Kommando léger d'une trentaine d'hommes appartenant à la Gestapo et à la Sipo, s'installe dans les locaux de la Sûreté nationale, rue des Saussaies, sous l'autorité du SS Karl Bömelburg et du docteur Helmut Knochen qui manœuvre fort habilement pour dessaisir la police militaire de la Wehrmacht de ses pouvoirs, et prendre le contrôle des opérations policières en France.

Le 11 mars 1942, une direction suprême S.S. est créée à Paris dont le commandement va être confié au général S.S. Karl Albrecht Oberg qui reçoit le titre de : *Höherer S.S. und Polizeiführer im Bereich des Militärbefehlshabers in Frankreich.* La mission qui lui est confiée par Himmler est « d'être son représentant auprès de TOUTES les organisations allemandes en France, y compris celles des armées, pour faire régner l'ordre et le calme ». Immédiatement, les 18 groupes de la *Geheime Feldpolizei* relevant de la Wehrmacht ou de l'Abwehr passent sous les ordres de la Sipo, de même que la police française de zone occupée (accord Oberg-Knochen-Bousquet).

La nouvelle organisation nazie en France se répartit ainsi :

- Le Sipo-S.D. dirigé par Knochen, 72, avenue Foch, à Paris (BdS) divisé en 6 sections : AMT I : personnel, chef : S.S. Frank, 85, av. Foch ; AMT II : administration, chef : S.S. Altenloh, 85, av. Foch ; AMT III : presse, économie, chef : S.S. Maulatz, 60, av. Foch ; AMT IV : Gestapo, chef : S.S. Bömelburg, 80-84, av. Foch ; AMT V : Kripo, chef : S.S. Odewald, 76-78, av. Foch ; AMT VI : SD Ausland, chef : S.S. Bickler, 76, av. Foch et SD : France, chef : S.S. Nosek, boulevard Flandrin.
- Les KDS (*Kommandeur der Sipo-SD*) dans chaque poste régional
- Les KDO (*Kommandeur der Orpo*) dans chaque préfecture
- Les *Feldkommandanturen* dans les villes les plus importantes sous les ordres des KDS et KDO.

Les KDS s'installent à Bordeaux, Poitiers, Angers, Rennes, Rouen, Orléans, Dijon, Nancy, Châlons-sur-Marne, Saint-Quentin pour la zone occupée, sans oublier celui de Paris, dirigé par Kurt Lischka. En zone sud, envahie en novembre 1942, les *Einsatzkommandeure* vont s'implanter à Lyon, Vichy, Dijon, Limoges, Toulouse, Montpellier et Marseille. Ils vont recevoir pour leur travail de répression le concours d'une unité spéciale, *SS und polizeiregiment Griese*, qui assurera notamment l'évacuation et la démolition du Vieux-Port de Marseille.

De 1942 à 1944, la puissance du Sipo-SD ne cesse de croître, mais de l'aveu même de son chef Helmut Knochen, elle n'aurait jamais pu rien faire d'efficace sans le concours de ses agents français.

La Gestapo en Normandie

Au début de l'année 1944, le dispositif policier nazi en Normandie se présente de la façon suivante :

KDS à Rouen : Kommandeur Dauber (remplacé en mai par le lieutenant-colonel von Zamory) siège, 9, rue du Donjon.

KDO : Caen : docteur Mayer (remplacé en mars par le Kommandeur Herbert von Berthold, assisté de Harold Heyns) ; Alençon : lieutenant Richard Reinhard ; Saint-Lô : lieutenant Godefroy Goest.

Antennes KDO : Cherbourg : Oberleutnant Warzesku ; Evreux : Oberleutnant Walter Kunrede ; Le Havre : Oberleutnant Jérôme Skudkarett.

Feldkommandanturen : Bernay, Vernon, Argentan, Sées, Falaise, Avranches, Dieppe, Vire, Lisieux, Flers.

Enfin, dans chaque localité les Kommandantur effectuent le travail de terrain, parfois renforcés par des Feldgendarmes.

Mais il est évident que, si organisés que soient les services allemands, leurs investigations n'auraient pas donné de grands résultats sans la coopération de stipendiés français ou de traîtres idéologiques.

Lorsqu'on veut évoquer le comportement des individus qui se mirent au service des polices nazies, il faut distinguer ceux qui agirent par esprit de lucre (la majorité), et ceux qui les aidèrent pour des motivations différentes : sens obtus de la discipline pour les représentants de l'ordre, engouement pour les théories du nazisme, ou engagement personnel envers l'idéal fasciste. Pour leurs victimes, le résultat fut le même, mais il est impossible, sans manquer au sens de l'impartialité, de faire l'amalgame. Il est certain qu'il n'y avait rien de commun entre la sujétion mercantile d'un nervi de la bande Bony – Lafont de la rue Lauriston et le fanatisme théoricien d'un Brasillach. Et pourtant, l'un comme l'autre servaient la répression nazie.

En Normandie, les différents postes de la Gestapo vont bénéficier de l'aide, plus ou moins rémunérée, d'une centaine de gouapes (leur nombre est impossible à déterminer avec exactitude) sans foi ni loi, et d'une poignée d'assistants acquis à la cause de la collaboration active. Les uns et les autres utiliseront, pour se livrer à leur odieux travail de traîtres, l'abondant courrier de délation qui parvient chaque jour dans les officines policières, tant allemandes que françaises. Car, et c'est là le plus honteux chapitre de cette époque de l'Occupation, les lettres de dénonciation envahiront les sacs postaux, bien que, dans ce domaine, la province normande n'ait pas détenu le record, un record que la seule agglomération parisienne porta à un haut niveau.

De nombreuses études ont été réalisées sur le sujet. Après la Libération, les tribunaux eurent à se pencher sur des milliers de dossiers, et divers organismes tentèrent de dresser des statistiques par catégories pour essayer de comprendre les raisons de cet épiphénomène dégradant pour la société. En fait, la réalité fut beaucoup plus simple que voulaient le laisser entendre les analystes : toute dénonciation visait un but mesquin précis.

Lorsque nous avons compulsé pour la rédaction d'un ouvrage précédent [1] les monceaux d'archives, à l'époque encore entassées en vrac dans des cartons, dans les sous-sols du ministère des P.T.T., rue de Ségur, à Paris, quand avec notre ami Marcel Baudot, ancien archiviste du département de l'Eure puis aux Archives nationales, nous avons dépouillé les procès-verbaux et les rapports de gendarmerie des années 1940-1944, nous y avons découvert quantité de lettres anonymes dont l'objet manifeste était de faire arrêter des gens nommément désignés. Pourquoi ? Sous quel prétexte ?

Pourquoi ? Tout simplement par jalousie intime ou professionnelle, par vengeance, pour accaparer une place ou un emploi, ou pour se débarrasser d'un conjoint gênant, d'un concurrent commercial, d'un collègue plus favorisé, ou encore pour éliminer le propriétaire d'une terre convoitée ou celui d'un négoce, etc.

Sous quel prétexte ? Ils ne manquaient pas : accusations de détenir des armes de chasse, des pigeons voyageurs, d'écouter la radio anglaise, d'avoir des propos progaullistes, d'appartenir aux « groupes terroristes », d'en héberger, d'être communiste ou sympathisant, de cacher des juifs, de « dire du mal des Allemands ou de critiquer leurs chefs », de distribuer des tracts antipétainistes, de recevoir des « individus douteux », etc.

Et aussi incroyable que cela puisse paraître aujourd'hui, cela suffisait pour faire appréhender des tas de gens innocents qui, une fois aux mains des nervis de la Gestapo, n'en sortaient que pour l'emprisonnement, prélude général de la déportation. Car, ce qu'il faut savoir, c'est que les officines de la police allemande n'avaient nullement besoin de preuve, ni de jugement, pour expédier les personnes dénoncées dans les bagnes d'outre-Rhin. Le simple rapport des « auxiliaires français », toujours désireux de toucher les

1. *Résistance P.T.T.* (Presses de la Cité, 1983).

primes, devenait entre les mains des nazis la « pièce » validant l'ordre d'écrou. Rares furent les gens qui parvinrent à se sortir du guêpier des mercenaires et à retrouver la liberté. Le cynique Kommandeur Dauber à Rouen, qui n'ignorait évidemment pas les « excès » de ses ignobles hommes de main, répondit un jour au maire venu lui jurer que l'un de ses concitoyens, jeté dans une cellule de la prison Bonne-Nouvelle, était innocent :

– C'est bien possible, et je vous crois volontiers, seulement nous préférons cent de vos innocents en prison qu'un seul terroriste en liberté ! La survie du Reich est à ce prix ! La France, elle aussi, a connu des erreurs judiciaires, et elle n'était pas en état de guerre lorsqu'elle les a commises.

Le Feldkommandant Bulcke, qui dirigeait à Caen les services administratifs de la Wehrmacht, désigna un jour à l'inspecteur de police Déterville une vaste panière pleine de courrier en lui déclarant avec un arrogant mépris :

– Tenez, monsieur le policier français, voilà les lettres que nous avons reçues cette semaine, de quoi faire enfermer des dizaines de vos compatriotes. Elles vont à la poubelle, c'est ainsi que dans l'armée allemande on traite ces torchons anonymes.

Mais Bulcke n'appartenait pas à la Gestapo, et ses services n'employaient pas de crapules. Si les expéditeurs l'avaient su, sans doute auraient-ils dirigé leur prose malfaisante à une autre adresse, rue des Jacobins, par exemple, où régnait la Sipo–SD.

Lorsque, avec Marcel Baudot, nous compulsions ces écrits abjects à l'écriture volontairement déformée, nous nous regardions car bien des noms cités étaient ceux de malheureux décédés dans les camps nazis. Une lettre surtout nous atterra, car elle dénonçait des gens complètement innocents. Dans le respect des termes exacts [1], en voici le texte infâme :

« Gisors, le 4 octobre 1942

Ortskommandantur Gisors

Vous êtes prévenus que les nommés Plorent Alexandre, Labories Remond, Dufossé, Quaillet, Poiret, Fushrey,

1. Voir textes en annexes (auteur jamais identifié).

Arroux, Martin et sa femme, ainsi que les nommés Beauclair, Colin, Maurice Besson, Pion, Guitton, Renaudin, Béjour, Bacquier, Naud, Pinelli, Wagner, Mlle Guay, Grémont, Julien, Bardet, Maubert, ces 15 derniers [illisible] *qui travaillent à la gare de Gisors ainsi qu'un ancien gendarme de Trie sont porteurs d'ordres secrets des Anglo-Américains et qu'ils sont en train de reconstituer le groupe communiste de Gisors. En outre, ils sont prévenus de se tenir prêts pour aller chercher des armes cachées dans un lieu connu d'eux seuls pour perpétrer attentat contre les troupes allemandes à Gisors avec la complicité d'autres que vous connaîtrez prochainement. Mettez-les en prison si vous voulez qu'il n'arrive rien de fâcheux. Je crois que les dépôts de munitions qui sont à Gisors sont connus d'eux et pourraient subir un triste sort si ces individus restent libres.*

Recevez salutations distinguées

Illisible. »

Vraisemblablement ce courrier n'eut pas le résultat escompté par son auteur, puisque, presqu'un an après, le 20 septembre 1943, il récidive mais en s'adressant cette fois à la Feldkommandantur d'Evreux. Sa lette cite à peu près les mêmes noms. Mais, cette fois-ci, elle sera suivie d'effet car sept des personnes désignées seront arrêtées et déportées. Deux seulement rentreront.

Cet infâme « corbeau » de Gisors, que son anticommunisme semble guider en priorité – encore qu'il peut avoir d'autres motivations personnelles – a beau déguiser une nouvelle fois son écriture, on reconnaît fort bien son style et la forme de certains caractères dans cette autre lettre non datée et adressée au KDS de Rouen :

« *Monsieur...*

Le nommé Maurice Cornet, 7, route de Rouen, à Gisors (Eure), est un communiste qui a des Tractes chez lui et qui les distribue. Il a aussi un révolvère 6mm35 et 7mm65 qui sont cachés dans une boîte de sucre qui sont dans la cuisine de ses parents nourriciers. Il est normal qu'il soit arrêtés le plus vite possible.

Recevez cinseres salutations

M. Leroi. »

Il est à peu près certain que les fautes d'orthographe (que nous avons respectées) sont volontaires et que la tournure primaire des phrases est voulue. Manifestement, le délateur – ou la délatrice – veut apparaître comme un anonyme populaire afin de détourner les soupçons en cas d'enquête. Son cas est à rapprocher de celui que nous avons retrouvé dans les archives du ministère des P.T.T. où un dénonciateur de Saint-Lô dans la Manche s'adressait ainsi à la Feldkommandantur :

« *Messieurs,*

En temp que grand ami de votre nassion, et de votre révéré furer, je me dois de vous informé que le notaire de..., Maître... [1] *est un juif d'acendance polonais, et qu'il s'ocupe d'un groupe terroriste.*

Il m'aparait indipansable, en temp qu'admirateur de l'ordre allemand que cet individu soit mi hor de nuire, et le plus tau sera le mieux ;

Je vous prix de croire en mes distingués civilités :

L. Pierre. »

Il est évident que l'auteur de ce torchon a voulu se faire passer pour quelqu'un de primaire, mais la tournure des phrases et l'emploi de termes tels que « je me dois de » ou « il m'apparaît » ainsi que la formule de politesse trahissent ce correspondant qui n'appartient sûrement pas au monde ouvrier tel qu'il le conçoit, c'est-à-dire inculte et sans base orthographique élémentaire. Et ceci dénote bien un esprit de classe et une situation différente de ce qu'il voulait faire croire. Car pour ce genre d'individus à l'intellect tordu, il va de soi que la vilenie qui consiste à rédiger et envoyer une lettre anonyme ne peut être commise par « une personne de qualité », mais par des « gens de basse extraction », autrement dit par des gens du peuple, suivant l'idée qu'ils s'en font ! En réalité, les rares statistiques que l'on possède sur ce sujet, celles des délateurs identifiés et traduits devant des tribunaux, prouvent que ceux-ci ont été majoritaires dans les professions libérales, les commerçants, les cadres

1. Nous avons occulté le nom de la localité et celui du notaire car l'étude a été reprise par son gendre.

d'entreprises, et les membres de différentes administrations. La raison en est simple, c'est que ces délations visaient à éliminer un concurrent ou à libérer un poste convoité.

Mais il ne faut pas croire que l'époque seule a suscité ce genre d'agissements. Il y a quelques années, un projet de loi prévoyait d'imposer la déclaration obligatoire des magnétoscopes qui seraient soumis à une taxation particulière. Ils devaient donc être déclarés. On entendit alors sur une radio périphérique un haut responsable des services fiscaux concernés nous dire qu'il « avait déjà reçu des monceaux de lettres anonymes dénonçant des gens qui n'avaient pas obtempéré à cette directive »! Il ne faut donc pas se faire trop d'illusions sur la mentalité de ce qui reste, heureusement, une minorité de nos compatriotes.

Et il serait malsain de considérer que les seuls Français sont capables de pareils comportements. On a vu encore tout récemment que, dans plusieurs pays étrangers, le même phénomène se répète, dès lors qu'un profit quelconque peut en être tiré.

Les stipendiés de la Gestapo en Normandie

Comme dans toute la France, la Gestapo s'est appuyée sur des auxiliaires locaux pour mener sa traque contre les différentes catégories de gens qu'elle pourchassait : communistes, juifs, résistants, maquisards tandis que la police française recherchait plus spécialement les évadés et les réfractaires.

Mais, ainsi que nous l'avons déjà précisé, ces tâches répressives n'avaient de chance d'obtenir des résultats que dans la mesure où des nationaux apportaient leur concours, soit en s'infiltrant dans la population visée, soit en pilotant les forces policières.

Sans prétendre à en cerner tous les rouages et à désigner tous les membres de cette police parallèle, nous allons en donner les exemples les plus marquants, en commençant par ceux qui agirent par esprit de lucre.

Dans le Calvados

Une équipe de mercenaires fut formée par un garagiste de Saint-Aubin-sur-Mer, Raoul Hervé, membre du M.S.R. de Deloncle, qui trouvait que « les parlotes des partis politiques ne débouchaient sur rien de concret et qu'il fallait passer aux actes ». Autour de lui, se regroupèrent une dizaine d'individus, davantage motivés par les pillages et les primes que par l'idéologie de la Révolution nationale des chefs de partis. Sur les listes de complices d'Hervé, on trouve les noms de : Serge Fortier, André Martin, Daniel Collard, Emile Chapron, Léon Henry, Jean Laronche, Joseph Martine, Gilbert Berteaux, Bernard Desloges, Jacques Brottot, Henri Léon, Gilbert Cardon, Henri Thuillier, Renaud de Mareuil, Pierre Bernardin, ainsi que ceux de quelques « indics » : Henri de Malroy, Jean et Maurice Lenoir, Albert Baot, Etienne Morin, René Gaudence, Antoine Noret, Madeleine Béranger, Raymond Alhinc, Simone Leprou, Pierre Vasty. Cette sanglante équipe qui bénéficia de l'appui total de la Sipo-SD de Caen, porte la responsabilité de l'arrestation, de la déportation et de la mort de nombreux patriotes de ce département, dont celle de plusieurs massacrés à la prison (6 juin 1944). Quelques-uns de ces traîtres n'échappèrent pas à la justice et furent exécutés, mais certains, parmi lesquels Hervé lui-même, sauvèrent leur tête, tandis que d'autres périrent des mains des combattants clandestins, comme Laronche et Martine, fusillés par les maquisards de l'Orne du commandant Mazeline, ou Morin et Noret pendus par un Corps franc de Mayenne.

D'autres auxiliaires de la Gestapo agissant à titre individuel causèrent la mort de nombreux résistants. On peut citer le cas de Fernand Margueritte, cultivateur à Saint-Charles-de-Percy, près de Vire, membre du P.P.F. et dont l'une des filles devint la secrétaire du professeur allemand Grimm, le propagandiste nazi. Coupable de dénonciations et d'aide aux sbires de la Gestapo, il fut abattu dans sa ferme, le 31 janvier 1944, par une section du maquis Guillaume-le-Conquérant. Deux autres connurent un sort identique, un certain Auzerais et Roland Carpentier, arrêté le 6 août 1944, évadé, puis abattu le 6 septembre lors d'une nouvelle fuite. Enfin, pour le Calvados, il faut mentionner deux cas spéciaux, celui du nommé Lucien Brière et de la maîtresse du chef de la Gestapo de Caen, Marie-Clotilde de Combiens.

Brière, condamné de droit commun avant-guerre, est devenu l'un des plus actifs auxiliaires de la Sipo-SD ; il n'hésite d'ailleurs pas à proclamer dans les bars de la ville qu'il « est le chef de la Gestapo française ». Avec acharnement, et en utilisant plusieurs « indics » tels que Marcel Viaux, René Lajois, ou Adrien Deshaies, il multiplie les actions et les arrestations de réfractaires, de juifs cachés, et de résistants [1]. Mais cette sinistre activité inquiète de plus en plus les réseaux patriotiques. Deux d'entre eux, celui de la police, Ajax, et le second, Arc-en-Ciel, décident d'y mettre fin.

C'est ce dernier qui va exécuter Brière, malgré son gilet pare-balles, le 3 mai 1944, vers 14 heures, rue des Fossés-du-Château.

Marie-Clotilde de Combiens, fille d'un assureur caennais et de son employée de maison, blonde jeune fille plutôt arrogante, est devenue, en 1942, la maîtresse de l'Hauptscharführer de la Gestapo, Harold Heyns, qui se fait appeler « Bernard », et, dans le civil, professeur de philosophie. Cet aryen cent pour cent, passé par le KDS de Rouen, muté à Caen, puis à Alençon, reviendra, toujours accompagné de son égérie, prendre la direction de la Sipo-SD du Calvados. C'est à ce titre qu'il sera l'un des responsables ou « le » responsable du massacre de la prison de Caen, le 6 juin 1944. Mais Marie-Clotilde de Combiens, qui assiste volontiers aux « interrogatoires » des personnes arrêtées, en les encourageant entre deux séances de torture à parler, ne néglige pas ses petites enquêtes personnelles qui livrent – souvent pour des motifs qui n'ont rien à voir avec la lutte patriotique – un certain nombre de gens qui seront emprisonnés, souvent déportés, et parfois exécutés. C'est ainsi qu'elle se débarrassera du propriétaire d'une maison dont elle guignait le bien pour en faire sa résidence personnelle. Ayant fui avec son amant, on la retrouve en Allemagne, en 1945, où elle sera interceptée par la sécurité militaire qui l'exile au

1. Dossiers du commissaire René Déterville, n° : 184/A/R/CAL ; n° : 763/A/J/CAL ; n° : 764/A/M/CAL et dossiers de la bande Hervé, n° : 247/A/H/CAL ; n° 248/A/H/CAL.

Maroc. C'est à Casablanca que les policiers la découvriront. Ramenée à Caen, elle sera condamnée à mort par la Cour de justice du Calvados, mais, en juillet 1946, sa peine sera commuée en détention à perpétuité, puis, en 1948, ramenée à vingt ans de travaux forcés. Elle a été libérée en 1954.

Sa compagne de fuite, la bijoutière de Pont-l'Evêque, Madeleine Béranger, membre du R.N.P. de Déat, responsable de l'arrestation de huit résistants, dont aucun n'est revenu des camps nazis, qui partagea la cavale de Marie-Clotilde de Combiens, bénéficia elle aussi d'une mesure de clémence, malgré les énergiques protestations des associations de déportés.

De toute la bande à Hervé, seuls cinq d'entre eux furent condamnés à mort et fusillés : Desloges, Collard et Fortier, le 9 mai 1946, à Caen; Berteaux et Chapron, respectivement, le 6 août 1945, à la prison d'Alençon, et, le 17 mars 1946. La Cour de justice de Caen avait également voté la peine capitale par contumace pour Bernardin en fuite, ainsi que pour Laronche et Martine dont elle ignorait l'exécution par les maquisards ornais. Bernardin qui s'était engagé à Pau dans un régiment blindé colonial, combattit en Indochine. Démobilisé en 1947, il fut rapatrié et arrêté. La Cour de justice de Paris le condamna en janvier 1950 à vingt ans de travaux forcés. Il fut libéré peu après.

Dans la Manche

Même si ce département n'a pas connu un activisme de collaboration aussi présent que celui de son voisin calvadosien, il n'en a pas moins souffert de la dénonciation qui a engendré des centaines d'arrestations et de déportations et aussi, hélas ! de nombreux fusillés [1]. Ici comme ailleurs, les délateurs ont agi pour les mêmes motifs de lucre ou d'intérêts personnels. Quant aux stipendiés de la Gestapo, leur nombre a été inférieur à celui des autres départements normands, mais, à rapport égal, les dégâts qu'ils ont causés dans les rangs patriotiques furent autant, sinon plus désastreux qu'en certains secteurs de la province.

Le premier auxiliaire de la Sipo-SD a été – on l'a vu dans

1. Le département de la Manche aura à déplorer 62 fusillés ou assassinés; on dénombrera 94 déportés, dont 67 morts dans les camps.

l'évocation du réseau Interallié – Raoul Kiffer (Kiki), qui a permis la destruction totale de cette formation. Nous avons également souligné son rôle dévastateur dans un autre réseau normand, Donkeyman, surtout actif dans la région lexovienne, où il a opéré sous le pseudonyme de Raoul de Normandie. Dans la Manche, Kiffer porte la responsabilité d'une vingtaine d'arrestations, dont sept des victimes seront fusillées, et quatorze décédées en déportation.

Dans le sud du département, une bande de mercenaires, dirigée par un policier du nom de Dufour, traque impitoyablement les résistants et les juifs qui ont trouvé refuge auprès de braves gens. Cette sinistre équipe comprend notamment un pseudo-journaliste, Michel Pennes, et quelques comparses attirés par les rapines et les primes : Le Nourry, Martinez, Chénot, Perrot, Fernandez, Morin, Voiron, Lescluzes, et Janin. Ces deux derniers, en « mission de reconnaissance », sont abattus par les maquisards de Gathémo, en mars 1944. Mais Dufour et ses acolytes vont déployer tout leur zèle après le 6 juin, comme si le Débarquement motivait davantage leur action. Repliés à Saint-Barthélemy avec la Sipo-SD, puis au château de Saint-Jean-du-Corail où les gens de la Gestapo se sont regroupés, ils organisent une grande rafle, le 9 juillet, à Saint-Hilaire-du-Harcouët, à Mortain, au Neufbourg, à Sourdeval, et à Milly où ils arrêtent le sous-préfet d'Avranches, M. Jacquet. Au total, 72 personnes vont être appréhendées par les Allemands dirigés par la bande Dufour et incarcérées, dans des conditions inhumaines, dans les caves et les greniers du château. Le 27 juillet, sur ordre du capitaine Panzani (dont on va parler plus loin), Morin, Pérennes et Michaut assassinent près de chez lui le chiffonnier François Bideau, un père de famille de cinq enfants dont l'aîné n'a pas encore dix ans, le prétexte étant qu'il a « outragé » le sieur Panzani.

Le lendemain, la bande Dufour au complet accompagne un détachement allemand qui encercle le village de Fougerolles-du-Plessis et rassemble tous les hommes sur la place. Les mercenaires se répandent avec quelques hommes de troupe dans les maisons du bourg qui sont fouillées, et certaines pillées. Ils arrêtent 14 personnes, aussitôt emmenées au château de Saint-Jean-du-Corail, et incendient deux fermes. Après avoir torturé 9 de leurs prisonniers pour qu'ils indiquent les caches d'armes parachutées, Dufour et ses comparses en font fusiller 6 dans la carrière de Bourberouge.

Au moment de la Libération, toute la bande fuit avec les Allemands, mais Morin, Michaut, et Pérennes seront appréhendés et jugés par la Cour de justice de Paris qui les condamnera aux travaux forcés (10 et 5 ans, ce qui n'était pas cher payé pour tous les crimes commis). Les autres demeureront introuvables.

Le capitaine Panzani, que nous avons cité plus haut, ancien officier de l'Armée d'Afrique, blessé en 14-18, fut maire d'Omonville-la-Rogue près de Cherbourg. Il milita avant le conflit de 1939 dans les rangs des Camelots du roi, puis se rallia au P.P.F. de Doriot, dès la création de ce parti. Rempli d'ambition, alléché par les engagements de son chef qui lui promet le poste de préfet, grand admirateur de l'Ordre nazi, il devient délégué administratif dans le Mortainais. Il déploie alors une intense activité pour faire appliquer les directives de l'occupant. C'est à ce titre, qu'il n'hésite pas à faire arrêter des braves gens qui n'ont que le tort de se montrer trop tièdes à son goût envers les décisions du gouvernement de Vichy. Il en sera ainsi pour M. Roger de La Vigerie, propriétaire du château de Montbray (près de Percy), remis par ses soins à la Gestapo sous l'inculpation de « gaulliste » et exécuté de deux balles dans la nuque, le 18 juin 1944, près de la ferme des Champs-Collets. Mais la plus odieuse action de Panzani reste celle des expéditions répressives qu'il a commandées à l'équipe Dufour, le 9 juillet, dans toute la région et qui aboutiront à une trentaine d'arrestations. La liste des méfaits de Panzani n'a jamais été close car l'individu savait tirer les ficelles sans trop apparaître. Néanmoins, le tribunal de la Cour de justice de Paris le condamna par contumace – il était en fuite – en 1948 aux travaux forcés à perpétuité. Mais il ne semble pas qu'il ait purgé cette peine !

Dans l'Orne

Lorsque, dans ce département, on évoque la trace sanglante de la Gestapo, un nom surgit aussitôt dans les conversations, celui de Bernard Jardin. Pour les Ornais, cet individu représente bien en effet le spectre de la répression nazie dans ses aspects les plus ignobles et les plus cruels.

Jusqu'au mois d'avril 1944, si les résistants locaux ont été traqués comme partout par les sbires de la Sipo-SD, les dégâts dans les rangs patriotiques sont demeurés limités. L'Orne n'est pas un terroir facile pour ceux qui ne sont pas de la région, avec ses bocages broussailleux, ses forêts profondes, son alternance de cultures diverses, de pâtures, et ses massifs boisés difficilement pénétrables. Le plus gros des arrestations a donc eu lieu dans les villes en pointe dans le combat clandestin, notamment Argentan, Sées, Flers, L'Aigle, Domfront, et, dans une moindre mesure, Alençon, quadrillée il est vrai par une police d'autant plus vigilante que la prison – le château des Ducs – détient une grande majorité des résistants également appréhendés dans les départements limitrophes.

A l'amorce du printemps 1944, la multiplication des maquis inquiète sérieusement le chef de la Sipo-SD, Richard Reinhard (Hildebrand), qui n'hésite pas à recourir aux affiliés des partis pronazis, et particulièrement à ceux du P.P.F. de Doriot dont l'engagement dans la L.V.F. lui a fait bonne impression. C'est ainsi qu'il entre en relation avec Bernard Jardin, mais il comprend très vite que celui-ci n'est avant tout qu'un mercanti plus avide de gains que d'idéal. Qu'importe, les fonds de la Gestapo sont à sa disposition et seuls les résultats comptent. Entre les deux malandrins l'accord s'établit rapidement. Jardin et ses acolytes seront de plus dotés d'une carte de police auxiliaire et de pouvoirs les accréditant auprès de la Feldgendarmerie.

Fort de cette entente, Jardin recrute ses hommes de main dans les rangs du P.P.F. Ses deux adjoints sont désignés, Neveu et Duri, et l'équipe comprend : les Perrin père et fils, Fillâtre, Lemaître, Bogdanoff, Chapron, Lotti, Prin, Verdure et Berteaux. Si Jardin est une franche crapule, il n'en est pas moins suffisamment intelligent pour admettre que, sans indicateurs, il ira droit à l'échec. Sa première tâche en avril consiste donc à doter son groupe d'un entourage de délateurs qui lui apporteront les éléments de base nécessaires à ses interventions ; le reste, suivant son expression est « une question de dosage, de doigté, et de pogne ». L'argent ne lui manque pas puisqu'il a reçu cinquante mille francs à titre de « frais », aussi va-t-il rapidement disposer d'une source d'informations intéressantes pour ses investigations.

Freinant l'ardeur de ses comparses qui brûlent d'intervenir, il les oblige à se livrer à un travail d'enquête discrète mais minutieuse. A la mi-mai, il dispose de suffisamment d'éléments pour déclencher une vaste opération de ratissage.

Il alerte Reinhard qui mobilise plus de six cents hommes : SS, Feldgendarmes, et auxiliaires français. A l'aube du 16 mai, la ville d'Argentan est bouclée et les arrestations se multiplient. Les chefs régionaux de la Résistance – Albert Barrière, Xavier Vimal du Bouchet, les frères Rycroft –, sont appréhendés avec une trentaine de membres de l'A.S. (Armée secrète) qui vient d'être créée dans l'Orne. Par miracle, le général Allard, chef de cette unité clandestine, échappe au coup de filet, mais les camions et les voitures partent pour les villes voisines; à Domfront, le responsable M. Herlemont est arrêté, de même que M. Durrmeyer, chef du secteur de Flers, et Gobry, du canton d'Athis. Puis, successivement, ce seront le docteur Le Meunier, MM. Duguey, Hérault, Moreau, de l'E.M. clandestin; MM. Chevreuil de Mortrée, les médecins MM. Fillon et Couinaud, le vétérinaire Bancel, et la jeune infirmière agent de liaison Marthe Simoni, qui prennent le chemin du château des Ducs.

Les descentes se poursuivent pendant trois semaines; le 8 juin, le chef de section d'Aunou-le-Faucon, Roussel, est tué avec l'un de ses hommes au cours de son interpellation. Le 12, trois francs-tireurs tombent à Trun; le 13, à Lignières-la-Doucelle, Jardin dirige l'escouade de la Gestapo qui se saisit du chef départemental Daniel Desmeulles. C'est un rude coup pour la Résistance ornaise. Le 20, le chef de secteur de Gacé, Lefrançois, et son adjoint Buffard sont cernés avec une dizaine de leurs maquisards. Le même jour, le chef de groupe de Villers-en-Ouche, Bove, est capturé, puis, le 26, ce sera Louis Guéné, chef de la section de Trun qui sera pris avec deux de ses hommes et exécutés. Deux jours plus tard, Neveu, Lotti, et Bogdanoff, suite à la dénonciation de leur indic Poupard, pilotent une équipe du SD qui attaque le P.C. du chef de secteur d'Argentan, Etienne Panthou, replié près des Riaux. Au cours d'un violent accrochage, la fille du responsable, Suzanne Panthou, tombe entre les mains des assaillants. Frappée, torturée afin de lui faire dire où se trouve le nouveau chef des

F.F.I. de l'Orne, le commandant Mazeline, elle ne parle pas ; son père est alors fusillé sous ses yeux en compagnie de son adjoint Maurice Terrier, puis elle est dirigée vers la prison d'Alençon d'où elle partira pour la déportation. Dans la foulée, Poupard et Neveu emmènent un groupe de S.S. vers la ferme voisine Le Brasseur où ils abattent huit maquisards blessés mis au repos. Le 30, lors d'une expédition sur le maquis d'Echauffour, expédition ratée, car les clandestins ont décroché depuis la veille, Dufour, Bogdanoff et Chapron surprennent trois guetteurs : Jean Tirard, Raymond Ballonnier, et Gino Rossi, qu'ils exécutent aussitôt.

Cependant, à la mi-juillet, la débâcle allemande s'accentuant et les maquis de l'Orne, en dépit des coupes sombres de mai-juin, reprenant partout l'initiative, renforcés de plus par le parachutage de troupes S.A.S., incitent les mercenaires à se montrer plus discrets. Ils vont tellement le devenir que, les uns après les autres, ils quittent subrepticement le département ; certains seront interceptés dans les mois à venir, d'autres parviendront à se fondre dans le chaos de la Libération. Bernard Jardin, quant à lui, n'échappera pas à son sort, il sera exécuté, mais les Argentanais ont accumulé tant de haine à son égard, qu'ils n'accepteront pas que son cercueil soit ramené dans leur ville [1].

Le bilan de la bande Jardin est l'un des plus lourds de Normandie puisque selon les chiffres fournis par le C.H.S.G.M., en 1950, il serait de l'ordre de 192 morts et 42 déportés.

En Seine-Inférieure

L'implantation du KDS à Rouen, rue du Donjon, la présence des services de sécurité militaire de la Kriegsmarine sur le port, l'importance de la garnison répartie dans les casernes contribuèrent à maintenir dans la ville un climat d'oppression créé, ainsi que nous l'avons vu au début de cet ouvrage, à la suite des combats de juin 1940. Durant les quatre années suivantes, la cité de Corneille allait demeurer sous haute surveillance. Celle-ci reposa sur une vigilance permanente de la Gestapo, aidée par une police française

1. Certains articles de journaux ont indiqué que des habitants d'Argentan auraient intercepté le convoi mortuaire et brûlé le cercueil. Mais nous n'avons trouvé aucun témoin pour corroborer ce fait.

dont certains commissaires se livrèrent à une traque continue des formations patriotiques, et notamment de celles animées par les éléments communistes du département : O.S. et Bataillons de la jeunesse d'abord – qui se manifestèrent très tôt – puis par leurs relais : le Front national et les F.T.P.F. Mais la répression s'abattit également sur les autres organisations clandestines très actives : Libération Nord, Vengeance, O.C.M. et O.R.A., ainsi que sur les réseaux britanniques Farmer et Salesman.

C'est aussi à Rouen que fut mise sur pied la brigade antiterroriste du commissaire Duboc des Renseignements généraux, lequel en fut dessaisi au profit de l'inspecteur Louis Alie. Le chef de la Sûreté, Dussaule, auquel succéda, fin 1942, le commissaire Bartoli, signa les procès-verbaux transmis à Spach, directeur du cabinet du préfet régional Parmentier, après l'opération menée contre les F.T.P.F. de la compagnie Lorraine aux grottes de Barneville [1]. Si certains chefs policiers « traînèrent un peu les pieds » pour exécuter les ordres de la Gestapo, d'autres s'en firent les zélés auxiliaires. Heureusement pour eux que le « testament » d'Alie a été classé en archives centenaires, car leurs noms et leurs actions y figurent avec beaucoup de précisions [2].

Vingt-cinq, trente ans après les faits, lorsque nous parcourions la Seine-Inférieure (devenue Maritime) pour rencontrer tous les protagonistes de la Résistance, et ceux qui la combattirent, le nom de Louis Alie revenait à chaque évocation de tel ou de tel événement de l'époque. C'est assez dire ce que fut la démarche de ce policier en ces années 1940-1944. Mais son cas restant particulier, dans le contexte de l'activité répressive, nous le traiterons à part un peu plus loin, en compagnie d'un cas similaire, celui de Violette Morris.

La meute des stipendiés de la Gestapo dans ce département n'a pas été très fournie, probablement en raison de la prédominance des services policiers sans arrêt aux aguets, du fait de la pugnacité et de la virulence des organisations clandestines. De plus, l'exécution sommaire, et assez rapide de plusieurs traîtres tels que Martine, Delamotte, Brion, Sanchez, Casson et Liard à Sotteville, Rouen, Le Havre,

1. Voir chapitre X.
2. Voir chapitre XI (maquis Surcouf).

Darnétal, Elbeuf, et Canteleu, raréfia les engagements pro-nazis. L'arrivée en janvier 1944 de deux centaines de la Milice de Darnand provoqua ce paradoxe de voir les tenants de la collaboration active se replier sur eux-mêmes. C'est très curieusement le moment que choisirent les Leroux pour entrer dans la danse.

Ils étaient quatre, unis comme les doigts de la main, les deux frères, Charles et Eugène, le cousin Noël et l'oncle Georges. C'est Charles, 26 ans, ouvrier imprimeur qui mène l'association. C'est le cerveau! Son frère Eugène, ouvrier agricole frustre et rustre aux instincts pervers, son cousin Noël, âgé de 31 ans, manœuvre déjà condamné pour vols, et Georges, l'oncle, le vétéran, linotypiste, ancien combattant de 14-18, 47 ans, fanatique de l'Ordre nouveau seront davantage des hommes de main, des exécutants.

C'est à partir d'octobre 1943 que la bande se constitue sous la houlette de Charles qui, travailleur volontaire pour l'Allemagne, a noué là-bas des relations avec des membres de la Sipo. Il espionne et dénonce certains de ses compagnons de travail, ce qui l'amène à demander son renvoi en France car le climat devient malsain pour lui. Il se présente à l'annexe de la Gestapo qui le dirige sur Louis Alie, lequel n'apprécie que modérément ce « cadeau » de la maison mère! Il insiste donc auprès des gens de la Sipo-SD pour que cette nouvelle recrue figure sur leurs rôles, ce qui est accepté. Charles Leroux est engagé pour 4 500 F par mois, plus une prime de 1 000 F par arrestation. Après un premier succès à la mi-novembre 1943 où il fait appréhender trois patriotes qui avaient cru bon de fleurir le monument aux morts, le 11, il fait embaucher ses comparses au même tarif que le sien. Georges, jouant le bon papa débonnaire, réussit à se glisser dans une filière d'évasion d'aviateurs alliés – la ligne Comète évoquée plus haut – et fait arrêter deux pilotes et les quatre personnes qui assuraient leur hébergement. En janvier 1944, Noël, excipant de sa qualification d'ouvrier spécialisé, réussit à s'infiltrer dans la section du F.N. de Darnétal en se faisant passer pour réfractaire, grâce aux faux papiers composés par l'oncle Georges. C'est ainsi qu'il fait la connaissance d'un affilié, Cognard (Lucien), lequel va être pris en filature par les hommes d'Alie aussitôt informé. Deux jours après, à la tombée de la nuit, un groupe de quatre hommes du F.N. – Valette, Bocquier, Bertrand et Cognard – se rend au pont de Tourville pour la reconnaissance d'un sabotage prévu, mais les Leroux, croyant à la réalisation de l'opération, ont alerté la permanence de la Gestapo, laquelle ayant requis la brigade d'Alie intervient. Un combat s'engage, car bien que surpris les francs-tireurs ont réagi, mais le nombre l'emporte et ils sont arrêtés. Ils seront déportés à Dachau dont Christian Cognard ne reviendra pas. S'estimant, à juste titre grillé, Noël Leroux fait appréhender les 12 hommes du F.N. qu'il a rencontrés : Numa, Buignet, Porzou, Scherer, Simon, Lucas, Mercier, Alleaume, Lejeune, Petit, Pygache et Fournil qui partiront pour les camps allemands.

Mais les Leroux vont réussir un « coup de maître » suivant l'expression de Charles : Le 3 mai 1944, le responsable du secteur sud du F.N., Benjamin Remacle, est intercepté au rond-point des Bruyères, à Rouen, alors qu'il venait pour y rencontrer Noël Leroux prétendument envoyé par le groupe de Darnétal. Le traître le désigne par son pseudo : Jean-Didier ; la perquisition immédiate effectuée à son domicile, rue Lafayette, permet à Alie de s'emparer de différents documents qu'il ramène à son bureau pour les étudier. L'un d'eux attire son attention car il porte un code de rendez-vous. Remacle est alors sauvagement torturé pendant trois jours afin qu'il fournisse la clef de ce code. Peine perdue, il urine et vomit du sang, mais tient bon. Alie comprend alors qu'il n'en obtiendra rien et le fait ramener en cellule, puis il se penche durant une partie de la nuit sur le rébus. En revenant le lendemain à son bureau, il pense avoir trouvé la clef de l'énigme. Et, effectivement, ses déductions lui permettent de monter un traquenard au rond-point des Bruyères, un traquenard dans lequel viennent se jeter les membres du Comité départemental de Libération nationale appartenant à toutes les composantes de l'action clandestine, en Seine-Inférieure. Ainsi vont être arrêtés cinq responsables : M. Raoul Leprettre de Libé-Nord, M. René Dragon de Résistance, M. Touré de la C.F.T.C., M. Francis Fagot de l'O.C.M., et M. Laporte. Ces trois derniers ne reviendront pas des camps de la mort.

En dehors de la trahison de Noël Leroux, il est évident qu'il y a eu de coupables négligences au niveau de la sécurité. Si celle-ci avait joué comme prévu, jamais les membres du C.D.L.N. n'auraient dû se rendre au rendez-vous du rond-point des Bruyères. Il semble bien que le délégué du parti socialiste, curieusement absent à ce rendez-vous, M. J.C. porte une lourde responsabilité, pour ne pas dire plus, mais l'enquête d'après-guerre s'est heurtée, comme tant d'autres à l'époque, aux complicités politiques.

Dans l'Eure

Placé à la charnière normande de la rive droite et de la rive gauche de la Seine, ce département, dont la pointe nord touche la mer et l'estuaire entre Fiquefleur et Quillebeuf, s'est trouvé sous la double surveillance de la Gestapo de Rouen et du Sipo-S.D. de Paris. Administrativement, dans le canevas allemand, il dépendait du KDS de Rouen, et, à ce titre, les polices de Seine-Inférieure menèrent la répression antiterroriste, mais sa proximité de la région parisienne en fit également un terrain de chasse pour les services du R.S.H.A. de l'avenue Foch et de la rue des Saussaies, ainsi que pour les bandes de mercenaires de Lafont, de De Mérode, et de Masuy. La cohabitation entre tous ces stipendiés, la Gestapo, l'Abwehr, la Geheime Feldpolizei, et le KDS, qui s'accusaient mutuellement « d'empiéter sur leurs plates-bandes » donna lieu à des imbroglios procéduriers qui profitèrent parfois aux résistants. Ce fut le cas à Vernon et à Gisors où la mésentente et la zizanie entre services permirent à des membres du réseau Confrérie Notre-Dame de retrouver la liberté. Mais au fil du temps le Sipo-S.D. reprit le contrôle total des opérations répressives et réussit à « gangrener » plusieurs formations patriotiques. Ce fut surtout le travail du chef du contre-espionnage de l'AMT IV Kieffer [1], de Nosek, chef de l'AMT VI, et de sa « créature », Violette Morris, dont on parlera plus loin.

Dans l'Eure comme partout, les délateurs et les collaborateurs firent le lit de la répression, mais c'est aussi dans ce département qu'ils en payèrent le prix fort. Le pourcentage des traîtres abattus demeure le plus important de toute la Normandie, et ce fait est certainement dû à une implantation résistante touffue. Celle-ci bénéficia, il est vrai, d'un

1. A ne pas confondre avec Raoul Kiffer (Raoul de Normandie).

encadrement de haute valeur, des chefs tels que les commandants Marcel Baudot, Gaétan Lesage, Fromager, Leblanc, Thuret, les capitaines Thirault, Vesque, Georges, Stouls, Brüder, et tous les responsables d'unités – Nivelt, Grosjean, Cuthuil, Vidal, Caffiaux, Plommet, Antoine, Hucher, Duret, Chefdeville, Delaunay – surent toujours faire front aux infiltrations des mercenaires. Pour cela, ils durent se montrer impitoyables envers ceux qui dénonçaient des patriotes, et les exécutions de quelques-uns refroidirent sérieusement le zèle de certains.

Entre les mois de juillet 1942 et d'août 1944, on dénombrera 57 exécutions de délateurs, dont Loussac, le 12 juillet 1942, à Gisors ; Vergnes, le 15 novembre 1942, à Evreux ; Legrand, le 3 juin 1943, au Neubourg ; Gicquel, le 14 juillet 1943, à Sancourt ; les époux Baron, le 26 juillet 1943, à Pont-Saint-Pierre ; Mme Delaître, le 22 septembre 1943, à Fouqueville ; Mercier, le 4 décembre 1943, à Ezy ; Duverger, le 7 décembre 1943, à Bernay ; Capelle, le 10 décembre 1943, à Saint-Cyr-du-Vaudreuil ; Lechat, délégué de la L.V.F., le 23 janvier 1944 ; Deuve, le 24 janvier 1944, à Saint-Etienne-l'Allier ; Lemaître et Mlle Blondel, le 29 janvier, à Bacquepuis ; Violette Morris et cinq membres de la famille Bailleul, le 26 avril [1] ; M. et Mme Prévost, le 3 juin, à Evreux ; M. Mme et Mlle Baudouin, le 6 juin [2] ; M. et Mme Pietralunga, le 20 juin, à Saint-Pierre-de-Cormeilles ; Mme Grondard, le 4 juillet, à Campigny ; Marcel Burel, le 5 juillet, à Bourneville ; Robert Cottard, le 11 juillet, à Veuville-sur-Authou ; Boiteux, le 13 juillet, à Bernay ; Roger Legras, le 22 juillet, à Bourneville ; Gaston Deshayes, le 31 juillet, à Mercey.

Cependant, beaucoup de dénonciateurs échappèrent au châtiment. Au mois de janvier 1943, le Feldkommandant d'Evreux indiquait au préfet « qu'il était écœuré par l'afflux des lettres anonymes qu'il recevait » ! Mais d'autres courriers portant des signatures aiguillaient les polices allemandes vers des pistes multiples. Ainsi, par exemple, un membre du P.P.F. du Plessis-Hébert, le nommé Becker, réclamait des sanctions contre des réfractaires du S.T.O. qu'il désignait. Le sieur Schlegel, d'Ambenay, atti-

1. Entre Epaignes et Lieurey.
2. A Beuzeville.

rait, le 24 janvier 1943, l'attention des forces d'occupation sur le comportement « gaulliste » de la municipalité de Rugles, tandis qu'un certain Larrieu, de Pressagny-l'Orgueilleux, « souhaitait qu'il soit enquêté sur les agissements « antiallemands » du maire des Andelys, M. Delarue (12 avril 1943). A Verneuil-sur-Avre, le garagiste Duquay, chef du P.P.F. local, informait la Feldkommandantur, le 20 juin 1943, qu'un « nid de terroristes s'était constitué dans la forêt de Bourth » et deux jours plus tard, le nommé Marche de Conches adressait un virulent courrier au même destinataire pour réclamer « la saisie de postes de radio, suivant la liste jointe, de personnes écoutant régulièrement les émissions anglaises ». Quant au sieur Harou, de Montfort-sur-Risle, il demandait purement et simplement « la mise hors d'état de nuire des bandits terroristes de sa commune » ! Dans ce fatras de lettres de délation, on trouve de tout : accusations d'abattage clandestin, de trafic d'eau-de-vie, de recel de matériel volé, de marché noir, d'appartenance à la franc-maçonnerie. Un habitant du Neubourg qui signe Damois, invite les autorités à « surveiller les sermons d'un curé – pas très catholique – *(sic)* qui utilise sa chaire comme une tribune de propagande gaulliste ».

On note toutefois qu'à partir de l'été 1943 ces lettres dénonciatrices commencent à s'espacer, pour quasiment disparaître en fin d'année. Les exécutions évoquées ci-dessus ne sont certainement pas étrangères à ce changement. Certes, il y aura toujours des dénonciations, mais sans commune mesure par leur nombre avec celles parvenues entre le début de 1941 et la fin de 1943.

Auxiliaires particuliers de la Gestapo : Louis Alie, Violette Morris

Ni l'un ni l'autre ne furent des mercenaires de la Gestapo du même genre que ceux que nous avons précédemment évoqués. Leur engagement au sein des services de police allemands n'a pas été motivé par l'appât de salaires, de primes, ou d'avantages quelconques à but lucratif. Louis Alie était rémunéré par l'administration à laquelle il appartenait, et Violette Morris émargeait au même titre que ses

« collègues » militaires ou civils de l'AMT VI. Aucun des deux n'a accumulé de fortune, ni ne s'est intéressé aux biens de ses victimes. Jamais ils ne pratiquèrent, contrairement à leurs comparses tant allemands que français, le moindre pillage, et ignorèrent les rapines si habituelles chez les agents nazis. La démarche antiterroriste de l'inspecteur Louis Alie naquit de ses sentiments viscéralement anticommunistes, celle de Violette Morris de son admiration pour l'Ordre nazi. Si leur cas fut unique en Normandie, on en trouve de similaires dans d'autres régions de France, même s'ils demeurèrent des exceptions.

Breton d'origine, Louis Alie est né à Plovan, dans le Finistère, le 14 août 1907, c'est un homme d'aspect plutôt chétif dont le physique rappelle un peu celui du policier dans le film *Pépé le Moko*, mais il ne faut pas se fier à cette apparence car il est solide et robuste. La mort de son frère à la guerre de 14-18 l'a profondément affecté, car son aîné fut son exemple. Son caractère est celui de quelqu'un de renfermé, voire de taciturne, mais il est intelligent, rusé, patient et persévérant, qualités requises pour faire un excellent policier. De plus, c'est un inconditionnel de la discipline, de l'ordre, et du travail consciencieux. Exactement ce que prône le Maréchal dont il restera toujours un fervent admirateur. Comme Pétain, il déteste au plus haut point le communisme dont il traque déjà les militants depuis la mise hors la loi de leur parti par le gouvernement Daladier en septembre 1939. Bien qu'il n'ait jamais fait preuve jusqu'alors de sentiments proallemands, il suit aveuglément son modèle qui est « entré résolument dans la voie de la collaboration ».

Au début de l'Occupation, Alie appartient au Service de la sûreté de Rouen fixé au Commissariat central, place de l'Hôtel-de-Ville, sous les ordres du commissaire Dussaule, auquel succédera Bartoli en 1942. Mais il se trouve en relation étroite avec la brigade de police mobile, dont la juridiction s'étend à toute la Normandie, dirigée par le commissaire Dargent, rue Saint-Gervais, auprès de laquelle il effectue des liaisons puisque c'est cette brigade qui centralise tous les renseignements sur les faits de résistance. Au cours de l'année 1942, différents changements interviennent dans les polices de Rouen, en fonction des demandes du préfet régional chargé de la réorganisation des services dans le cadre de la répression antiterroriste en Normandie. Les Allemands, qui apprécient Alie et qui ne font aucune confiance aux autres responsables du maintien de l'ordre, exigent que lui soit confiée la direction d'un nouveau département spécialement consacré à la recherche et au démantèlement des organisations clandestines. C'est ce qui deviendra en langage populaire la « brigade antiterroriste », qui sera parfois confondue avec la 3e brigade mobile de la rue Saint-Gervais dont, il est vrai, l'activité sera proche.

A ce moment, il n'est pas douteux que, dans l'esprit d'Alie, sa tâche s'applique à détruire les résurgences du parti communiste réapparues en Normandie, et tout particulièrement en Seine-Inférieure avec les manifestations violentes de l'O.S. et des Bataillons de la jeunesse. C'est ainsi que, sans y prendre garde, il va se trouver entraîné dans la traque contre tous les groupes de résistance dénoncés chaque jour par la presse de Vichy comme des « bolchevistes-judéo-saxons », même lorsque certains d'entre eux, comme l'O.R.A., repousseront toute entente avec les gens du Front national, proche du P.C. Lorsqu'il s'en apercevra, ainsi que le relèveront deux inspecteurs d'un autre service [1], il en prendra conscience, un peu à la manière de cet officier britannique qui, dans le film *Le Pont de la rivière Kwaï*, s'aperçoit brusquement qu'obnubilé par son œuvre, il a trahi les siens, mais, ainsi qu'il le leur dira : « J'ai choisi mon camp, il est trop tard pour reculer. » Et ce choix, il va continuer de l'assumer jusqu'au bout. Il a décidé de ne plus se poser de questions, de ne pas montrer d'hésitations, et, si on peut parier qu'au fond de lui-même il sait que sa cause, celle de la victoire de l'Ordre, est perdue, il poursuit son activité avec une égale détermination, courant de la Seine-Inférieure à l'Orne et du Calvados à l'Eure, pour saper les forces de la Résistance.

A cet égard, le bilan de Louis Alie, bien qu'il ait été impossible de l'estimer avec précision, reste, et de loin, le plus lourd de tous les auxiliaires de la Gestapo en Normandie. Nous ne reprendrons pas les chiffres fantaisistes qui ont

1. Témoignages de MM. Déterville, Costes et Frébourg.

été donnés lors de son procès, nous contentant de comptabiliser ceux que les résistants du réseau Ajax (réseau de Résistance de la police) ont retenus, en précisant bien ainsi qu'ils l'ont fait, qu'il ne s'agit pas d'arrestations toutes effectuées par Alie, mais qu'il en a dirigé les enquêtes. Le triste résultat en est le suivant :

Personnes fusillées ou décédées en déportation : 86 ; personnes déportées, rentrées des camps : 47 ; personnes emprisonnées en France : 9 ; personnes décédées dans des prisons françaises : 3.

Arrêté par des résistants d'Aumale, Louis Alie fut jugé les 14, 15 et 16 novembre 1944. Condamné à mort, il fut précipitamment exécuté, le 27 décembre, au champ de tir du Madrillet, à Rouen, au même endroit où furent également fusillés, le 19, les frères Charles et Eugène Leroux ainsi que leur cousin Noël. L'oncle Georges sauva sa tête, écopant des travaux forcés à perpétuité.

C'est le même peloton d'exécution commandé par l'adjudant Pétillon qui fut désigné pour appliquer la sentence du tribunal, et c'est le même aumônier, l'abbé Farcy qui assista les condamnés. D'après l'un des membres de ce peloton d'exécution [1], Louis Alie affronta sereinement la mort. Au dernier moment, se souvint-il des propos du commandant Leblanc, le chef du maquis Surcouf :

« Jamais les douze balles d'un peloton d'exécution n'auront été autant méritées ! » et de sa propre réponse :

« J'en suis conscient ! »

Violette Morris, championne, espionne, tortionnaire

Ce fut un personnage extraordinaire, absolument hors du commun, et qui aurait pu inspirer un grand film à un réalisateur de cinéma ou de T.V. Car la vie de Violette Morris, sa personnalité exceptionnelle réunissent tous les ingrédients d'une superproduction. Sa carrière de sportive de haut niveau pratiquant quatorze disciplines, sa bravoure dans l'enfer de Verdun où elle servit comme ambulancière et estafette, son goût pour les amours féminines, ses mœurs

1. Témoignage de M. Papavoine de Louviers (13.1.1978).

particulières, son engagement dans les services de l'espionnage allemand, son admiration pour les théories du nazisme, son activité dans le « milieu » parisien, son paradoxal sens de l'amitié, sa témérité de pilote de rallye, lui permettant de devancer fréquemment les meilleurs pilotes masculins, ses incroyables capacités physiques, enfin les dernières années de sa vie consacrées au combat contre la Résistance depuis son poste de chef de zone à la Sipo-S.D. de la rue des Saussaies, témoignent que cette figure originale des années 1910 à 1944 occupe une place à part dans l'agenda de ce siècle.

Violette Morris est née le 18 avril 1893, 61, rue des Saints-Pères, à Paris. Son père, le capitaine de cavalerie, Jacques-Pierre Morris, et sa mère, de vingt ans plus jeune que son mari, se montrent extrêmement déçus. Ils espéraient un garçon, et voilà que leur arrive une seconde fille après Lætitia, apparue deux ans plus tôt. Très vite, la petite fille se rend compte qu'elle n'a pas été désirée, et un psychiatre n'aurait aucun mal à expliquer ainsi le caractère taciturne, renfermé, de cette gamine qui est d'ailleurs mise rapidement en pension. Les changements d'affectation du capitaine Morris lui serviront de motifs pour justifier cet exil, car c'est bien d'un exil qu'il s'agit, puisque Violette entre, le 4 octobre 1903, au couvent de l'Assomption, à Huy, en Belgique, dont elle ne sortira que le 22 juillet 1910. Durant ces sept années, elle n'est jamais revenue chez ses parents. Son père s'est contenté de trois ou quatre visites et toujours pour recommander aux sœurs de se montrer ferme sur la discipline ! Néanmoins, ce long séjour au couvent, qui est en fait une pension de bon standing, ne sera pas inutile puisque c'est là, grâce à des instructrices britanniques, que l'élève connaîtra le sport sous différents aspects : natation, athlétisme, et... boxe ! En compétitions scolaires interclubs, elle accumule les succès en courses, sauts, lancers, et combats pugilistiques. Robuste mais souple, endurante mais aussi rapide, elle impressionne ses professeurs qui la recommandent à l'école mixte de formation sportive d'Uccle. Le rapport médical lors de son entrée confirme ses capacités :

« Athlète complète, vigoureuse constitution, charpente osseuse très solide, pas de lacunes, apte à tous sports avec prédisposition morphologique pour ceux requérant résistance, intensité, puissance, énergie brutale, et robustesse. S'adapterait facilement aux exercices nécessitant adresse et souplesse. »

Mais Violette Morris ne restera que quatorze mois à Uccle ; déjà son caractère s'affirme, et elle n'a pas accepté les changements de poste que son entraîneur voulait lui imposer dans l'équipe féminine de football. Le 20 juillet 1911, elle claque la porte et va rejoindre à Paris celle qui a été son initiatrice au culte de Lesbos. Désormais, ses deux seules passions seront les femmes, même si pour des raisons de convenances bourgeoises elle convole avec l'un de ses admirateurs, et le sport qui va lui ouvrir les portes de la célébrité.

En 1913, elle a vingt ans lorsqu'elle gagne avec son club, les Libellules, le championnat de Paris de water-polo. Puis, au meeting national de Lyon, elle remporte le 80 m plat, le 300 m et le 1 000 m avant d'enlever le concours de lancement du poids de 4 kg aux deux bras additionnés (12,94 m). Trois autres victoires à Paris, Bordeaux et Nantes, en cyclisme (80 km !), en natation et au lancement du disque, marquent cette fin d'année 1913. Le 22 août 1914, dix-neuf jours après la déclaration de guerre, elle épouse, à la mairie du VIIIe, un fils de la haute bourgeoisie, Cyprien Gouraud, lequel se trouve presque aussitôt mobilisé. La réaction de Violette Morris ne tarde pas : elle s'engage dans le corps des estafettes motocyclistes. Affectée à Vincennes, elle apprend à conduire, suit une formation d'infirmière-ambulancière et demande sa mutation au service de la IIe armée du général Castelnau à Amiens. De février 1915 à juin 1916, elle transporte des blessés par tous les temps dans de véritables fondrières en Artois et en Champagne. En mai, l'état-major a réclamé des estafettes pour le front de Verdun où les pertes deviennent catastrophiques. Violette Morris lâche alors le volant des ambulances pour retrouver son ancien corps. Elle sillonne tout le secteur pour porter les plis des unités engagées. Sous le feu démentiel des tirs d'artillerie, elle arrache sa moto de la boue et des profondes ornières tracées par les charrois hippomobiles transportant renforts et armement. Cent fois elle tombe, s'enlise, cent fois elle repart avec l'aide des poilus, médusés par son courage et son acharnement. Légèrement blessée à deux reprises, elle refuse son évacuation, se soignant elle-même ou requérant l'assistance des postes d'infirmerie de campagne. Pourtant, le 27 novembre, elle est terrassée par un début de pleurésie. Brancardée jusqu'à l'hôpital de Sainte-Menehould, puis transférée à celui de Châlons-sur-Marne, elle y demeure trois mois à l'isolement par crainte de la contagion. Sa robuste constitution reprend le dessus et, en février 1917, elle est renvoyée, réformée, sur Paris. Elle reprend l'entraînement sportif, retrouve progressivement la forme et, contactée par le club du Fémina-Sports, s'aligne à nouveau en compétition. Le club étant omnisports, elle s'attaque à de multiples disciplines : boxe (toujours) où, sans adversaire féminine, elle combat contre des hommes battant notamment l'Italien (qui sera champion de son pays) Ferrandini, cyclisme sur route puis sur piste derrière grosse moto (demi-fond), football (équipe féminine première), natation (traversée de Paris), water-polo (championnat de France mixte), le tir à l'arc, le hockey sur gazon, le tennis, et, en athlétisme, les courses (vitesse et fond), les sauts (hauteur et longueur) les lancers (poids, disque, javelot), et... la moto.

De 1920 à 1925, Violette Morris sera 9 fois championne de France (sauts, lancers), 52 fois internationale, 2 fois championne du monde, et détentrice de plusieurs records nationaux et mondiaux. Elle disputera 35 courses cyclistes sur piste derrière grosse moto (demi-fond), seule femme à affronter des hommes. Elle gagnera 9 combats de boxe, dont 5 par K.O. et 47 matchs de football avec les clubs du Fémina-Sports, puis L'Olympique et Les Cadettes de Gascogne. En mai 1923, elle a divorcé, ne supportant décidément pas les contacts masculins. Sa liaison avec la jeune femme d'un grand industriel belge, qui sera à l'origine de son affiliation au SD beaucoup plus tard, défraie la chronique du Tout-Paris.

En 1923, elle commence, parallèlement aux compétitions sportives, à pratiquer la conduite automobile en rallyes et « ville à ville ». Pour sa première année au volant, elle termine quatrième de l'Enduro et du Bol d'Or, puis remporte le Paris-Pyrénées-Paris, couru dans des conditions météorologiques épouvantables. Cela ne l'empêche pas, lors du meeting d'athlétisme France-Angleterre, du 23 septembre, de battre le record du monde au lancer du poids avec 21,1 m puis de soulever d'enthousiasme le public du Vél'd'Hiv, le 24 novembre, en tenant la dragée haute en demi-fond aux meilleurs champions du moment : Grassin, Sérès, Linart, Suter, Lavalade, Catudal et Parisot.

En 1924, elle accumule les succès en football, en lancers, en cyclisme, et conserve facilement son titre national, le 14 juillet. Le 17 août, lors du match France-Belgique à Douai, elle enlève les concours de lancement du disque et du poids, et récidive, le 24 septembre, pour France-Tchécoslovaquie, en pulvérisant son record au poids.

En février 1925, elle finit deuxième de Paris-Nice motocycliste derrière le champion du monde Gendron, puis troisième du Circuit de l'Aisne. Le 23 juin, au Parc des Princes, elle réalise l'extraordinaire performance de porter son propre record de l'heure de demi-fond cycliste derrière grosse moto à 60,186 km ! Le 10 septembre, elle remporte à Magdebourg, en Allemagne, lors du meeting international, le concours de lancement du poids devant la championne belge Haems. Le 8 novembre, en Allemagne, elle marque en water-polo l'unique but français.

En 1927, lassée des incartades de vestiaire de Violette Morris qui harcèle de jeunes sportives, la Fédération féminine sportive de France lui refuse ses licences. La championne se tourne alors résolument vers l'automobilisme, ce qui va l'amener, en février 1929, à se faire enlever les seins par le docteur Cazalis, sous prétexte qu'ils la gênent pour conduire dans l'étroitesse des « baquets » des voitures de sport ! Deux ans plus tard, elle ouvre un magasin d'accessoires automobiles à la porte Champerret.

Le 26 mars 1933, Violette Morris retrouve au Parc des Princes, à l'occasion du match de rugby France-Allemagne, son ancienne rivale, devenue journaliste Gertrud Hannecker. Elles passent la soirée ensemble en convenant de se retrouver outre-Rhin pour les championnats d'Europe de natation. Les liens se renforcent en août 1934 lors des championnats du monde de cyclisme disputés à Leipzig. Durant une dizaine de jours, les deux femmes vont visiter plusieurs villes du Reich. Violette Morris admire l'ordre, la discipline, la propreté, et s'émerveille devant les manifestations de masse, sportives ou corporatives, conquise par la place que les nouveaux dirigeants de l'Allemagne réservent aux femmes dans le sport et l'éducation. Quel contraste avec l'ostracisme des Français envers le monde féminin! Mais ce qu'ignore encore pour le moment la championne, c'est que Gertrud Hannecker, membre du N.S.D.A.P. depuis sa fondation, est un actif agent du S.D. et que sa couverture de journaliste à l'étranger n'a pour objet que de lui permettre de recruter des correspondants. Ce sera relativement facile avec Violette Morris qui ne dissimule pas ses sympathies pour le régime nazi.

Le 10 avril 1936, elle arrive à Berlin pour les cérémonies préparatoires aux jeux Olympiques du mois d'août. Accueillie à bras ouverts par Herbert Elgen, attaché de presse du comité d'organisation, et par von Tschammer-Osten, responsable du sport allemand, elle reçoit simultanément une médaille d'or d'athlète de haut niveau, ainsi qu'une invitation pour les J.O. dans la tribune d'honneur. Assise dans la grande nef de l'immense Deutschland-Halle, elle admire la méticuleuse présentation des 3 270 gymnastes allemands et la danse olympique de 500 jeunes filles en robe blanche. Dans ce stade grandiose, illuminé par des centaines de projecteurs, hérissé de drapeaux, bruissant de jeunesse, elle se sent en harmonie avec ce peuple qui représente si bien pour elle cette vitalité et cette volonté de vaincre qui l'ont toujours animée.

En août, considérée en invitée de marque, elle se trouve placée à quelques gradins seulement du Führer qui ouvre avec sa grandiloquence habituelle les manifestations olympiques. En septembre, la fiche de Violette Morris au Weltdienst (service de détection des sympathisants du parti nazi dont le siège est à Erfurt) s'enrichit de la mention : A/X., signe codé qui indique que l'intéressée passe dans les services du S.D. Le pas est franchi, la championne française est maintenant un membre à part entière de l'espionnage nazi dans son propre pays.

Au début de l'année 1937, Violette Morris effectue deux stages de vingt jours à Erfurt. Sous couvert de confrontations sportives, elle se trouve en réalité complètement prise dans les filets de la propagande nazie qui, insidieusement, transforme de simples correspondants en espions. Ainsi progressivement, l'idéal patriotique de celle qui se comporta héroïquement à Verdun, qui, suivant son expression, « frissonnait » lorsque après avoir remporté une compétition internationale, elle voyait monter les trois couleurs nationales au mât du stade, se transformera en un idéal « européen basé sur des données nouvelles, celles de l'Ordre nouveau ». A partir de ce raisonnement, la porte va être ouverte à toutes les compromissions et à toutes les trahisons.

Revenue en France, elle accomplit les premières missions que son habile mentor d'Erfurt, Roland Nosek, un « pur » du S.D.-Ausland (AMT VI), lui confie. Des renseignements sur les travaux en cours de la ligne Maginot, le recensement du parc automobile militaire français, l'infiltration d'agents allemands dans une entreprise belge grâce à ses liens personnels avec cette famille et qui se soldera par la récupération de minerais au profit du Reich. En 1938, elle voyage beaucoup, on la signale aux Pays-Bas, en Italie, en Suisse, au Portugal. Les services secrets français surveillent discrètement ses agissements, en raison des relations qu'elle a établies avec des personnalités du comité France-Allemagne, mais ils ne peuvent rien prouver. L'état de guerre entre les deux pays, depuis le 3 septembre 1939, ne modifie en rien les tribulations de Violette Morris qui se rend à quatre reprises en Belgique et deux fois à Lausanne.

Le 14 juin 1940, les troupes allemandes entrent dans Paris. Paradoxalement, cette invasion ne ravit pas l'espionne. Lorsque, se promenant dans l'après-midi sur les Champs-Elysées avec une amie (Mme Goussert), elle voit le défilé des chenillettes et des tanks, elle fait cette remarque acerbe : « Bon, ils sont là, il faut bien l'accepter, mais si nous avions eu des hommes à la hauteur ayant pratiqué cette politique d'unité fraternelle que proposait le Reich, si nous n'avions pas été dirigés par une juiverie affairiste et des incapables, jamais nous n'en serions arrivés là. »

Contrairement à ce qu'on pourrait penser, Violette Morris ne se précipite pas dans les bureaux de la Gestapo ouverts par Knochen, pas plus qu'elle ne contacte les autorités d'occupation ; elle vaque à ses cours de formation sportive qu'elle a ouverts pour les enfants des familles bourgeoises de Neuilly. Elle fréquente toujours assidûment les stades, les vélodromes et les rings ; c'est justement au bord de l'un de ces rings qu'elle retrouve de vieilles connaissances du sport qui ont plongé dans le monde des truands, pour qui c'est l'âge d'or qui commence. Violette en a « marre de s'occuper des petits connards prétentieux de Neuilly [1] », alors elle saisit l'occasion de « faire autre chose ». Cet « autre chose », ce sera son intégration dans « le mitan », ce milieu qui tient le pavé de Paris depuis que les bandes de Lafont, de De Mérode, de Masuy, de Berger, de Palmiéri, font la loi du marché noir avec l'aide bienveillante des services allemands. A défaut d'y faire fortune, ce qui lui aurait été pourtant bien facile – mais elle n'a jamais été et ne sera jamais une femme d'argent –, elle vit bien, s'achète une péniche habitable sur la Seine (son rêve de toujours) et mène la vie confortable qu'elle affectionne. Il en sera ainsi jusqu'au mois de février 1942 où le S.D. retrouve sa piste. Celui qui fut l'un de ses instructeurs à Erfurt, Ernst Lommaërt, la ramène à Nosek, ravi de revoir une pareille recrue. Il lui organise d'ailleurs, rue des Saussaies, une brillante réception à laquelle assiste toute la fine fleur de la Sipo-S.D. à Paris. Que pourrait-elle faire d'autre que de rempiler ?

Elle rempile donc, et la voilà aussitôt immergée dans la lutte impitoyable menée par les nazis contre la Résistance française. Après avoir participé au démantèlement d'un réseau anglo-polonais de zone libre, elle part pour Le Mans où elle va travailler avec l'un des pires auxiliaires de la Gestapo d'Angers, le redoutable Jacques Vasseur. C'est au Mans, dans l'officine de la rue des Fontaines qu'elle « met pour la première fois la main à la pâte [2] » en torturant sauvagement la jeune Odile S... agent de liaison du réseau Monkeypuzzle. Désormais, les interrogatoires de « la Morris » (son appellation, rue des Saussaies) n'auront rien à envier à ceux des autres membres du S.D.

En juillet 1943, l'attention des services allemands de l'avenue Foch se porte sur le secteur cité par Hitler comme pouvant être un objectif de débarquement : les côtes normandes. Il est donc décidé de renforcer considérablement la surveillance du littoral et de mener de vigoureuses répressions contre les groupes résistants. A cet effet une liaison

1. Témoignage de Mme Yvonne Goussert (5.8.1988).
2. Témoignage de Mme Odile S... (14.12.1988). Numéro de classement : 367/V.M.

permanente va être établie entre le KDS de Rouen et l'antenne Sipo-S.D. de la rue des Saussaies. Roland Nosek est désigné comme patron de l'ensemble avec prérogatives totales sur toutes les polices allemandes dans les cinq départements normands, mais aussi pour la Mayenne et l'Eure-et-Loir. Son premier soin est de délimiter les zones d'intervention des auxiliaires français, dont il a remarqué l'anarchie des opérations. A la demande du KDR Dauber de Rouen, il laisse la Seine-Inférieure et la Basse-Seine sous le contrôle de Louis Alie. La Manche reste de la compétence de Goest. L'Orne et la Mayenne dépendent de Hildebrand, à Alençon. Le Calvados ouest demeure sous l'autorité de von Berthold et de Raoul Hervé. Le Calvados, à l'est, relève à la fois de Kiffer (Raoul de Normandie) et de Violette Morris à qui est confié également le vaste secteur Eure – Eure-et-Loir. Ce découpage administratif ne sera pas adopté sur le terrain sans frictions entre les responsables de zones, mais il suffira à Nosek d'élever un peu le ton pour faire taire les récriminations. Tant bien que mal, à défaut d'harmonie, la cohabitation va s'instaurer, et les résultats s'en feront tout de suite sentir.

L'ex-championne démarre son activité en Eure-et-Loir où elle retrouve pour une enquête commune le représentant de la Gestapo de Bourges, Pierre Paoli, un Berrichon passé en trois ans du rang d'interprète à celui de Scharführer SS. A eux deux, ils vont anéantir toute la structure du B.O.A. du Cher, de la Nièvre, du Loir-et-Cher, de l'Eure-et-Loir, du Loiret et de l'Eure. Joli travail qui leur vaut la considération de ces messieurs de la Sipo-S.D.

Revenue rue des Saussaies, après avoir traité quelques affaires de filières entre Paris et Evreux, Violette Morris s'attaque aux réseaux de l'Eure. Grâce aux indicateurs qui lui ont été fournis par l'équipe Lafont, qui vient de détruire le groupe Prosper de Trie-Château, près de Gisors, et à ceux recommandés par le SS Scharführer Walz du KDR de Rouen, elle dispose dans ce département d'un dispositif informatif très opérationnel, dont les éléments de contacts sont : Charles V..., à Pacy-sur-Eure ; Daniel M..., à Saint-André-de-l'Eure ; Edouard L..., au Neubourg ; Georges M..., à Breteuil ; la famille B..., charcutiers à Beuzeville, et la famille B..., cafetiers dans la même localité ; Paul H..., à

Evreux; Norbert S..., à Louviers; et André P..., à Gisors. De plus, Lafont a laissé à sa disposition deux de ses mercenaires : Bernard Tertre et Lucien Prévost. Avec cette coterie de traîtres, Violette Morris va porter de rudes coups aux forces résistantes, notamment au sein des réseaux Vengeance, Turma, O.C.M. et Front national. Des centaines d'arrestations déciment les groupes des antennes britanniques de Juggler, Salesman et Physician. Des tonnes d'armes sont saisies au Thuit, à Villers-en-Ouche, à La Lande, et à Lyons. En janvier et février 1944, le M.L.N. et le B.O.A. de l'Eure perdent 63 agents. Des rapports alarmants parviennent à Londres où, à quelques mois du débarquement envisagé, on s'inquiète vivement de cette recrudescence de répression. En mars, une liste de mercenaires à exécuter est dressée, en bonne place y figure Violette Morris. Cette liste est transmise à l'état-major F.F.I. local.

En fonction de ces directives, trois embuscades sont montées par des Corps francs à Rouvres, à Mardilly et Chaignes. Elles échouent pour des raisons diverses. A Londres, on s'impatiente, et des échanges entre services aboutissent à l'envoi d'un message à l'intention du commandement des Forces françaises de l'intérieur de la région M qui transmet aussitôt au commandant Breteuil (Baudot), chef départemental de l'Eure. Ce texte ne prête place à aucune équivoque : *« A commandement F.F.I.-MEU – De Londres état-major : Abattre immédiatement et par tous moyens espionne Violette Morris – Stop – Rechercher et éliminer agents contacts avec elle région M1-M2-M4 – Ordre prioritaire. N° 984/F.L. – Fin. »*

Le commandant Breteuil sait à quoi s'en tenir, il a quasiment suivi à la trace le parcours sanglant de l'espionne qui a décimé les formations résistantes placées sous ses ordres. Depuis déjà des semaines, il a fait mener des enquêtes sur les agissements et les allées et venues de l'auxiliaire de la Gestapo. Il n'ignore pas qu'elle se rend chaque semaine à Beuzeville pour y rencontrer ses informateurs et, en même temps, faire le plein chez son ami le charcutier de ravitaillement si apprécié de son entourage. Il connaît aussi l'itinéraire qu'elle emprunte qui ne varie jamais entre Beuzeville et le carrefour de Bretagne, dans cette zone où rayonne le maquis Surcouf. Bien que ce ne soit pas le genre de mission dont raffole Robert Leblanc qui préfère les opérations directes contre l'occupant, il se résout pourtant à lui demander de se charger de cette exécution.

Le 18 avril, le chef du Surcouf reçoit à son P.C. des grottes de Fourmetot l'ordre d'intervention envoyé par Breteuil. A cet ordre, sont joints les descriptifs du véhicule de Violette Morris, des rapports sur ses habitudes, ses déplacements, ainsi qu'un plan des sites fréquentés par l'espionne. Traitant cette mission de la même façon que les autres, Leblanc effectue une reconnaissance des lieux en compagnie de son adjoint : la Torpille. Le choix du lieu de l'embuscade se porte sur le lieu-dit, La Côte du Vert, à l'intersection de La Muloterie, à mi-chemin des bourgs d'Epaignes et de Lieurey.

Le 26 avril 1944, lors de son trajet de retour, la traction avant de Violette Morris, stoppée par un obstacle provoqué, est mitraillée par une section du maquis Surcouf. Avec elle, dans la voiture, ce qui n'était pas prévu, se trouvent des membres de la famille Bailleul de Beuzeville dont aucun ne réchappera [1]. Sommairement enterrées dans une ferme voisine, les victimes seront exhumées pour être placées dans la nécropole de famille. Seule, la dépouille de Violette Morris que personne n'a réclamée sera transférée dans le petit cimetière du Pin, commune où avait eu lieu l'inhumation provisoire.

Ainsi se termina cette vie exceptionnelle d'un personnage que l'on peut qualifier sans risque d'être taxé de grandiloquence, comme « hors du commun ».

1. On pourra suivre cette affaire en détail dans : *Les Lucioles de ma nuit*, op. cit., et *La Diablesse*, du même auteur.

CHAPITRE XIV

Une province ravagée

La grande saignée humaine : requis et S.T.O.

Dès le début de l'Occupation, les Allemands prélèvent un important contingent de main-d'œuvre pour la réalisation de leurs travaux d'infrastructures militaires : aménagement d'aérodromes, constructions de hangars et d'entrepôts, fabrication de barges et de chalands, agrandissements et consolidation des quais sur les ports, édification de postes d'observation et de stations-radar, creusement de tunnels et de galeries sous les falaises, etc. Jusqu'au mois d'octobre 1941, les occupants ne vont pas procéder par réquisitions officielles, ils se contentent de faire pression sur les entreprises et, d'autre part, d'offrir des salaires motivants pour obtenir le nombre de travailleurs nécessaires à leurs plans d'alors dont l'invasion de l'Angleterre reste le projet essentiel, bien qu'à dater du mois de juin, après l'envahissement du territoire soviétique, il ait perdu beaucoup de son intérêt.

En fin d'année 1941, avec l'assentiment des organisations professionnelles et des pouvoirs publics, des affectations de spécialistes dans certaines usines travaillant pour la machine de guerre allemande commencent à susciter quelques inquiétudes dans les milieux ouvriers. C'est ainsi que se développent des ateliers dits « prioritaires » qui vont réclamer de plus en plus de main-d'œuvre pour faire face aux programmes exigés par l'occupant. Mais c'est insuffisant, et une intense propagande prône le « volontariat » tant pour les établissements français que pour ceux d'outre-Rhin, en faisant miroiter des conditions de travail et de rémunérations alléchantes. Une circulaire du secrétaire d'Etat au Travail, l'ancien syndicaliste Belin, datée du 18 novembre 1941, incite les préfets à « mettre en place un véritable chantier de main-d'œuvre volontaire ».

Le volontariat ne fait pas recette en Normandie, moins de 2 500 engagements pour les cinq départements, et encore faut-il préciser que plus de la moitié ont été obtenus en raison de la fermeture – pour manque de matières premières – d'une centaine de petites entreprises ou de commerces. C'est le même échec sur le plan national puisqu'au 1er juin 1942 on ne comptabilise que 69 890 volontaires. Cette constatation amène les Allemands à réagir, car l'armée sur ses différents fronts réclame de plus en plus de soldats, et il leur faut puiser dans le monde du travail.

Le 21 mars 1942, Hitler a nommé le Gauleiter Fritz Sauckel, ministre plénipotentiaire de la Main-d'Œuvre dans les territoires occupés, avec tous pouvoirs. A Vichy, Pierre Laval, revenu à la présidence du Conseil sur ordre du Führer [1] – il en avait été écarté le 13 décembre 1940 – s'empresse de relancer la campagne du volontariat, notamment en faisant ouvrir des bureaux d'engagement en zone libre.

Le 16 juin, la rencontre Laval-Sauckel aboutit à l'accord de « La Relève ». Accord honteux, puisqu'il prescrit la libération d'un prisonnier de guerre contre le départ pour l'Allemagne de trois ouvriers. Ce sera un nouvel échec, car, au 1er septembre 1942, sur 150 000 spécialistes exigés, il n'en part que 17 000. En Normandie, la proportion est encore plus faible, ce qui amène les préfets, en octobre 1942, à procéder au recensement des hommes de dix-huit à cinquante ans. La Relève n'ayant fourni que 5 300 hommes dans les cinq départements, le préfet régional se fâche, et adresse des courriers comminatoires à ses subalternes départementaux pour les inciter à « débusquer toutes les arguties, complicités ou autres qui battent en brèche les directives du gouvernement ». Il convient, écrit-il : « de veiller tout particulièrement aux abusives exemptions sollicitées par les petits patrons, de faire vérifier les certificats médicaux de complaisance qui déclarent inaptes

1. Le 18 avril 1942.

trop de requis, de bloquer les engagements dans la police et dans l'armée d'armistice, et de ne pas hésiter à faire arrêter et à remettre aux forces d'occupation tous les réfractaires connus ».

En octobre 1942, l'intendant de police de Rouen refuse que la police et la gendarmerie françaises recherchent les hommes qui ont fui pour se soustraire au départ outre-Rhin, mais il ne peut rien pour éviter que la Feldgendarmerie procède à des rafles en Seine-Inférieure et dans l'Eure pour former un convoi de travailleurs regroupés à Gaillon, puis embarqués à la gare de Mantes-Gassicourt.

Le 2 février 1943, Pierre Laval décrète le recensement de tous les Français nés entre le 1er janvier 1912 et le 31 décembre 1921. Le 16, il proclame le Service obligatoire du travail et, le 27 mars 1943, le Certificat de travail est institué; il doit être présenté à tout contrôle d'identité. Des contrôleurs civils, provenant des partis pronazis et des réformés de la L.V.F. effectuent des vérifications surprises dans les entreprises, à la sortie des cinémas, des manifestations corporatives, dans les cafés, et sur les stades. A Rouen, à la fin d'un match de football, 14 jeunes gens sont interceptés et immédiatement emmenés au centre de regroupement, au Havre; 23 autres sont raflés sur le port. A Argentan, un contrôle à la sortie de la gare se solde par l'arrestation de 17 personnes, dont trois femmes, qui doivent aussitôt reprendre un train de requis à destination de Paris. Le 23 avril, une escouade formée de Feldgendarmes et d'inspecteurs sociaux (c'est ainsi que sont désignés les auxiliaires de la police allemande), bloque le rapide de Cherbourg en gare de Lisieux et exige la présentation des papiers de tous les voyageurs : 53 personnes sont arrêtées, 76 valises de ravitaillement saisies, car ces messieurs ne dédaignent pas se procurer des produits alimentaires, tellement rares, à bon compte. La même opération se répète, le 6 mai, à Vire, à l'arrivée du train de Paris, et le 17, à Evreux, dans les autorails de correspondances. Mais, le 26 mai, à Serqueux, alors que la troupe de mercenaires s'apprête à contrôler l'express Rouen-Amiens, deux compagnies F.T.P.F., prévenues depuis le matin, se livrent à une attaque surprise qui met en fuite l'escouade franco-allemande, laquelle laisse sur le terrain trois blessés appartenant au P.P.F. de Seine-Inférieure, et dont l'un décédera le lendemain à l'hôpital de Rouen.

Néanmoins, ces coups de force ne suffisant pas à contenter Sauckel, Pierre Laval enjoint à ses préfets de durcir leur action. C'est ainsi que, le 10 juin 1943, le préfet régional Parmentier adresse un rappel virulent à ses subordonnés des départements normands :

« ... Je fais appel à votre sens du devoir et à votre patriotisme (sic) pour obtenir dans vos départements les résultats exigés. Je n'hésiterai pas à jeter dans la balance le poids des prérogatives exorbitantes du droit commun qui m'ont été conférées par le président Laval vis-à-vis des fonctionnaires et des chefs d'entreprise qui, par leur attitude, risquent de compromettre la Relève... Il reste à fournir 9 833 travailleurs dans la région... J'ai prescrit les mesures suivantes : tous les intéressés sont convoqués au Centre d'accueil où ils ont l'obligation de se présenter, même s'ils sont malades, inaptes, employés dans un service allemand ou dans une usine Rüstung... *C'est au Centre d'accueil qu'est signé le contrat de travail; l'office de placement allemand y délègue en permanence des mandataires. Le Centre d'accueil est consigné, les jeunes gens ayant signé leur contrat doivent y rester jusqu'au départ des convois qui ont lieu en principe tous les jours. J'ai pris cette décision pour éviter les défaillances, inévitables lorsque les intéressés peuvent encore retourner dans leur famille... Les circulaires 259, 2670, 2688, vous font part des mesures de police à prendre contre les défaillants. J'ajoute que j'ai l'intention, étant donné l'urgence, de saisir les parquets des procès-verbaux de non-présentation aux convocations... J'attire votre attention sur la nécessité d'effectuer les désignations de travailleurs à prélever dans le commerce avec la plus grande fermeté et la plus grande célérité ; quelles que soient les réactions, vous ne devez pas hésiter à faire partir les patrons ; qu'une gêne ou des privations en résultent pour le public, par suite de la fermeture des maisons de commerce, est sans importance. La Normandie a toujours fait son devoir. Il faut que le Gouvernement puisse également compter sur elle pour la Relève. Le président Laval lui-même me l'a encore demandé téléphoniquement le 9 juin dans l'après-midi, je lui ai confirmé que vos efforts amèneraient le résultat attendu.*

Le préfet régional
Parmentier. »

Cet extrait de la longue circulaire de Parmentier montre bien à quel degré de subordination sont parvenus les hauts fonctionnaires du gouvernement servile de Vichy, et Papon, tout comme Legay et Bousquet, en sont des symboles tragiques.

En août 1943, le nombre de réfractaires en Normandie dépasse la moitié des requis, et atteint même dans certaines agglomérations les trois quarts, comme à Cherbourg, Le Havre, Caen, Rouen, Argentan, Saint-Lô, Flers, Elbeuf, et Pont-Audemer. Le 15 octobre, il est mis fin en Normandie au transfert de travailleurs en Allemagne en raison des problèmes de main-d'œuvre qui affectent la construction des défenses allemandes du Mur de l'Atlantique. Mais cela n'améliore pas, bien au contraire, le sort des populations, car l'armée occupante, sans se soucier des réactions de l'administration française, procède elle-même à de vastes rafles en ville comme en campagne. Des centaines d'hommes et de femmes sont brutalement embarqués pour aller renforcer les effectifs de la Todt sur les côtes et parfois transférés sur les îles anglo-normandes. A partir du mois de décembre 1943, ce sont les Feldgendarmes et les agents de la Gestapo qui contrôlent les voyageurs et les promeneurs. Il est fortement déconseillé de flâner dans les rues ou de pédaler sur les routes de campagne, si l'on n'est pas muni d'une carte d'identité, d'un certificat de travail, d'un certificat de domicile, de titres de ravitaillement, voire, suivant les lieux et les heures, d'un *Ausweiss*, le tout parfaitement à jour. Mais cela ne suffit pas à satisfaire les occupants et, le 8 septembre, à Rouen, le conseiller allemand Schmidt réclame « la peine de mort pour les médecins complices et les fonctionnaires défaillants ».

Malgré ces mesures draconiennes et ces menaces, la main-d'œuvre se fait de plus en plus rare, car une masse de jeunes gens ont choisi d'entrer en clandestinité mettant à contribution les maquis et les formations résistantes pour leur trouver des planques. Des filières de cheminement et des officines de faux papiers leur procurent souvent les moyens de se soustraire aux réquisitions, mais le risque s'élève en même temps pour les patriotes qui ne savent jamais s'ils ont affaire à des gens traqués ou à des agents ennemis infiltrés. La Gestapo le sait qui multiplie ce genre de provocation payante.

L'économie allemande souffre terriblement des bombardements alliés qui anéantissent ses usines, aussi voit-on, en fin d'année 1943, des infrastructures entières être démontées pour être remontées en Allemagne. Il en est ainsi de la raffinerie de Notre-Dame-de-Gravenchon, du terminal pétrolier de Port-Jérôme, des ateliers de Paimbœuf, à Caen, des grosses presses de l'arsenal de Cherbourg, et de toutes les machines-outils du complexe de Sanvic, des grues du Havre et de Dieppe. Bien entendu, avec le matériel, le personnel part aussi.

Les séparations, les deuils accablent les familles normandes, ce n'est, hélas! pas fini!

Le désastre économique

Depuis la fin de l'année 1941, la situation économique n'a pas cessé de se dégrader. Les exigences des forces d'occupation se sont accrues en raison des difficultés croissantes du marché allemand. Le Reich, dont l'effort de guerre conditionne la vie économique de sa population, n'a plus d'autre solution que de pressurer toutes les ressources des territoires qu'il tient sous sa coupe. Cela se traduit par une recrudescence permanente des réquisitions. Son administration refuse de voir toutes les contradictions que sa politique de pillage suscite.

Ainsi en Normandie les agriculteurs sont imposés d'une façon démente, alors qu'on ne leur fournit pas les matières premières nécessaires à leurs exploitations, telles que les semences, les engrais, les cordages, les cuirs, la quincaillerie, les aliments pour bétail, les toiles et les sacs, les carburants, le charbon de bois, les pneus, les batteries, le carbure, le pétrole, sans oublier les vêtements, limités à l'attribution d'un bourgeron tous les deux ans et d'un pantalon par an. Les bottes et les brodequins indispensables dans les fermes, et dont la dotation est anarchique, ne sont plus bien souvent qu'un souvenir. A cela, s'ajoute un manque de main-d'œuvre qui ne permet pas dans certaines exploitations de poursuivre la culture de parcelles importantes. C'est le cas dans les plaines du Neubourg et de Caen où, faute de laboureurs, on ne peut emblaver des centaines d'hectares, mais l'administration occupante n'en a cure, et elle continue d'imposer ses réquisitions sur la totalité des terres. En novembre 1942, cette attitude irresponsable accule des familles paysannes à des réactions désespérées. Un cultivateur de La Barre-en-Ouche, dans l'Eure, tue son cheptel et met le feu à sa ferme. Un autre de Subligny, dans la Manche, se pend dans sa grange. Le 24 décembre, à Saint-Jouin, dans l'Orne, on retrouve les corps de trois personnes : le père, la mère et la belle-mère empoisonnés à la mort-aux-rats dans la salle commune de leur ferme avec sur la table, bien en vue, l'ordre de fournir avant le 30 quatre génisses à la Commission de réquisition « sous peine d'internement ». L'un des suicidés a écrit en travers sur cette feuille : « Où que j'les prendrais ? Vous m'avez pris les deux dernières au mois d'octobre ! »

Ces réquisitions de l'occupant donnent parfois lieu à des compromissions et à des injustices basées sur des querelles de clocher, et il arrive qu'elles tournent aux règlements de comptes locaux, car quelques édiles abusent parfois de leurs pouvoirs, dont celui de répartir les impositions dans leur commune, tel ce cas relevé à Beuzeville dans l'Eure :

Un herbager, M. Martial Dumant, qu'un contentieux parcellaire oppose au maire, lui-même possesseur de terres d'élevage, se trouve régulièrement astreint à fournir des bovins à la Commission de répartition. Tant qu'il va être en mesure d'y répondre favorablement, il ne rechigne pas trop, pas plus que ses collègues fermiers, car ces réquisitions ne vont évidemment pas sans protestations. Mais, un jour, M. Dumant s'aperçoit que d'autres, mieux lotis et plus aisés que lui, échappent deux fois sur trois aux ordres de livraison. Avec l'aide de quelques amis, il mène sa petite enquête et constate qu'effectivement certains noms ne figurent jamais sur les listes grâce à une simple astuce : les propriétaires de bétail font engraisser celui-ci dans des pâtures voisines, mais situées sur le territoire d'un autre département ! de sorte que non-imposables dans ces localités puisqu'ils n'y sont pas domiciliés. N'ayant à déclarer que les bêtes élevées dans leur ferme habitée, ils limitent des trois quarts les impositions. Bien évidemment, tout le monde, le maire en tête, est au courant de ce tour de passe-passe, et une juste répartition aurait tôt fait de rétablir l'équité, mais qui prendrait le risque de s'attaquer au premier magistrat du pays, par ailleurs épaulé par le chef de district du Ravitaillement qui, ce faisant, assure aussi le sien ! Mais M. Dumant est obstiné et révolté par ces magouilles. Il remue donc ciel et terre pour dénoncer ces injustices. Il envoie lettre recommandée sur lettre recommandée au préfet, au directeur départemental du Ravitaillement, au président de la Commission de répartition, et même au ministre de l'Agriculture, à Vichy ! Peine perdue. De guerre lasse, il requiert un huissier pour constater qu'on lui refuse la communication en mairie des listes de réquisitions, mais cela ne donne rien de plus. Les ordres de livraison continuent : décembre 1943, janvier 1944, assortis de menaces de répression. Le 20 janvier, il adresse un nouveau courrier au ministère de l'Agriculture qui accuse réception, le 27, en déclarant qu'il demande au préfet l'ouverture d'une enquête. N'ayant plus aucune nouvelle en avril 1944, et recevant un autre avis d'avoir à livrer 3 bovins – qu'il ne possède pas ! –, M. Dumant, démoralisé, va se jeter dans une mare. Fort heureusement pour lui, le passage inopiné d'une sizaine de résistants du groupe Sorel lui sauve la vie. Il est repêché, ramené chez lui, revigoré, et il explique ses malheurs à ses sauveteurs. Le soir même, vers vingt-deux heures, le chef de section des F.T.P.F. Pierrot (Pierre Vallée) enfonce la porte du maire avec six de ses hommes et lui interdit « sous peine de représailles » de fournir au district d'autres listes de réquisitions. La menace aura été suffisante, car M. Dumant ne recevra plus de nouveaux ordres, pas plus d'ailleurs que les autres agriculteurs de la commune [1].

Cette petite anecdote nous montre que si les magistrats municipaux nommés à la tête de « délégations » par le pouvoir préfectoral n'ont pas en ville une place enviable, il n'en est pas de même dans les secteurs ruraux où ils se conduisent parfois, avec la complicité des occupants et de leurs féaux, comme de véritables potentats. Il ne faut certes pas généraliser, car certains maires comme ceux de Cambremer ou de Beaufour, dans le Calvados, MM. Grandval et Néel, seront arrêtés pour ne pas avoir appliqué avec toute la célérité voulue par l'administration allemande les mesures de réquisitions de main-d'œuvre ou de produits alimentaires. D'autres connaîtront la prison et parfois la

1. Documentation du F.N. de Beuzeville. Voir pièces en annexes.

déportation pour leur manque de « vigueur » dans la mise en place des ordonnances édictées par les Kommandanturen. Et celles-ci deviennent de plus en plus contraignantes au fur et à mesure que les revers militaires affectent l'économie du Reich.

A partir de l'automne 1943, les occupants ne se donnent même plus la peine de masquer leurs ponctions en s'abritant derrière les commissions de réquisitions. Ils interviennent directement auprès des préfets et des maires, exigeant telle ou telle fourniture : ravitaillement, fourrage, grains, bovins, ovins, chevaux, pommes de terre, légumes secs, laitages, au gré de leurs besoins locaux, ce qui n'empêche nullement les impositions de leur administration centrale destinées à l'économie du Reich.

Sur le littoral, dans le cadre de leurs travaux défensifs des côtes, ils pillent les carrières et les briqueteries, raflent les stocks de gravier, de sable destinés à l'entretien des routes, s'emparent des clôtures de barbelés pour les transformer en chevaux de frise, dévalisent les scieries, font procéder à des abattages d'arbres, et n'hésitent pas à cerner une bourgade pour y récupérer tous les hommes valides, et souvent aussi les femmes, contraints de travailler sur leurs chantiers. Dans la Manche, ce sont ainsi 1 650 personnes qui sont affectées à l'organisation Todt. En décembre, l'effectif des requis s'élève à 5 300 dans ce département dont 3 500 au service direct de la Wehrmacht et 1 800 à la Todt. Fin octobre, les maires de l'arrondissement de Dieppe ont été informés qu'il leur faudrait fournir pour la fin de l'année un contingent de 1 500 travailleurs pour les constructions défensives, entre Criel et Le Tréport. Le représentant de Sauckel en Normandie, le docteur Dietrich, décrète la convocation dans chaque chef-lieu de tous les jeunes gens de dix-huit à vingt-cinq ans, ceux qui défèrent à cet ordre sont immédiatement encadrés et dirigés vers l'Allemagne ou les chantiers de la Todt. Dans le même temps, les réquisitions de chevaux s'intensifient : 650 sont prélevés dans l'Orne entre juin et août 1943. En novembre, 570 dans le Calvados, 329 dans l'Eure, 480 en Seine-Inférieure, et 260 dans la Manche prennent le chemin des écuries allemandes. Les trois quarts des attelages ruraux doivent assurer les charrois de l'armée d'occupation. Les haras sont réquisitionnés.

Pénurie dramatique et... marché noir florissant !

L'hiver 1943-1944, dont toute la France souffre, ne ménage pas la Normandie. Déjà un automne exécrable a perturbé les récoltes, particulièrement celles des pommes de terre et des betteraves. Après les pluies diluviennes, la neige et le gel ont encore ajouté aux difficultés. Dans les villes, les conditions de vie s'aggravent de jour en jour. Faute de nourriture suffisante et du manque dramatique de calories qui s'ensuit, les maladies frappent durement : grippes, angines, oreillons, varicelles, coqueluches, bronchites, pour ne citer que les plus courantes, touchent les enfants et les vieillards. En janvier, il faut fermer trois écoles à Evreux, deux à Saint-Lô, quatre à Caen, deux à Dieppe, ainsi que deux collèges de Rouen et du Havre. Pour compliquer un peu plus les choses, l'arrivée de nouvelles troupes de la Wehrmacht, formées à 80 % de volontaires asiatiques russes, nécessite la mise à disposition de nouveaux locaux. Les hôpitaux de Cherbourg, de Saint-Hilaire-du-Harcouët, de La Ferté-Macé, d'Aunay-sur-Odon, de Fécamp, de Dieppe, de Lillebonne, de Grugny, du Havre, ainsi que le sanatorium de la Musse sont fermés, faute de moyens, en une période où ils seraient tellement nécessaires. Le marché noir bat son plein malgré les opérations surprises des agents du Contrôle économique. Les prix de ce marché parallèle connaissent des sommets, alors que le pouvoir d'achat du monde du travail ne cesse de se dégrader. Entre 1940 et mars 1944, les prix ont augmenté de 510 pour cent, alors que les salaires n'ont pas dépassé une hausse de 155 pour cent. Un rapport du commandant de la gendarmerie de Pont-Audemer [1] établi à l'intention du préfet, le 16 novembre 1943, indique que dans les deux principales usines de la région, La Papeterie de la Risle et les Tanneries Costil, les ouvriers touchent entre 445 F et 518 F pour une semaine de 48 heures. Ce qui représente des émoluments mensuels de l'ordre de 1 800 à 2 000 F. Il est évident que ce n'est pas dans cette catégorie sociale – la plus nombreuse – qu'il faut rechercher les acheteurs de beurre à 140 F le kilo

1. Rapport du lieutenant de gendarmerie Sipoly. N° 725/2 du 16 novembre 1943.

ou de fausses cartes de pain à 400 F. Alors que le cours officiel des pommes de terre s'affiche à 1,60 F le kilo, ils peuvent s'en voir offrir à 25 et 35 F le kilo. Dans certains restaurants de Caen, de Rouen, de Deauville ou de Lisieux, on sert aux clients fortunés et connus des menus « d'avant-guerre » à des prix variant de 600 à 900 F par personne ! Au Havre, au mois de décembre 1943, un « négociant » en bois et charbon pouvait vous « dépanner » en boulet anthracite à 3 800 F la tonne, alors que celui vendu avec la carte, donnant droit à 50 kg par mois (quand il y en avait !), revenait à 490 F la tonne, soit 24,50 F le sac. Dans quelques arrière-boutiques de Cherbourg, il était possible – par relations – de se procurer du véritable chocolat à 250 F la tablette et des cigarettes à 120 F le paquet. Dans certaines fermes de l'Orne, des familles alençonnaises n'hésitent pas à payer les volailles, poulets, pintades, canards, oies, dindes, jusqu'à 500 F le kilo. L'abattage clandestin permet à des bouchers ou à des cultivateurs de vendre des rôtis de veau, de porc, ou de bœuf, sur le pied moyen de 450 à 750 F le kilo. Le troc allèche nombre de paysans qui échangent leurs produits contre du tabac, des vêtements, des chaussures, du sucre, du café, des pneus de vélo, du pétrole, et autres denrées rares proposées par des margoulins de la ville roulant – grâce à quelles compromissions ? – dans des voitures à gazogène. C'est le temps de la combine, et de la foire d'empoigne durant lequel une minorité sans scrupules affame un peu plus une majorité de déshérités, taillables et corvéables à merci. Le monde agricole se divise en deux catégories : ceux qui commencent à emplir leurs lessiveuses de billets de banque amassés sur le dos de la misère populaire et ceux qui se dévouent pour la soulager. Lesquels sont les plus nombreux ? Poser la question, c'est déjà y répondre !

Dans cette époque où tout n'est que paradoxes, celui qui se manifeste le plus dans les milieux paysans apparaît sous son double aspect : d'une part, les cultivateurs éprouvent les plus grandes difficultés à effectuer leurs travaux, par suite du manque de matières premières et les impositions qui les frappent ; de l'autre, beaucoup d'entre eux se trouvent à la base de l'intensité du marché noir en réservant leurs produits disponibles aux trafiquants de tout genre et, parfois même, il faut le dire, aux forces d'occupation. Les règlements de comptes à la Libération trouveront là leur origine.

Mais il n'y a pas que les automobilistes « débrouillards » qui sillonnent les campagnes, la pénurie générale suscite des vocations ! Ainsi une brave dame d'Asnières dans la Seine effectue régulièrement chaque semaine le trajet Paris-Lisieux. En cette période où prendre un train relève quasiment du parcours du combattant : place à louer au moins quinze jours à l'avance, billet d'admission à retirer la veille du voyage, validation des tickets de contrôle aux quais une demi-heure avant le départ, enregistrement des bagages, etc., cette accorte personne s'en remet pour toutes ces formalités à un employé des chemins de fer qui reçoit en contrepartie de son dévouement une livre de beurre, un rôti, et diverses denrées d'accompagnement. Moyennant quoi, la voyageuse arrive dix minutes avant le départ, monte dans le wagon où sa place est réservée et retrouve à Lisieux un autre employé portant ses valises, rétribué en tabac ou autre produit difficile à se procurer. Au café de la place Thiers, elle se restaure dans l'arrière-salle – sans avoir besoin de titres d'alimentation – et part en début d'après-midi dans la carriole venue la chercher. Un séjour de vingt-quatre heures à la ferme de Fervacques lui permet de faire le plein de ses valises, vidées auparavant des produits de troc, et, par le même cheminement qu'à l'aller, elle retrouve la gare Saint-Lazare et le dévoué porteur qui pousse l'amabilité jusqu'à sortir les bagages par l'accès des messageries, évitant ainsi la possible curiosité d'un agent du Contrôle économique. Du début de l'année 1942, jusqu'à la fin de 1945 (car la Libération n'a pas interrompu le petit marché), cette discrète trafiquante va ainsi se constituer un « trésor de guerre » qui lui permettra d'acquérir, en 1946, un superbe pavillon à Colombes et une villa à Cabourg [1] ! Modeste profit, par rapport aux fortunes amassées par quelques-uns, mais significatif du comportement d'un certain nombre de gens dans une situation donnée. Bien que différents sur la forme et sur le fond, les agissements d'opportunistes affairistes ont été, et seront toujours, de tous les temps (consultons nos quotidiens habituels !).

Ces margoulins « affameurs » – ainsi que les appellent les éditorialistes de la presse asservie dont les tables sont pourtant amplement garnies grâce à eux ! – veulent évidemment

1. Témoignage familial de l'auteur.

ignorer la grande misère populaire. Des explosions de colère ébranlent le ronron des fonctionnaires de l'Etat français, malgré la présence des troupes d'occupation. C'est le cas aux usines Nobel d'Ablon, près d'Honfleur, dont les ouvriers se mettent en grève pour obtenir un supplément de pain et de viande. Même attitude du personnel des ateliers Requillard à Charleval, de celui des tanneries Costil à Pont-Audemer, des carriers de Gathémo dans la Manche, des requis de l'arsenal de Cherbourg, des cheminots de la gare d'Argentan, des terrassiers des mines de Potigny, des dockers du port de Rouen, des bûcherons de la forêt d'Andaine. De violentes manifestations de ménagères se produisent à Caen, à Lisieux, à Honfleur, à Bernay, à Sotteville, à Saint-Lô, à Flers, et au Havre, où la police procède à une dizaine d'arrestations. En janvier 1944, les boulangers de Granville et d'Avranches demeurent quinze jours sans recevoir de farine et ils doivent fermer leurs boutiques. La situation à ce moment est plus que préoccupante dans le département de la Manche qui n'est plus ravitaillé en blé – habituellement venu de l'Eure – en raison du manque de wagons et de carburant. En Seine-Inférieure, où les battages ont été aléatoires pour des motifs de main-d'œuvre, la perte de céréales s'élève à 28 % des récoltes. De plus, les conditions météorologiques désastreuses ont causé le pourrissement de centaines de tonnes de pommes de terre dans les plaines du Neubourg, de Caen, en pays de Bray et dans le Vexin. La situation s'aggrave encore d'une façon générale au cours du mois de février avec la pénurie de charbon qui touche non seulement les foyers domestiques, mais également les dépôts de locomotives. Dépendant uniquement de la traction à vapeur, les trains disponibles sont réservés aux transports des troupes et du matériel de l'occupant qui ne renvoie pas les wagons partis chargés de marchandises pour le Reich. Il en résulte un marasme grandissant dans les remises et ateliers de la S.N.C.F. de Sotteville, Argentan, Serqueux, Caen-Mondeville, Sourdun, Mézidon, Granville, Cherbourg, Evreux, et Mantes, pour ne citer que ceux dont les dépôts fournissent les lignes normandes. Dans les principales villes de la province, mais aussi dans quantité de bourgades, les commerçants ne peuvent honorer en février, mars et avril 1944 les titres d'alimentation. Malgré les communiqués de répartition qui indiquent chaque semaine dans les journaux les attributions de denrées alimentaires suivant les cartes (E-J1-J2-J3-A-V-) aucune distribution de riz, d'huile, de sucre, de pâtes, de lait condensé, de légumes secs, et de pommes de terre ne pourra être assurée. Des localités connaissent une disette quasi totale comme : Carentan, Torigny, Périers, La Haye-du-Puits, Valognes, Falaise, Saint-Pierre-sur-Dives, Aunay-sur-Odon, en Basse-Normandie, et Yvetot, Saint-Saëns, Lillebonne, Fécamp, Tôtes, Louviers, Le Neubourg, Vernon, Damville, Rugles, en Haute-Normandie. Les préfets doivent organiser des centres de ravitaillement pour les enfants, mais ce ne seront que des opérations éphémères qui ne solutionneront rien. Cette carence dramatique provoque une recrudescence d'actes de brigandages et de pillages. Sur le littoral où travaillent beaucoup d'ouvriers étrangers et de requis soumis à un dur labeur avec des privations alimentaires quotidiennes, les désertions s'amplifient de jour en jour. Tous ces déserteurs se répandent dans les campagnes où ils rançonnent et volent les agriculteurs et les commerçants. Ainsi se forment de véritables bandes d'individus qui se réclament du titre de maquisards pour dissimuler leur état de hors-la-loi de droit commun. Devant les protestations de la population, les Résistants doivent intervenir en les pourchassant afin d'assainir leur rôle patriotique. Il en découle une vague d'exécutions sommaires, car les combattants de l'ombre ne s'embarrassent pas de fioritures envers ceux qui ternissent leur réputation. Les gendarmeries – dont certaines ne sauront pas faire la distinction entre vraix et faux résistants –, traquent également ces troupes de bandits. Comme de leur côté les Allemands renforcent sans cesse leurs contrôles, on va voir disparaître progressivement le plus gros de ce banditisme, mais certains petits groupes isolés réussiront à se maintenir sous couvert d'actes de résistance.

Depuis la fin de l'année 1943, beaucoup d'usines et d'ateliers ont dû réduire, ou même cesser leur activité, ne disposant plus des matières premières nécessaires à leurs fabrications. Menacé de départ pour l'Allemagne, le personnel licencié préfère renoncer à se déclarer chômeur et perd de ce fait les quelques minces avantages auxquels il pouvait prétendre. Pour la première fois depuis le début de la guerre, la misère physiologique touche des foyers de travailleurs. En janvier 1944, des médecins de l'agglomération rouennaise adressent un virulent rapport au préfet régional pour lui signaler 458 cas de dénutrition infantile, cependant que leurs confrères de la Manche lancent un appel d'urgence au Secours national pour « sauver de la famine des centaines de gosses du département ». Mais personne, pas plus au Secours national qu'aux préfectures, ne semble s'intéresser au sort de ces gamins dont les familles se trouvent de plus en plus disloquées. En effet, le 1er février 1944, l'Etat français promulgue un décret qui impose le S.T.O. à tous les Français de seize à soixante ans et aux Françaises de dix-huit à quarante-cinq ans. Aucun changement d'emploi n'est autorisé sans l'accord du service de la Main-d'Œuvre.

Toutes ces décisions autoritaires font l'objet d'appréciations enthousiastes dans la presse normande, complètement tombée dans les filets de la Propagandastaffel. Du *Journal de Rouen* à *L'Ouest-Eclair*, du *Bonhomme normand* au *Journal des Andelys*, du *Journal de Normandie* à *La Presse caennaise*, du *Petit Havre* au *Paysan normand*, etc., tous applaudissent. Triste constat!

Le fer et le feu, ici commence l'enfer des Normands

Qui pourrait prétendre aujourd'hui que le cœur y était quand, le 1er janvier 1944, les Normands échangeaient leurs vœux? Trop de difficultés, de souffrances, de séparations, de deuils, pesaient sur le moral des populations. Dans chaque famille plus ou moins dispersée, on ne souhaitait réellement qu'une seule chose : la fin des épreuves qui ramènerait, espérait-on, un minimum de ce bien-être disparu depuis quatre ans. Les mères de famille qui tenaient chaque jour à bout de bras la survie de leurs enfants, épuisées, sous-alimentées, se sentaient au bout du rouleau. Les gosses que l'insouciance de la jeunesse n'empêchait pas de ressentir perpétuellement les affres de la faim, et les pauvres vieux abandonnés, démunis, dans leurs logements sans feu subissaient des rigueurs hivernales et des privations auxquelles les onctueux verbiages paternalistes de Pétain n'apportaient aucun remède.

Qui aurait pu leur prédire à tous ces malheureux que le plus dur allait survenir du ciel ?

Depuis plusieurs mois, les Normands s'étaient habitués à entendre chaque jour, et surtout le soir, le ronronnement des escadrilles alliées portant leurs cargaisons de bombes sur les objectifs du Reich. De temps en temps, certains sites industriels de la province avaient également subi des raids destructeurs. A chaque fois, les « éclaboussures » s'étaient propagées sur les quartiers proches, faisant des victimes et des blessés. Mais ce n'était, hélas ! que des escarmouches en comparaison de ce qui attendait la population en ce printemps de 1944. Certes, les bombardements sur Caen (25 juillet 1941, notamment), sur Le Havre (les 15 et 16 septembre 1941), sur Rouen (août, septembre 1942, décembre 1943), Sotteville et Le Grand-Quevilly (mars, avril 1943), ont fait de nombreuses victimes, mais toute l'agglomération rouennaise va connaître, à partir du mois d'avril 1944, un déluge quasi permanent de fer et de feu.

Dans la nuit du 18 au 19 avril, des vagues successives d'appareils britanniques lâchent sur la ville elle-même 345 bombes de 250 à 300 kg, cependant que les communes de banlieue, particulièrement Sotteville, Grand-Couronne, Le Petit-Quevilly, Bonsecours, Boisguillaume, subissent d'énormes ravages. Le 25, la préfecture annonce 5 430 points de chute sur Rouen et sa périphérie. Durant deux jours, malgré le renfort des pompiers de toutes les villes de Haute-Normandie, le feu dévore des milliers d'immeubles dans toute cette zone de la cité et de sa ceinture ouvrière. Des centaines de sinistrés, fous de terreur, errent dans le chaos démentiel des ruines, des décombres, des flammes et des explosions. Au hasard de leur cheminement, les sauveteurs ramassent des lambeaux de corps déchiquetés qu'ils doivent entasser dans des bâches ; des fragments humains pendent dans les ouvertures béantes des habitations. Les canalisations sont rompues, il faut aller brancher les tuyaux des pompes dans la Seine. Visions d'apocalypse que les survivants n'ont jamais pu chasser de leur mémoire.

Combien de victimes ? Impossible de le savoir avec exactitude, car trop de cadavres ont été rassemblés en hâte et emmenés. On a également disposé dans le même cercueil des troncs et des têtes de personnes différentes. Le seul décompte effectué a été celui de ces cercueils : 447 rien que pour Rouen et Sotteville. Un premier bilan établi le 25 avril indique que 2 800 immeubles ont été totalement détruits et 1 560 gravement endommagés. Le 21, un second bilan fournit le chiffre de 896 morts et 78 disparus pour l'agglomération, mais il augmentera encore lorsque les ruines se déblaieront.

Il devient évident que toute l'infrastructure routière et ferroviaire de Seine-Inférieure risque de faire l'objet d'autres bombardements, car la radio de Londres incite les populations riveraines à partir. Le préfet et le maire décident alors d'évacuer les civils non indispensables à l'économie régionale, les femmes, les enfants, et les personnes âgées en priorité. Le 1er mai, un train emmène pour la région de Châteaudun 310 Rouennais, 270 Havrais et 86 Dieppois. Le 5, avec l'aide du Secours national et de la Croix-Rouge un second convoi part pour Nogent-le-Rotrou ; le 7, le 8, le 10 et le 19, quatre nouveaux départs à destination du Loiret, de l'Indre, du Loir-et-Cher, s'effectuent depuis Le Havre et Rouen. Excellente initiative, car le 7, le 8, et le 9 des raids aériens s'attaquent aux sites d'Elbeuf, d'Orival, d'Oissel, de Maromme, de Sotteville, de Saint-Etienne-du-Rouvray, de Malaunay, de Tourville, et les bombes s'abattent sur Buchy, Fécamp, Saint-Valéry, Auffay, Vernon, Pont-de-l'Arche, et... Rouen. Le trafic ferroviaire se trouve interrompu vers l'ouest, la préfecture décide alors de poursuivre l'évacuation en direction du nord et de l'est, mais les forces d'occupation s'y opposent car elles se réservent ces lignes pour leur propre trafic. Il reste maintenant bien peu de possibilités de quitter le « Grand Rouen ».

Pétain en Normandie : une visite symbolique

Dimanche 14 mai 1944, fête de Jeanne d'Arc : tout un symbole pour le Maréchal qui a stigmatisé « la haine de l'Angleterre pour la cité de Corneille ». Astreint à résidence par les Allemands qui craignent son enlèvement par des parachutistes, il séjourne depuis le 7 mai au château de Voisins, près de Rambouillet ; il a décidé de se rendre en Normandie pour « réconforter la population, victime de nouveaux crimes britanniques ».

Vers onze heures, il arrive dans la cour d'honneur de la préfecture où l'accueillent les préfets Dramard et Guérin. Après avoir salué les personnalités de la région, il assiste à une courte réception, puis part pour l'église Saint-Ouen où l'attend l'archevêque qui l'assure de « *son respect, de son attachement, et de sa reconnaissance pour son œuvre de rénovation* ». Le Maréchal prononce alors une très courte allocution pour dire « son émotion devant le spectacle de cette belle cité mutilée » puis il exprime sa sollicitude pour les habitants. C'est tout, c'est peu pour évoquer les souffrances de milliers de gens. Mais c'est suffisant pour contenter cette foule venue l'acclamer, car, comme dans toutes les villes qu'il visite, le chef de l'Etat voit se presser autour de lui toute une population délirante d'enthousiasme. Comment expliquer cette contradiction lorsque l'on sait qu'à ce moment plus de quatre-vingts pour cent des Français maudissent sa politique et qu'ils ne s'en cachent guère ! C'est vrai que l'image d'Epinal ne s'est détériorée que très lentement, qu'il a fallu la triste poignée de main de Montoire et les propos brutaux sur l'engagement dans « la voie de la collaboration » pour ouvrir bien des yeux. Et on lui reproche beaucoup de choses : son renoncement prématuré à la lutte, sa passivité devant l'invasion de la zone sud au mépris des accords d'armistice, son silence officiel sur les exécutions d'otages, son refus de partir pour l'Afrique du Nord, son indifférence pour les exilés du S.T.O., la complicité de son gouvernement et de son administration dans l'arrestation des juifs, l'acceptation tacite des spoliations et des pillages, son manque de réactions envers les exactions de la Milice et des S.S., sa politique fratricide au Levant et en A.F.N., ses paroles d'encouragement pour les volontaires de la L.V.F., et puis, si là il n'en est pas vraiment responsable, le marasme économique qui se traduit par des restrictions de plus en plus draconiennes.

Oui, comment dès lors comprendre l'enthousiasme des populations qu'il visite ? Il semble que l'on puisse baser cette euphorie sur deux éléments :

Le premier, c'est que l'apparition du drapeau tricolore – interdit depuis 1940 – et le retentissement de *La Marseillaise* qui marquent son passage, représentent une possibilité de défoulement patriotique sans risques. Dans l'esprit d'une majorité de gens, cette manifestation de fidélité au chef de l'Etat reste avant tout une bravade des Français devant l'occupant, une sorte de pied de nez adressé au Reich.

Le second élément tient à notre avis à la personnalité même de Pétain qui demeure dans l'histoire de France le vainqueur de Verdun, l'un de ces chefs qui terrassèrent l'impérialisme allemand en 1918. Pour beaucoup, il évoque la grandeur du pays, son auréole internationale, sa puissance nationale, ses victoires militaires. Et puis, il ne faut pas négliger l'impact – abondamment diffusé d'ailleurs – de ses discours de 1940 concoctés par son entourage de fins psychologues. Des phrases slogans telles que « Je hais les mensonges qui vous ont fait tant de mal », « La terre elle, ne ment pas », « Je fais à la France le don de ma personne », « On a voulu épargner l'effort, on rencontre aujourd'hui le malheur », « Je tiens toutes mes promesses, même celles des autres », etc., ont contribué à répandre dans le public l'image du patriarche qui reprend en main la direction des affaires, après avoir laissé sa descendance faire la preuve de son incurie et de son incompétence. Or, en ces années 1940-1944 qui accumulent les épreuves, la population éprouve le besoin d'avoir un « père », voire un « grand-père » pour se sentir protégée. Bien sûr, la plupart des Français ne se font guère d'illusions sur le bouclier Pétain, les occupants démontrent chaque jour qu'ils se moquent des remarques et des observations du « vieux monsieur de Vichy » comme le nomme l'ambassadeur Otto Abetz, mais, jusqu'au débarquement, beaucoup vont vouloir s'entêter dans la fable : Pétain représente le bouclier et de Gaulle le glaive. Tout ce fatras de bonnes et mauvaises raisons aboutit aux explosions populaires qui marquent le passage du Maréchal. Dès son entrée sur le sol français, le général de Gaulle sera l'objet des mêmes déplacements de foules et des mêmes ovations, ce qui permettra à notre éminent confrère et ami Henri Amouroux de dire avec quelque humour que la France comptait en 1944 quatre-vingts millions d'habitants ; les quarante millions qui avaient frénétiquement applaudi Pétain en mars, avril et mai, et les quarante millions qui avaient non moins frénétiquement applaudi de Gaulle en juin ! En fait, et rien n'est changé de nos jours, la majorité qu'on a appelée « attentiste » dans les années d'occupation, et « silencieuse » un peu plus tard, a toujours eu besoin d'un tuteur de pensée. Incapable de jugement personnel et de réflexion intérieure, elle réagit, vote et manifeste en fonction d'éléments propagandistes, d'apparats publics, de campagnes médiatiques, et de slogans démagogiques. Ceci explique le mouvement de bascule des résultats électoraux et le succès de certains bouleversements sociaux. Mais tout a un prix, et celui de la démocratie impose de composer avec cette « majorité » versatile.

A peine la voiture du Maréchal a-t-elle quitté Rouen que la Gestapo arrête le préfet, M. Guérin, qui vient d'accueillir le chef de l'Etat, ce qui montre bien de quelle façon les Allemands traitent le pouvoir et l'administration du gouvernement de Vichy!

Le périple officiel passe par Louviers, avant une halte à Evreux. La réception populaire y manque un peu de chaleur et d'enthousiasme, peut-être en raison de la présence d'une escorte motocycliste de la Feldgendarmerie exigée par les autorités locales d'Occupation. Visiblement fatigué, et sans doute mécontent de ce voyage très surveillé par les Allemands, Pétain éprouve quelques difficultés à prononcer son discours qu'il écourte manifestement. Sans doute aussi se rend-il compte que sa personne fait l'objet de l'attention rapprochée des représentants du Reich qui craignent une fuite ou un enlèvement du Maréchal dont ils ont toujours besoin pour leur politique européenne. Après lui avoir fait quitter Vichy pour l'amener au château de Voisins, ils vont d'ailleurs le faire repartir pour la ville d'eaux lorsque va se préciser la possibilité d'un débarquement en France. Au retour, il demande à visiter Nancy, Epinal, Dijon, Lyon et Saint-Etienne, ce sera son dernier déplacement de chef de l'Etat avant son transfert à Belfort, le 21 août, puis à Sigmaringen, le 8 septembre [1].

1. Philippe Pétain, rentré en France via la Suisse, sera arrêté à Vallorbe, le 26 avril 1945, par le général Kœnig. Traduit devant la Haute Cour de justice, le 23 juillet 1945, il est condamné à mort le 14 août. Peine commuée en détention à perpétuité par le général de Gaulle. Il est mort à Port-Joinville, le 23 juillet 1951, et a été inhumé à l'île d'Yeu.

Depuis le 16 mai, les alertes ont été quasiment ininterrompues sur le littoral et sur l'agglomération rouennaise. Sans arrêt, de jour comme de nuit, le bourdonnement des avions n'a pas cessé. Des pluies de bombes sont tombées à Rouen le 25 sur la place Foch, sur le Champ-de-Mars, sur le pont aux Anglais (le bien nommé !), et sur Eauplet. Des engins de gros calibre (1 000 kg) s'abattent le lendemain sur les ponts du Manoir, d'Oissel, et leurs pourtours, causant encore de nombreuses victimes. Le 27, en début d'après-midi, alors qu'un train venant de Paris est bloqué sur la rive gauche, des torpilles d'une tonne et des mitraillages incendient les wagons, l'un d'eux reçoit une bombe de plein fouet, et ses quarante-huit voyageurs périssent carbonisés. D'autres vagues de bombardiers attaquent les infrastructures d'Orival et de La Londe, les entrepôts de Gonfreville-l'Orcher et de Port-Jérôme, la base maritime du Havre, des vedettes allemandes en rade de Dieppe, et les casemates de Montivilliers. Vers 17 heures, le dimanche de Pentecôte, le viaduc d'Eauplet reçoit cinq bombes de 1 000 kg et toute sa partie nord s'effondre. Dans le même temps, les camps d'aviation d'Evreux-Fauville, de Saint-André-de-l'Eure, de Conches, et de Triqueville, encaissent des rafales de torpilles qui labourent les pistes et détruisent les hangars.

Dans le Calvados, l'aérodrome de Carpiquet, les sites de Tailleville, les entrepôts de la N.S.K.K.K. (Todt) à Courseulles, les casemates du Mont-Canaisy à Deauville, la batterie de Vasouy, font l'objet de raids sans grandes conséquences pour les civils.

Ce n'est pas le cas à partir du mardi 30 mai sur les régions rouennaises et havraises pour lesquelles commencent ce que les Hauts-Normands appelleront : « la Semaine rouge ».

Cela commence le 30 mai vers 11 heures. Après une première alerte à 9 h 30, le signal de fin retentit à 10 h 25. A peine trois quarts d'heure plus tard, nouvel appel des sirènes, mais, cette fois, amplement justifié ! En trois vagues : 11 h 10, 11 h 35 et 11 h 45, les appareils « alliés » larguent plus de 160 bombes de 1 000 kg sur tout le centre de Rouen. La ville retrouve ce spectacle effrayant qu'elle a connu le 18 et le 19 avril. Des quais du pont Boieldieu à la place Carnot, du quai de la Bourse au palais des Consuls, de la rue Jeanne-d'Arc au quai du Havre, de la rue Charrette à la rue Grand-Pont, d'immenses flammes secouées d'explosions marquent la destruction des quartiers. La rive gauche n'a pas été épargnée, puisque la gare d'Orléans, la rue Saint-Sever, la rue Lemire, la rue Dutronché, ne sont plus que des amas de ruines en feu. Dans tous ces secteurs, lorsque, quelques jours plus tard, on parviendra à atteindre les centaines d'habitants écrasés, asphyxiés ou noyés dans les caves, il faudra doter les sauveteurs de masques tant l'odeur est pestilentielle et leur seule tâche consistera alors à recouvrir de chaux tous ces cadavres qu'on ne pourra même pas identifier. La détresse générale apparaît si intense que les autorités incitent tous les survivants à partir, mais pour aller où ? et comment ?

Peu après midi, le lendemain, deux vagues de 60 avions lâchent 140 nouvelles bombes sur le quai de Paris, la place Henri-IV, la place de la Pucelle, rue aux Ours et quai du Havre. On renonce à compter les victimes, d'ailleurs il n'y a plus de personnel pour le faire, et aucun cercueil, les dépôts des Pompes funèbres ayant été anéantis.

Le 2, le 3, le 4 et le 5 juin, 137 bombes de gros tonnage vont encore s'abattre sur cette cité martyre sans que l'on puisse encore comprendre plus de cinquante ans après, les raisons qui ont motivé cet acharnement, alors que plus aucun objectif – pont, tunnel, viaduc, entrepôt, raffinerie –, n'avait échappé à la furie des raids. A sept reprises, les formations locales de Résistance ont adressé des messages-radio à Londres pour indiquer qu'il n'y avait plus rien de stratégique à détruire. Chaque fois, la même réponse laconique leur revint : « Transmis au Bomber Command. Merci. » Personne n'a jamais fourni la moindre explication à ce sujet !

La seule chose certaine que l'on sache, et qui ajoute encore à l'horreur du drame, c'est que ces bombardements entraient dans le cadre de l'opération Fortitude, qu'ils n'avaient donc en fait d'autre but que de laisser croire aux Allemands que le débarquement s'effectuerait sur les côtes entre Le Havre et Calais afin qu'ils y maintiennent leurs divisions blindées tandis que l'opération Overlord se préparait sur le littoral du Calvados de Ouistreham à la baie des Weys.

De la même façon qu'ils sacrifièrent quantité de Résistants de plusieurs réseaux pour accréditer ce bluff, les stratèges alliés firent bon marché des vies normandes, et de leur patrimoine.

Le monde retient son souffle...

Le 1er juin, la B.B.C. passe à plusieurs reprises le message : « L'heure des combats viendra. » Pour la Résistance normande, il signifie l'état d'alerte en vue d'un débarquement imminent, et impose la mobilisation de tous les clandestins à leurs postes de combat. (On en suivra le déroulement dans les deux ouvrages qui suivent celui-ci [1].) Mais les services de renseignements allemands enregistrent eux aussi cette phrase-symbole dont ils n'ignorent pas qu'elle signifie l'imminence d'un débarquement des Alliés. Le hic, c'est qu'ils n'en connaissent pas le lieu car le plan « Fortitude » a parfaitement rempli son rôle. Les troupes anglo-américaines vont-elles prendre pied sur le continent à partir des plages de Bretagne, de Haute ou de Basse-Normandie, de la Somme ou du Nord, voire en Belgique ? L'opinion à ce sujet des chefs de l'Armée du Reich diffère. Pour le Feldmarschall von Rundstedt un débarquement ne peut se faire que sur les côtes du Pas-de-Calais en raison de la faible distance qui les sépare des ports anglais. Pour le Feldmarschall Rommel, le point le plus vulnérable reste le littoral du Calvados et celui de la Manche-Est, c'est donc dans ces zones que se déclenchera l'assaut. C'est bien également dans ce secteur que le Führer prédisait l'offensive en mai, même s'il avait quelque peu changé d'avis depuis, sous les pressions de son état-major. A l'O.K.W., le général Jodl penchait plutôt pour les rivages bretons autour de Saint-Malo, tandis que le matamore Keitel désignait la bande côtière allant de Westende à Zeebrugge en Belgique. En cette première journée de juin, on s'interroge beaucoup au château de Klessheim près de Berchtesgaden où se trouve provisoirement le

1. Voir *Résistance normande et jour « J »* et *Le Prix de la Liberté,* op. cit.

G.Q.G. allemand : Quand ? et où ? Réponse dans cinq jours, mais en attendant toutes les divisions du nord de la France, de Belgique et des Pays-Bas vont être mises en état d'alerte. Il faudra les mauvaises conditions atmosphériques des 3, 4, et 5 juin pour « démobiliser » les troupes et les P.C. ; il est impensable en effet qu'une attaque se produise par gros temps. Et pourtant... !

En Angleterre, où les préparatifs sont à peu près terminés, les soldats alliés commencent à embarquer ; aux Etats-Unis des centaines de cargos bourrés de renforts, d'armes et de matériel, se disposent à appareiller ; en U.R.S.S. on suit avec intérêt les apprêts d'une opération qui, avec l'ouverture d'un nouveau front, pourrait soulager l'Armée rouge, et, dans tous les territoires occupés, on écoute attentivement chaque soir les communiqués de la B.B.C. annonçant le Grand Jour.

Dans la zone qui va être effectivement concernée par le débarquement, rien ne rompt le train-train quotidien des civils et des militaires. Les travaux de défense des côtes se poursuivent, les divisions blindées mises au repos ou en réorganisation très en arrière, à environ deux à trois heures de marche du littoral, établissent le roulement des permissions, la population compatit aux malheurs et aux deuils qui frappent ses compatriotes de Haute-Normandie toujours sous l'enfer des bombardements. Le souci dominant demeure celui du ravitaillement devenant de plus en plus aléatoire. Dans chaque sphère de la société, on s'efforce de donner à l'existence quotidienne l'aspect routinier habituel.

Le dimanche 4 juin va être calme et serein dans toutes les villes du Calvados. A Caen, la soirée se termine par deux manifestations culturelles ; au Théâtre municipal on donne la représentation de *Véronique*, de Messager, et dans la salle du musée Langlois l'orchestre et les chœurs du Conservatoire répètent *La Damnation de Faust*, de Berlioz. Le programme sera d'ailleurs le même pour le lendemain soir 5 juin. Des courses se sont déroulées dans l'après-midi au vélodrome de Venoix et, malgré l'incertitude du temps, les terrasses des cafés ont été quelque peu fréquentées. Sur les côtes, par contre, les appareils alliés sont venus s'en prendre en fin de soirée aux défenses des plages et aux radars. La rampe de lancement de V1 en construction à Quilly, près de

Bretteville, surveillée par les résistants du maquis de Saint-Clair, a été attaquée à deux reprises. Il en a d'ailleurs été de même sur toutes les autres rampes de la Manche et de la Seine-Inférieure, notamment à Montcauvaire, Quincampoix, Houppeville, Beaubec-la-Rosière, Saumont-la-Poterie, Esclavelles, Montérolier, Sainte-Croix-sur-Buchy, Beaumont-le-Hareng, Estouteville, Le Châtelet-Eawy, Saint-Martin-l'Hortier, Torcy près de Longueville-sur-Scie, et Les Hayons. Sur les 77 rampes construites en Seine-Inférieure, sept seulement seront opérationnelles, et, dans la Manche, sur 21 entreprises, surtout autour de Flottemanville et de Brix, aucune ne sera en mesure d'envoyer le moindre V1 vers l'Angleterre. Mais un certain nombre d'entre elles bien dissimulées parviendront à expédier à partir de la mi-juin quantité de ces engins destructeurs sur la région londonienne.

Dans les zones côtières, déclarées zones rouges depuis la fin janvier, et dont la profondeur varie de 2 à 3 km, les populations ont été expulsées ; les propriétés restent exposées au pillage de la soldatesque et du personnel hétéroclite de la Todt qui ne s'en privent pas. En outre, les bombardements quasiment quotidiens sur les batteries et les casemates allemandes détruisent nombre d'habitations. Entre Le Tréport et Cherbourg, 29 000 tonnes de bombes ont été larguées sur le littoral, mais, compte tenu de l'isolement des côtes, il a été impossible de connaître le nombre des victimes, tant civiles que militaires. Les innombrables champs de mines qui ceinturent les défenses empêchent toute investigation et les démineurs retrouveront quantité d'ossements dans leurs travaux de 1944 à 1947.

Depuis plus d'un mois, les raids aériens, dits d'encagement, coupent les voies de communication entre le Nord et la Haute-Normandie, entre la Bretagne et la Basse-Normandie, entre la Haute-Normandie et la région parisienne. Ils ont pour but de laisser les Allemands dans l'expectative sur les lieux du débarquement.

Evidemment, la population souffre cruellement de ces incursions destructrices, malgré les avertissements journaliers de la B.B.C. qui retransmet régulièrement le message du commandement allié : « *Les attaques dirigées contre les centres ferroviaires en France et en Belgique seront intensifiées au cours des semaines à venir... Nous vous demandons avec insistance de faire l'impossible pour vous éloigner immédiatement du voisinage de toutes les installations importantes.* »

Mais à Londres on semble ignorer que, depuis le 17 avril, le gouvernement a donné l'ordre de déposer tous les postes de T.S.F. dans les mairies, et même si beaucoup de gens passeront outre à cette directive, la B.B.C. sera beaucoup moins captée. Et puis, c'est une réaction bien française, chacun pense que cela ne concerne pas sa région, et personne ne bouge !

Ponts coupés, trafic paralysé, transports inexistants, les Normands sentent bien que les événements vont se précipiter. La tension devient perceptible, même chez l'occupant. En ce 5 juin 1944, une sensation d'attente et d'angoisse se répand ; dans quelques heures elle se diluera dans le fracas d'apocalypse qui va, durant plus de trois mois, ébranler la Normandie.

LA SUITE DES ÉVÉNEMENTS (DÉBARQUEMENT ET BATAILLE DE NORMANDIE) EST RELATÉE DANS LES DEUX OUVRAGES : *RÉSISTANCE NORMANDE ET JOUR « J »* et *LE PRIX DE LA LIBERTÉ*, op. cit.

ANNEXES

1. Bataillons de marche de Normandie
2. 3 documents (affaire Dumant)
3. 3 lettres anonymes

Bataillons de marche de Normandie

Les bataillons de marche de Normandie ont été formés en octobre 1944. Leur ossature s'appuyait sur les formations des F.F.I., lesquelles avaient pour origine les maquis, corps francs, et groupes francs de la province.

Pour compléter les effectifs, l'Armée fit appel aux volontaires, et reçut ainsi l'engagement de centaines d'hommes dont les motivations étaient variables :

Si beaucoup s'enrôlèrent par pur sentiment patriotique, d'autres, dont l'activité sous l'Occupation manquait de « clarté », trouvèrent là une bonne occasion de se dédouaner. Enfin, le nombre requis par les autorités n'étant pas atteint, celles-ci puisèrent parmi les travailleurs français de la Todt non réquisitionnés et même au sein des prisonniers de droit commun qui n'avaient pas encore été jugés.

Le souci majeur du Haut Commandement demeurait le renforcement des armées de la France libre alors engagées dans la bataille d'Alsace, puis des Vosges. En fonction de cet impératif, l'instruction des recrues fut des plus élémentaires : on comptait sur les cadres issus de la Résistance pour la compléter « sur le tas ». A cet effet, tous les chefs de bataillons et de compagnies désignés appartenaient aux anciennes formations clandestines, et subirent de courts stages de préparation à ces commandements. Les officiers d'active qui assuraient ces stages insistaient sur « la nécessité d'amalgamer les différentes catégories de " volontaires " en imposant une discipline de fer, une impartialité totale, et une abnégation sans failles ».

La tâche n'était pas aisée, même si la plupart de ces cadres possédaient une solide expérience des combats, une maîtrise parfaite du rôle de chef acquise dans le commandement d'éléments hétéroclites, et le sens des responsabilités. Mais on ne pouvait leur demander de porter un regard identique sur des hommes qui les suivaient depuis des mois, voire des années, avec lesquels ils avaient affronté l'ennemi, et considérer les nouveaux engagés sur un pied d'égalité. Bien qu'il n'y ait eu aucune crise dans ce domaine, et bien que nombre de ces nouveaux se soient affirmés sur le terrain, certaines frictions apparurent que la démobilisation n'effaça pas. Plus de cinquante ans après, des rancœurs subsistent, et parfois se manifestent. Ainsi, les Amicales d'anciens résistants et maquisards refusent de s'inclure dans des Amicales d'anciens des bataillons, estimant « qu'on y trouve des gens dont l'idéal patriotique n'était pas la vertu première, et qu'ils se refusent à y fréquenter des individus dont le passé sous l'Occupation fut trouble, pour ne pas dire plus ! » Il est évident que tel ou tel maquisard de 1942-1943 qui a vécu l'existence des « terroristes pourchassés, loqueteux, mal armés », traquant l'ennemi dans des embuscades ou sabotant ses installations, ne s'est jamais senti d'affinités – même s'ils ont en commun partagé les ultimes combats dans l'armée régulière – avec ceux qui « préférèrent rester au chaud chez leur mère [1] » !

Au mois de septembre 1944, les Forces françaises de l'intérieur de Normandie comprenaient 8 bataillons formés avec tous les combattants clandestins des cinq départements. En reprenant le contrôle de ces formations, le commandement militaire procéda à la démobilisation des éléments ne pouvant être incorporés dans l'armée : malades, chargés de famille, trop âgés, inaptes, etc. Cette sélection se traduisit par l'élimination de la moitié des effectifs, et amena la constitution de 4 bataillons officiels. La délimitation des régions militaires plaça la Seine-Inférieure dans la 2e région, tandis que le Calvados, la Manche et l'Orne furent rattachés à la 3e. (Par la suite, l'Eure allait rejoindre la 2e région). Il s'ensuivit que 3 bataillons, les 1er, 2e et 3e, formèrent, le 16 mars 1945, le 129e régiment d'infanterie regroupé au camp de Nacqueville près de Cherbourg, d'où il partit retrouver en Allemagne la 10e D.I. du général Billotte à laquelle il était rattaché. (Voir organigramme ci-après.)

1er bataillon :	commandant Robert Leblanc
2e bataillon :	commandant André Mazeline
3e bataillon :	commandant André Fromager

1. Courrier du colonel André Mazeline (21.02.1977). Dossier n°61/02.77.

Hiérarchie du 1er bataillon

Commandant du bataillon :	commandant Robert Leblanc
1re compagnie :	capitaine Olry
2e compagnie :	capitaine Gaston Le Braz
3e compagnie :	capitaine Marcel Vesque
4e compagnie :	capitaine Ricquart
5e compagnie :	capitaine Lemonnier
Compagnie hors rang :	capitaine Robert Samson

Service de santé du 129e R.I. : médecin-colonel Hochart

Nota : En mars 1945, le 129e R.I. est placé sous l'autorité du colonel Smuckel, qui remplace le colonel Abraham.

En septembre 1945, le 1er bataillon est transformé en 1re compagnie de canons d'assaut (C.C.A.) et 1re compagnie de canons d'infanterie (C.C.I.).

Le 129e R.I. est dissous le 2 novembre 1945, puisque ses engagés avaient signé pour la durée de la guerre + 90 jours.

La démobilisation se fera progressivement jusqu'en mars 1946.

COMMISSION D'ACHAT N° 23 DE PONT-AUDEMER

Dernier avis avant poursuites

BON DE RÉQUISITION N° 04,466

Nom *Dumand Martial*

Commune *Beuzeville*

Prestation à fournir le *Mercredi 26 Janvier 1944*

à *Beuzeville à 9H*

3 Bovins (2 restant nov 43 / 1 mois Janvier 44)

non livrés le 10 Janvier

~~Pont-Audemer~~ *Beuzeville*, le *18 - 1 -* 194*4*.

Le chef de district — *Le Président,*

[illegible signatures]

---

ordre

Je reçois de la Commission d'achat n° 23 de Pont-Audemer de vous informer d'avoir à livrer le 2 Décembre 1943 à 9 heures à Beuzeville

l'ordre de réquisition n° *04430*

3 bovin*s*

retard de livraison Novembre

Dumand Martial

Beuzeville

CHEF DE DISTRICT — [illegible] DU BATAILLON DE L'EURE

~~[illegible]~~ M. Dumand. ~~[illegible]~~ a les yeux fixés ~~[illegible]~~

SK 11506

P.V. de Constat

-:-:-:-

RÉPUBLIQUE FRANÇAISE LOI F. 6.

L'an mil neuf cent quarante trois et le lundi douze Juillet à neuf heures.

A la requête de Monsieur Martial DUMAND propriétaire cultivateur, demeurant à Beuzeville hameau de la Moderie.

Elisant domicile en mon étude.

J'ai Jean Raoul DANIEL, Huissier près le Tribunal Civil de Pont-Audemer, demeurant à Beuzeville-Eure, soussigné,

Me suis transporté commune de Beuzeville accompagné de mon requérant qui m'a exposé ce qui suit:

Je vous demande de m'accompagner en la mairie de ladite commune pour voir la liste générale des impositions des bovins.

Déférant à cette réquisition, je me suis transporté commune de Beuzeville accompagné de mon requerant; j'ai interpelé un employé de la mairie auquel j'avais fait part préalablement de l'objet de ma mission, ce dernier m'a répondu que la liste des impositions générale des bovins était actuellement entre les mains de Monsieur le Maire de ladite commune. Sur ces indications, nous nous sommes transporté toujours accompagné de mon requérant au domicile de Monsieur le Maire où l'ayant trouvé je lui ai fait part de l'objet de ma mission, ce dernier a refusé de me transmettre la liste pour en donner une copie pour mon requérant. A la suite nous nous sommes retransportés à la mairie pour voir si la liste a été affichée.

/la liste /. J.D.

mais elle n'est pas affichée /. J.D.

Sous toutes réserves de droit.

De tout ce que dessus j'ai dressé le présent procès verbal de constat pour servir et valoir ce que de droit à mon requérant;

Coût; Cent vingt six francs 50cs

J. Daniel

JEAN DANIEL, HUISSIER BEUZEVILLE (EURE)

ENREGISTRÉ À BEUZEVILLE LE 12 JUIL 1943 F° 68 C° 3° REÇU trente francs

30

- 1 FEV 1941

Messieurs

Dans les journaux locaux
ils etait parut des Ordres
de tuer les pigeons:
pourquoi que tout le monde
ne la pas fait
23 Rue St Germain ils les ont encor_
21 et 27 Rue Lair ---
au fond de l'impasse Sourbelle la
derniere maison a gauche.
il y a des pigeons. je croyais
que les ordre de la Feldkommandatur
devrait etre executer, alors pourquoi?
cette orde n'étais peutetre pas
pour tout le monde?

Mes salutations respectueuses

Gisors le 20 Septembre 1943

Feldkommandatur Évreux

A la suite visite faite par l'autorité allemande aux domiciles des nommés Martin et de sa femme, quartier rue du Moulin. Buret rue de la Religion ceux-ci vous ont induit en erreur sur leur mentalité. Ce sont bel et bien des socialo-communistes notoires. actuellement anglo-gaullistes fervents. Ils sont allés après votre visite les uns chez les autres pour s'entendre pour cacher les objets compromettants. Ils prennent Londres tous les jours le matin et le soir. Il en est de même pour les nommés Fouchier. Laborie Armory. Dufossé juif et sa femme [illegible] à Saint-Denis-le-Ferment. Il faut ajouter à cela les nommés Florent Rue de Flavacourt. Baudart Rue de Dieppe. Tancampré et Duchaussoy Rue de Paris les employés de chemin de fer Renaudin. Puig. Bagné Bacquier. Naud. Penollé. Wagner. Molle. Guery Grémont. ainsi qu'un gendarme retraité de [illegible] travaillant à la papeterie. et les nommés Lefèvre Rue du Boulanger Cottin Maurice. Cottoy. Julliard Paul Bordet Claude Maulert ces quatre derniers communistes notoires. employés de chemin de fer.

Agréez salutations

[illegible]

Gisors le 4 octobre 1942

Ortskommandantur Gisors

Vous êtes prevenus que les nommés Florent alexandre - Laborie
Remond. Dufossé. Guaillet. Poiret. Fushin. arroux. Meertens
et sa femme. ainsi que les nommés Beauclair. Cattin Maurice
Lasson. Fiot. Guitton. Reinaudin. Béjour. Bacquet. Naud.
Finelli. Wagner. Molle Guy. Grémont. Julien. Bardet. Maillard
les 15 Tenniers qui travaillant à la gare de Gisors
ainsi qu'un ancien gendarme de Torcy sont porteurs
d'ordres secrets des anglos. americains. et qu'ils sont
en train de reconstituer le groupe communiste de Gisors
En outre ils sont prevenus de se tenir prêts pour
aller chercher des armes cachées dans un lieu connu
d'eux seuls pour perpetrer attentat contre les troupes
allemandes a Gisors avec la complicité d'autres que
vous connaitrez prochainement. Mettez les en prison
si vous voulez qu'il n'arrive rien de facheux. Je
crois que les dépôts de munitions qui sont à Gisors
sont connus d'eux et pourraient subir un triste
sort si ces individus restent libres.

Recevez salutations distinguées

[signature]

SOURCES

1) Archives publiques.

2) Archives privées.

3) Journal de marche de Robert Leblanc.

4) Dossiers de l'auteur.

1) *ARCHIVES PUBLIQUES*

– Archives nationales;
– Archives départementales (3 départements);
– D.P.M.A.T. Caserne Reuilly;
– Musée de l'Armée;
– Documentation O.C.M.H.;
– The Public Archives of Canada, Ottawa;
– Mémorial de Caen;
– Journal et carnets d'Erwin Rommel;
– Bundesarchiv Coblence et Fribourg;
– Rapport Collin Gubbins : « Resistance Movements in the War »;
– Documentation C.H.S.G.M. Paris, rue de Léningrad;
– Documents 15e Criminal investigation department;
– The War in France and Flanders 1939-1940, Major Ellis;
– Service historique de l'armée, Vincennes;
– Revue de la Défense nationale;
– C.I.A.P. « Appreciation on Control of Resistance in France »;
– Journal de guerre du Q.G. de la VIIe armée allemande;

- Rapports du Q.G. des Opérations Combinées (CB 04244); « The Dieppe Raid » (Combined Report 1942); « German Report on Dieppe » (SHAEF/116G/4/);
- Rapport von Rundstedt « raid de Dieppe » 3 – Sept. 1942;
- S.O.E. in France M.R.D. Foot Londres 1966; « The Ultra Secret » F.W. Winterbotham;
- Rapport des R.G. – 9 janvier 1944 (ADM 11784).

2) *ARCHIVES PRIVÉES*

Courriers et rapports :

de M. André Mazeline, chef des F.F.I. de l'Orne, (E) [1];
de M. René Déterville, commissaire honoraire de Rouen, (E);
de M. Marcel Baudot, chef des F.F.I. de l'Eure, (E);
de M. Henri Lampérière, du maquis de Saint-Clair, (E);
de M. Christian Parléani, chef des F.F.I. du Calvados, (E);
de M. Edmond Floquet, du maquis Surcouf, (E);
de M. le médecin-colonel Hochard, du 129e R.I., (E);
de M. Jacques Vico, président des C.V.R. du Calvados;
de M. René Grégoire, responsable F.T.P.F. du groupe Sorel;
de M. le capitaine Marcel Vesque, du maquis Surcouf, (E);
de M. le capitaine Robert Samson, du maquis Surcouf;
de M. le général Edmond Mahieu, responsable O.R.A. de l'Eure, (E);
de M. Marcel Leclerc, des F.F.I. de la Manche;
de M. Marcel Richer, du maquis de Beaucoudray (Manche);
de M. Jean Foucu, du maquis de Saint-Clair, (E);
de M. Ernest Voyer, responsable F.F.I. de l'Orne;
de M. le capitaine Camille Renoult, chef du réseau Archevêque;
de M. Henri Sorel, chef du groupe F.T.P.F. de Fatouville-Beuzeville;
de M. Pierre Vallée, chef de section du groupe F.T.P.F. Sorel, (E);
de M. Benjamin Remacle, du F.N. de Rouen;
de M. Maurice Marie, responsable des Deux Léopards, (E);
de M. Henri Leveillé, créateur d'Action P.T.T. du Calvados, (E);
de M. Henri Berthaud, du groupe d'Angerville, (E);
de M. Jacky Gimer, du groupe César de Pont-Audemer, (E);
de M. Henrich Netzer, du S.D. Saussaies, de Würsbourg, (E);

1. La lettre (E) indique en plus un enregistrement sur cassette audio.

de M. Paul Digler, de Duisbourg, (E);
de M. Louis Chaussat, du Moulin de Gast;
de M. Louis Blouet, de Saint-Hilaire-du-Harcouët;
de M. Louis Pétri, chef des F.T.P.F. des groupes Mayenne-Ille-et-Vilaine;
de M. René Jamelin, chef des F.T.P.F. du groupe d'Elbeuf.

Témoignages :

de M. Louis Pinson, de Brécey;
de M. Marcel Oblin, de Montchamp;
de Mme de Glatigny, de Rouen;
de Mme Bertrand, de Rouen;
de Mme Yvonne Dissoubray, de Rouen;
de M. Paul Lemonnier de Sées;
de M. Paul Collette, de Bonsecours;
de M. Papavoine, de Louviers;
de M. Pierre Bodenan, d'Honfleur;
de M. Maurice Hébert, des C.V.R. de la Manche;
de M. René Van den Bulcke, du maquis Guillaume-le-Conquérant;
de M. Paul Greffier, d'Evreux;
de M. Louis Barbé, de Blangy-sur-Bresle;
de M. Guy Dissler, de Condé-sur-Noireau;
de M. Maurice Loridant, de Ouistreham;
de M. Raymond Chivet, d'Avranches;
de M. René Doury, de Rouen;
de M. Gagnon, d'Evreux;
de M. Georges Lecène, de Bonnebosq;
de M. Gentil, de Veules-les-Roses;
de M. Henri Lefrançais, de Quevilly;
de M. Masseron, de Bretteville-sur-Laize;
de M. Norbert Lefebvre, de Rouen;
de Mme Bouteiller-Grard, de Sotteville;
de M. Raoul Boulanger, de Saint-Denis-le-Thiboult;
de Mme Paule Breux, de Vernon;
de Mme Louise Damasse, de Vernon;
de M. le capitaine Thuret, chef O.R.A., de Seine-Maritime;
de Mme Yvonne Goussert, d'Asnières, (E);
de Mme Suzanne Leverrier de Paris, (E);
de Mme Marie-Louise Chatelut, de Paris;
de Mme Colette Desrumeaux, de Créteil, (E);
de M. Emile-Robert Dulac;
de M. le capitaine Pérez;
de M. Gustav Schranz, de Tübingen;

de M. Helmut Bieler, de Kassel;
de M. Fernand Piccot, d'Arnouville;
de Mme Léonie Delorme, de Périers;
de M. Francis Faure, de Villiers-sur-Marne;
de M. Emile Sibois, de Saint-Vrain;
de M. René Tastin, de Montluçon;
de M. le colonel Helmut Schoeffer, de Brême;
de M. le major Edward Robertson;
de M. William Lindfort;
de M. Léonce Moutardier, d'Evreux;
de M. Roger Parment, de Rouen;
de M. le colonel Henri Romans-Petit, chef des maquis de l'Ain;
de M. Jules Graindorge, du groupe F.T.P.F. Sorel;
de Mme Bar, de Donnay;
de M. Henri Boudin, d'Argentan;
de M. André Costes, de Castelnaudary;
de M. Robert Chassaniol, de Vire;
de M. Bernard Chatelet, de Lisieux;
de M. Bernard Doré, de Pont-Audemer;
de M. Jacques Dubosc, du groupe Morpain, du Havre;
de M. Claude Gillon, de la section Surcouf, de Quillebeuf;
de M. René Hertel, de Dieppe;
de M. l'abbé Hue, du Havre;
de M. Fernand Lepinay, de L'Aigle;
de M. Pierre-Charles Lemasson, d'Argentan;
de M. Roger Le Saux, du « Vagabond Bien-Aimé », du Havre;
de M. Charles Montebran, d'Argentan;
de M. Pierre Naze, du Havre;
de M. Bernard Tafflet, de Roubaix;
de M. Louis Valette, de Velines.

3) *JOURNAL DE MARCHE DE ROBERT LEBLANC*

4) *47 DOSSIERS DE L'AUTEUR SUR LES ANNÉES 1939-1944 EN NORMANDIE.*

Entretiens privés

M. le Colonel Rémy (1972-1973-1974-1975)
M. le Colonel Romans-Petit (1979-1980)
M. le Colonel Paul Paillole (1977-1978)
M. le Général Edmond Mahieu (1976-1977)
M. le Grand Chancelier Claude Hettier de Boislambert (1979-1981)
M. Charles Tillon, ancien chef national des F.T.P.F. (1980-1981)
M. Paul Collette (1977)
M. Louis Pétri (1977-1978-1980)
M. André Duroméa, ancien maire du Havre (1977-1983-1990)
M. le Doyen Michel de Bouärd (1983)
M. Paul Lemonnier (pseudo de clandestinité) [1984]
M. Marcel Paul, ancien ministre (1978-1980)
M. Roger Parment (1978-1979)
M. le docteur Gilles Buisson, ancien maire de Mortain (1977-1978-1980)
M. Roger Landes, « Aristide », chef de réseaux S.O.E. (1979-1980)
M. Henri Noguères, historien (1975-1976-1977-1980)
M. Jacques Delarue, historien (1982-1983-1984-1986)
M. Claude Lannette, archiviste (1977-1978)
M. Louis Mexandeau, ancien ministre (1982-1983-1984)
M. Jacques Foccart, ancien chef du B.O.A. de la région M (1976-1979)
M. Jacques Henry, Président de « Normandie-Canada » (1977-1978-1980)

M. le Colonel Helmut Schoeffer (Brême 1978-1979)

M. Albert Ouzoulias, ancien chef des Bataillons de la Jeunesse (1976)

M. Émile-Robert Dulac (1979-1981)

M. le Major Edward Robertson (1980)

Remerciements

A toutes les personnes citées dans cette recension de sources concernant la trilogie « Normandie 1939-1944 », auxquelles je renouvelle mes sincères remerciements, je voudrais ajouter plusieurs confrères, journalistes et écrivains, qui m'ont apporté une aide précieuse par leurs conseils, leurs tribunes offertes, leurs articles et leurs ouvrages, et tout particulièrement à : Henri Amouroux, Gilles Perrault, Eddy Florentin, Marc Ferro, Gilles Buisson, Pierre Berruer, Roger Bruge, Albert Pipet, Claude Levy, Michel Hérubel, Erwan Bergot, Edouard Tribouillard, Gilles Henry et tous mes amis de la presse écrite et audiovisuelle qui suivent avec beaucoup de sympathie la parution de mes ouvrages depuis 1976 : Henri Sannier, Gérard Bonemaison, Alain Gerbi, Richard Tripault, Raphaël Dé, Robert Werner, Alain Gérôme, Christine Morisset, Louisette Neil, Dino Gambini, Pierre Lepage, Philippe Auger, Michel de Decker, Robert Rocherand, Jean Boedec, Jean-Jacques Antier, Henry Noullet, Bernard Paich, Philippe Leprettre, Françoise Bourdin, Philippe Depalle, Daniel Saint-Jean, Claude Masson, ainsi que tous ceux qui m'ont consacré différents articles. Merci à tous.

GLOSSAIRE

ABWEHR :	Service de renseignements et de contre-espionnage de l'état-major de la Wehrmacht (armée allemande).
A.F.N. :	Afrique du Nord sous contrôle français.
A.M.G.O.T. :	Allied Military Government in Occupied Territory (Administration militaire alliée des territoires occupés).
ANVIL :	Nom de code pour l'opération alliée dans le sud de la France (août 1944).
A.S. :	Armée secrète.
B.B.C. :	British Broadcasting Corporation (Radiodiffusion britannique).
B.C.R.A. :	Bureau central de renseignements et d'action, Services secrets de la France libre.
BIGOT :	Nom de code donné par le S.H.A.E.F. aux documents et informations exigeant le secret absolu.
B.O.A. :	Bureau des opérations aériennes.
BODYGUARD :	Nom de code du plan général d'intoxication, conçu pour égarer les Allemands sur les lieux et dates des débarquements en Europe.
BRISSEX :	Equipes britanniques de renseignements parachutées en France.
B.S.M. :	Bureau de sécurité militaire.

C.D.L. :	Comité départemental de Libération.
C.D.L.L. :	Ceux de la Libération, mouvement de résistance.
C.D.L.R. :	Ceux de la Résistance, mouvement de résistance.
C.F.L. :	Corps francs de la Libération.
C.F.L.N. :	Comité français de Libération nationale.
C.N.R. :	Conseil national de la Résistance.
COMIDAC :	Comité militaire d'action.
COMAC :	Commission d'action.
COSSAC :	Commandement allié suprême créé pour concevoir et réaliser les plans Neptune et Overlord.
C.S.M. :	Committee of Special Means : département du S.H.A.E.F. chargé de la conception et de l'exécution des plans d'intoxication.
D (Day) :	Jour du débarquement.
D.M.N. :	Délégué militaire national.
D.M.R. :	Délégué militaire régional.
D.D. :	Duplex Drive – Chars dotés d'une jupe gonflable pour flotter.
D.I.-D.B. :	Division d'infanterie – Division blindée.
E.M. :	Etat-major.
E.M.G. :	Etat-major général.
F. :	pour *French*.
F.R. :	Réseau de résistance franco-polonais.
F.F.C. :	Forces françaises combattantes.
F.F.I. :	Forces françaises de l'intérieur.
F.F.L. :	Forces françaises libres.
F.H. :	Fremde Heere. Bureau allemand chargé de l'évaluation des forces alliées et soviétiques.
F.H.W. :	Fremde Heere West. Bureau allemand chargé d'évaluer les renseignements concernant les Alliés occidentaux.
F.M. :	Fusil mitrailleur.
F.N. :	Front national, mouvement de résistance.
F.S. :	French Section. Service du S.O.E. britannique.
FUSAG :	1er groupe d'armées américain : unité ima-

ginaire entrant dans le cadre des plans alliés d'intoxication.

F.T. : Franc-tireur.

F.T.P.F. : Franc-tireur et partisan français.

GESTAPO : Geheime Staatspolizei (Police secrète d'Etat allemande).

G.F. : Groupes francs.

INTERALLIÉ : Premier réseau de renseignements du M.I.-6 créé en France.

I.S. : Intelligence Service. Services secrets britanniques.

J : Jour du débarquement.

JADE AMICOL : Principal réseau de renseignements du M.I.-6 dans le nord de la France.

JEDBURGHS : Equipes constituées d'un Américain, d'un Britannique et d'un Français parachutées pour encadrer et diriger les maquis de France.

JUBILEE : Nom de code du raid allié sur Dieppe, en août 1942.

KRIEGSMARINE : Marine de guerre allemande.

L.C.S. : London Controlling Section. Organisme chargé de coordonner les plans stratégiques alliés sur toutes les zones de guerre.

LIBE : Abréviation de Libération pour les mouvements de résistance.

LUFTWAFFE : Aviation militaire allemande.

L.V.F. : Légion des volontaires français contre le bolchevisme.

M.I.-5 : Service de contre-espionnage et de sécurité britannique.

M.I.-6 : Services secrets de renseignements anglais.

M.L.N. : Mouvement de Libération nationale, réseau de résistance.

M.U. : Mouvements Unis.

M.U.R. : Mouvements Unis de Résistance.

MULBERRY : Nom de code des ports artificiels créés pour le débarquement.

N.A.P. : Noyautage des administrations publiques.

NEPTUNE : Nom de code de la phase d'assaut de l'opération Overlord.

O.C.M. :	Organisation civile et militaire. Mouvement de résistance.
O.K.W. :	Oberkommando der Wehrmacht. Haut Commandement allemand.
O.R.A. :	Organisation de Résistance de l'armée. Mouvement de résistance.
O.S. :	Organisation spéciale. Mouvement de résistance.
O.S.S. :	Office of Strategic Service : Service de renseignements américain.
O.S.S.-S.O. :	Branche de l'O.S.S. chargée des opérations spéciales en territoires occupés.
OSSEX :	Equipes secrètes parachutées en France avant le jour « J ».
OVERLORD :	Nom de code des plans et opérations alliés pour le débarquement.
P.C. :	Poste de commandement.
P.C.F. :	Parti communiste français.
P.Z. :	Panzer. Char allemand.
Q.G. :	Quartier général.
R.A.F. :	Royal Air Force. Aviation militaire britannique.
R.I. :	Régiment d'infanterie.
ROUNDUP :	Premier nom de code d'Overlord.
S.A.S. :	Special Air Service. Missions militaires désignées pour combattre derrière les lignes allemandes.
S.D. :	Sicherheitsdienst. Police de sécurité S.S.
S.H.A.E.F. :	Supreme Headquarters Allied Expeditionary Force. Commandement allié pour le débarquement.
S.N.M. :	Service national maquis.
S.O.E. :	Special Operations Executive. Organisme britannique créé en 1940 pour encourager et aider les patriotes dans les pays occupés, puis former des réseaux de renseignements.
S.R. :	Service de renseignements français.
S.S. :	Schutzstaffel. Troupes de protection du parti nazi.
S.S.M. :	Service de sécurité militaire.

S.T.O. : Service du travail obligatoire.

SUSSEX : Nom de code d'opérations de parachutages d'équipes américaines et britanniques en France destinées au renseignement et à l'aide aux résistants.

T.R. : « Travaux ruraux », antennes du S.R. français.

U.S.A.F. : United States Air Force : aviation militaire américaine.

WEHRMACHT : Armée allemande.

WINDOW : Rubans métalliques lâchés d'avion pour brouiller la réception des radars allemands.

Z.N. : Zone nord de la France occupée par les Allemands.

Z.S. : Zone sud non occupée jusqu'en novembre 1942.

Table des matières

Cet ouvrage a été réalisé par la
SOCIÉTÉ NOUVELLE FIRMIN-DIDOT
Mesnil-sur-l'Estrée
pour le compte des Presses de la Cité
en mai 1997

Imprimé en France
Dépôt légal : mai 1997
N° d'édition : 6569 – N° d'impression : 38328